系统论视阈下"3+2"高本贯通培养课程衔接体系的路径研究

2022 年湖南省十四五教育科学规划课题

《系统论视阈下"3+2"高本贯通课程衔接的路径研究》省级一般（自筹）

课题编号：ND227657

黄　茜　张　玲　颜美玲 ◎ 著

吉林文史出版社

图书在版编目（CIP）数据

系统论视阈下"3+2"高本贯通培养课程衔接体系的路径研究 / 黄茜, 张玲, 颜美玲著. -- 长春 : 吉林文史出版社, 2023.8

ISBN 978-7-5472-9701-8

Ⅰ.①系… Ⅱ.①黄… ②张… ③颜… Ⅲ.①高等职业教育—课程建设—研究 Ⅳ.①G718.5

中国国家版本馆CIP数据核字(2023)第169262号

系统论视阈下"3+2"高本贯通培养课程衔接体系的路径研究

XITONG LUN SHIYUXIA "3+2" GAOBEN GUANTONG PEIYANG KECHENG XIANJIE TIXI DE LUJING YANJIU

出 版 人：张 强
著　者：黄 茜 张 玲 颜美玲
责任编辑：董 芳
版式设计：张红霞
封面设计：王 哲
出版发行：吉林文史出版社
电　话：0431-81629368
地　址：长春市福祉大路5788号
邮　编：130117
网　址：www.jlws.com.cn
印　刷：廊坊市广阳区九洲印刷厂
开　本：710mm×1000mm　1/16
印　张：12.25
字　数：270千字
版　次：2023年8月第1版　2023年8月第1次印刷
书　号：ISBN 978-7-5472-9701-8
定　价：78.00元

前　言

早在 2011 年《教育部关于推进高等职业教育改革创新引领职业教育科学发展的若干意见》（教职成〔2011〕12 号）就提出："拓宽高等职业学校应届毕业生进入本科学校应用性专业继续学习的渠道"；2020 年湖南省人民政府发布了《湖南省职业教育改革实施方案》中指出：拓宽中高本衔接贯通的培养渠道，对接科技发展趋势和湖南产业需求，建立和完善中职、高职专科、本科、专业学位研究生教育纵向贯通，普通教育与职业教育横向衔接；同年发布的职业教育提质培优行动计划（2020-2023 年）中强调："适度扩大专升本招生计划，为部分有意愿的高职毕业生提供继续深造的机会，推进专科高职学校高质量发展，培养高素质创新型技术技能人才，畅通技术技能人才成长通道"，以上政策为中国职业教育改革的发展指明了发展方向。

中国于 2012 年在江苏省最早开展了高职与本科"3+2"分段培养的试点，随后，江苏、江西、辽宁、湖南、湖北、广东等省市先后进行试点项目。湖南省的高职和本科衔接相对起步较晚，综观有限的研究成果可以看出"3+2"高职本科分段培养促进了现代职教体系建设，但也存在诸多衔接问题：如目标导向不一致、课程开发不协同、课程结构不合理、专业课程内容重复、基础课程要求脱节、技能课程水平"倒挂"等，目前高职与本科的衔接出现，没有真正意义上实现系统化、体系化、内涵化衔接，这已经严重影响到职业教育的可持续发展。

随着新产业、新业态和新商业模式蓬勃发展，新动能不断加强，互联网＋、大数据、人工智能、元宇宙等高技术、信息化产业的不断出现。产业链引发人才链、教育链的变革，目前我国职业教育已经进入"纵向贯通、横向融通"的中国特色现代职业教育体系发展阶段。要求高职院校培养的人才具备：新型的发展理念、多元交叉的知识结构、精深的技术能力、强烈的社会责任感、多元创新的适应产业发展需求的综合素养，才能满足市场的需求，使现代职业教育进一步面向社会、面向世界、面向未来。

该书稿作为 2022 年湖南省十四五教育科学规划课题《系统论视阈下"3+2"高本贯通课程衔接的路径研究》省级一般自筹课题（编号：ND227657）的研究成果，由课题主持人黄茜（长沙环境保护职业技术学院）、主要参与人张玲（长沙环境保护职业技术学院）、颜美玲（湖南信息学院）共同完成，全书撰稿人及分工如下：长沙环境保护职业技术学院建筑室内设计专业黄茜，主要承担了本书的基本框架拟定、本书的审稿，并具体撰写了：第二章、第三章部分内容、第四章全部内容，第五章部分内容；长沙环境保护职业技术学院环境艺术设计专业副教授张玲，负责了全书的文字校对和人才培养方案案例整理与提供，具体编写内容：第一章、第三章部分内容、第五章部分内容；湖南信息学院艺术设计专业颜美玲，负责文字的排版和文字整理，人才培养方案案例整理与提供，具体编写内容：第一章、第二章部分内容。编写过程中参考、引用了大量文献资料，如有没有标注之处，在此一并表示感谢，因为时间紧张，作者的文笔和理论水平有限，有不足支出，还请读者们谅解。

目　录

1. 绪 论

1.1 研究背景

随着经济社会的深入发展，产业结构升级成为经济持续增长的必经之路，其本质和工作重点都是发展高新技术产业、用科技化带动产业化，即：提高高新科技在经济发展中的比重，将现代科技融入传统产业，进行升级改造。党的十八大以来，我国供给侧结构性改革有力推进，经济结构出现重大变革，中国经济已进入高质量发展阶段，新产业、新业态与新商业模式的不断涌现，让现代经济的新动能也在一定程度上有所转变，如："互联网＋"、大数据、人工智能等高技术产业不断出现，伴随着科技的发展进步、产品更新换代的加速，他们在一定程度上不仅促进了我国各行各业的升级与优化，同时也给这些行业提出了更高的要求，尤其是人才方面。对于我国的高等职业院校而言，培养高质量人才，推动服务业的高质量发展是一个重要使命。

我国现有的高等职业教育已经基本无法满足经济持续发展与转型升级的需要。现在社会要求各行各业必须拥有对自身技术知识进行快速更新和迭代的能力，现如今想要掌握全新技术的高素质技能型人才，不仅要具备一定的文化水平、扎实的理论基础，更需要根据时代发展需求和行业特点，进行创新能力的培养和提升。所以当下的高等教育人才培养模式，急需明确培养目标、优化内部结构、推动模式创新、拓展发展空间、提升教育的可持续性，搭建出高等职业教育与应用型本科教育紧密相连、贯通发展的教育"立交桥"，对于加快构建现代职业教育体系、为社会发展提供复合型技能人才支撑，具有非常重要的现实意义。

1.1.1 政策驱动

社会经济的转型的不断发展，高等职业教育作为服务社会经济建设的重要载体，其大众化进程随着我国职业教育地位的提升而不断普及，国家通过并出台一系列相关政策法规，鼓励、支持和引导职业教育的可持续发展，从政策层面上给职业院校的学生继续深造和成才的机会，为未来提供多重可能和发展空间。

早在 2001 年，教育部以职成处 12 号文，发布了《教育部关于推进高等职业教育改革创新引领职业教育科学发展的若干意见》，首次明确提出：高等职业院校的学生毕业可以升入本科院校继续学习，鼓励高等职业教育与本科院校进行合作培养技术技能型人才"。

在接下来的 2002 年，国务院加推了《国务院关于大力推进职业教育改革与发展的决定》文件中明确指出要"加强中等职业教育与高等职业教育，职业教育与普通教育、成人教育的衔接与沟通，建立人才成长'立交桥'"。2011 年 11 月教育部在《关于推进高等职业教育改革创新引领职业教育科学发展的若干意见》中进一步提出："拓宽高等职业学校应届毕业生进入本科学校应用性专业继续学习的渠道。鼓励高等职业学校与行业背景突出的本科学校合作探索高端技能型人才、应用型人才专业硕士培养制度。"2014 年 6 月国务院发布的第 19 号文《关于加快发展现代职业教育的决定》中明确提出职业院校要"建立健全的课程衔接体系，以适应当代社会经济发展、产业升级与技术进步的迫切需求；建立教学与职业标准联动开发的专业标准机制，推动专业设置、课程内容与职业标准的衔接；推进高等职业教育与应用型本科培养目标、专业设置、教学过程等多方面的衔接；形成鲜明特色、紧密衔接、动态调整的职业教育课程体系"为接下来的政策的落地和细化指明了方向。

2016 年湖南省教育厅在国家政策的指引下，根据我省职业教育的现状和经济发展定位，发布了《关于深化职业教育教学改革全面提高人才培养质量的实施意见》湘教发〔2016〕2 号（以下简称《意见》），文件中要求"各个地区、各个职业院校都要持续开展和深化教学改革，提高人才培养的质量，为实施《中国制造 2025》、"互联网 +"行动和湖南"四化两型"新战略提供高素质技术技能人才支撑"。针对当代社会发展对毕业生在学历和持续发展能力方面提出了更高的职业需求，以及当代职业教育的学历提升空间有限的现状问题，《意见》的提出不仅促进了具备条件的地方普通本科院校向应用技术型方向转型，鼓励普通高校开设应用技术型专业课程，以提升普通本科院校服务社会的实践能力，更加鼓励了普通本科院校与双高职业院校、示范性高职院校通过联合办学、3+2 联合培养等方式，提高高职院校应用技术人才的整体层次水平，进而提升高职院校毕业生成才和发展的渠道，深入探索中职、高职、本科贯通培养的特色发展之路。站在地方的层面和高度，将中央和国家政策进一步进行了理论探索和研究。

在 2020 年，湖南省人民政府以习近平新时代中国特色社会主义思想为指导，深入贯彻党的十九大教育精神，以服务湖南创新引领、开放崛起为战略目标，为经济提质、发展增速、产业转型提供高素质人才支撑为服务对象，从我省职业教育的实际情况出发，发布了《湖南省职业教育改革实施方案》，通过分析整理，我们发现这个方案中以下几点和贯通培养息息相关：①拓宽中职、高职与本科衔接贯通培养的渠道：对接行业发展新趋势和湖南产业科技高需求，完善中职、高职与本科教育的纵向贯通，普通教育与职业教育的横向融通，健全学历与培训教育同等重要的多层次人才培养体系；②开展本科层次职业教育的试点工作：鼓励具备优质资源和较高办学水平的高职院校升级为应用型本科院校，逐渐提高本科院校对口招收高职毕业生的人数，并在招生比例中单列，拓宽高职毕业生的学历提升的渠道；③充分发挥职业院校的主阵地作用：将职业院校打造成本地区乃至片区的文化服务中心、继续教育中心、技术技能积累中心与应用创新中心；2020 年接下来发布的《职业教育提质培优行动计划》（2020-2023 年）中强调："把发展高职教育作为优化高等教育结构、培养大国工匠、能工巧匠的重要举措，并为区域发展输送高素质技术技能人才；适度扩大专升本招生计划，为部分有意愿的高职毕业生提供继续深造的机会；推进专科高职学校高质量发展，畅通人才成长的通道"。最近的 2022 年 5 月 1 日开始实施的新职业教育法，首次以法律形式明确了职业教育与普通教育的同等重要地位，职业教育的定位是为社会和行业培养出各种层次的技术技能人才，在科教兴国战略和人才强国战略中均占有重要的地位；2022 年 10 月召开的二十大报告中强调了要统筹职业教育、高等教育、继续教育三者之间的协同创新，优化职业教育的类型与定位，进一步推进产教融合、职普融通、科教融汇，为职业教育的进一步发展，绘就了美好的蓝图。

1.1.2 时代背景

大众对教育的追求随教育改革时代的发展而不断进步，在基本普及了高等职业教育的基础上，目前已经从数量普及的"好上学"转变到追求质量的"上好学"阶段。"教好每一个学生"是我国职业教育体现教育公平最本质的诉求，更是职业教育从规模式发展到内涵式发展转变的重要表现。因此，更好地满足群众"上好学"的需求，扩大优质教育资源的供给数量和规模，大力推动高职院校和应用型本科院校的建设，加强职业教育与地区普通高校与知名企业的合作，提升高等教育服务社会和经济的作用，实现培养学生出口的落地，借机适当扩大优质职业院校和特色专业的办学规模，提升其办学条件，构建中等职业教育、高等职业教育、应用型本科教育"一脉相承、融会贯通"的衔接教育体系，是全面深化职业教育与高等教育领域综合改革的重要举措。

教学模式是在教育思想与教育理论的指导下，联系起教育理论与教育实践的重要媒介，为培养学生特定的知识目标、能力目标与素质目标而设计的教育教学活动（包括了教育教学的总体结构与运行机制），是教育思想与教育理论体系的具体实践运用。自 2019 年职业教育扩招 100 万人以来，高职教育的教学质量和教育体系的优化直接影响了毕业生的就业和出口，成为教育从业者和相关部门非常关注的内容。职业教育必须要在提高质量的基础上扩大规模、体系调整才能真正地为社会和经济发展输送大量合格的技术技能型人才，而"3+2"专本联合培养成这种高等职业教育教学模式注重技术应用，重点培养技术技能型人才，不仅是学历教育也是能力教育，也较好地体现了高职教育以职业技术应用能力与职业素质培养为宗旨的定位。因此，专本教育的有效衔接必须改革人才培养模式、调整人才培养标准、实现从形式衔接到内涵衔接的跨越，才是开展系统培养技术技能型人才的有益探索。

1.1.3 现实诉求

现在我国高等职业教育正处于深化改革重要时期，不断优化和提高特色专业与新兴产业的结构相结合，提升可持续发展的活力和潜力，是我国高职院校转型发展的必经之路，也是实现其自身内涵发展的有效途径。高等职业教育的内涵式发展的核心要义是：面向社会经济发展，打通学历层次的壁垒、优化现有职业教育的内部结构与模式、提升职业教育的核心竞争力与教学质量、大力推动更高层次的职业本科技术教育、培养集生产和服务于一体的技术技能型人才，从而实现由传统的"外延式"规模扩张向新型的"内涵式"质量提升转化。

人才培养中最核心的办学要素是课程，积极进行课程开发以及教学改革，课程作为人才培养模式进行改进和突破的关键点。教育部职业技术教育中心研究所研究员姜大源（2021年）在深入研究了《国家职业教育改革实施方案》后提出了"大国职教需要大视野"的主题，他认为当前职业教育改革的突飞猛进，促进了整个教育结构的改革，使我国的教育由一个封闭的结构，向着开放的结构转变，最终将形成由普通教育体系和职业教育体系构成的新体系。根据学科专业的发展特点和内在要求，对课程结构、课程内容和课程组织体系等方面进行有效的衔接和模式的创新，不仅能筑牢高等职业教育内涵式发展的基石，更能为加快发展现代职业教育注入新的活力与持久的动力来源。

通过实际情况分析，我国人才的供应和社会的需求不匹配，高层次技术、复合型人才的短缺，不在适应经济转型发展。由于高新产业迅速的发展，知识密集型、科技密集型的企业越来越多。企业岗位要求技术人员更高的专业技术能力和实践操作能力。专科层次的技能型人才不再满足目前经济转型的需要。为了改变专科层次高职教育"终结"现象，社会经济的发展对当代职业教育提出了更高的要求，当前我国职业教育的突出问题是高等职业院校学生缺乏上升通道，应用型人才培养提升受阻。在课程衔接的过程中，重新整合人才培养方案，提高人才培养质量，是实现当代职业教育内涵式发展的重要路径。社会结构发展影响着人才需求结构的变化，高新技术产业的兴起使社会对人才的需求度对越来越高，导致市场人才需求的结构、类型也相应地发生的变化。

本科层次与职业教育的有效衔接是推进职业教育内涵式发展的重要途径，"3+2"专本联合培养课程有效衔接，对提高教学质量以及人才培养都有一定的现实意义。教育部原副部长、清华大学金融学院鲁昕教授（兼职）指出："加快转方式、调结构、促升级，想要打造中国经济的升级版，关键要有与升级版相适应的劳动力结构"，由此可见，打造一支具有高素质技术技能型人才是社会经济结构转型和产业结构优化升级的关键。为了深入研究国家职业教育与应用型本科教育的终身教育体系，实现职业教育内涵式发展的当代诉求，搭建高职院校与应用型本科院校之间人才输送的"立交桥"成为非常重要的改革方向和研究内容，人才培养模式的创新将作为推进高等职业教育深化改革的有益尝试。

1.1.4 理论契机

为了贯彻国务院出台的《现代职业教育体系建设规划（2014-2020年）》（教发〔2014〕6号）以及湖南省委、省政府《关于加快发展现代职业教育的决定》（湘发〔2014〕18号）

精神，创新技术技能型人才培养机制。《规划》要求，到 2020 年，高等职业教育在校生占整个高等教育的比例要达到 50% 以上。省内本科高等学校要逐年增加对口招收中等职业学校毕业生的比例，并扩大高职院校学生专升本的比例，到 2015 年，这两个比例指标分别为 5% 左右和 8% 左右，到 2020 年，两个指标都要达 10% 左右。《规划》要求，鼓励优质学校通过兼并、托管、合作办学等形式，整合办学资源，优化中等职业教育布局结构。2015 年起在我省部分普通本科高校和高职院校开展联合培养技术技能型人才试点工作。

（1）"3+2"分段培养的理论基础

①公平理论

马克思对教育公平问题的研巧和探索，是通过对早期资本主义社会里存在的各种复杂的不公平现象来分析得出的。马克思主义主张从现实的经济基础来认识公平，指出公平 " 始终只是现存经济关系的或者反映其保守方面，或者反映其革命方面的观念化的神圣化的表现 " 。马克思和恩格斯从历史唯物主义出发，指出任何社会公平都是具体的、历史的。马克思主义的公平理论具体指明了实现社会公平的基本条件，就是社会马克思主义的公平理论，也提出了社会公平的相对性。马克思主义公平理论认为即使是在社会主义社会中，公平也只是在劳动面前的公平。由于劳动能力和自身素质的不同，往往导致人们收入差异，从而存在事实上的不公平。根据马克思主义教育公平观的理解，我们的社会公平不能应该存在于社会靠活的各个方面，它应该是多方面的统一体。马克思主义公平理论提出的社会主义公平原则应该包括：权利公平、机会公平、规则公平、分配公平。瑞典教育研究者胡森认为教育公平就个体而言具有三个方面：个体起点平等；终结性阶段的平等；最终目的的平等。我国的普通高校条件远远优于高职院校，享受更多的教育资源，这严重影响教育公平。高等职业教育主要集中在专科层次，学校教育质量不高，高职专科学生升学道路不通畅，导致高职学生就业质量不高，最终造成社会对职业教育认可度低，学生就业水平低，影响社会资源分配。"3+2"分段培养能够在一定程度上形成本科院校和高职院校的资源共享，强调之间的相互配合，实现高等职业教育层次，水平，质量的多方位提高。

②现代人力资本理论

现代人力资本理论的提出W舒尔茨、贝克尔等人的相关专著的发表为标志。舒尔茨在研巧中认为：人力资本是体现在人身上的知识、能为和健康。人力资本同物质资本一样需要投资而来，其途径是教育或者培训，而无论何种形式的人力资本投资都会带来高额利润。同时，他认为人力资本极为重要。因为，自然资源、物质资金、人口数量已经不再是生产力发展的决定性因素，取而代之的是一个国家的人力资本积累过程。哈耶克认为：所有的劳动分工在本质上都是知识的分工。人们因为拥有不同的分工知识，为了生存就需要交易彼此之间的知识。知识分工自然会引发出关于知识间协调的问题，更是因为知识的分散性，缄默知识的重要性，使得协调问题变得重要。高等教育在个人层面上决定了其日后的劳动生产率，而在宏观制度层面表现为一种刺度变迁的根本动力。

人为资本理论认为人力资本的积累是社会财富增长的源泉。经济社会的发展需要大量的高技能应用型人才，而现阶段的高职教育满足不了社会对技能型人才的渴求。教育部试点启动了"3+2"分段培养项目，促进高职院校和本科院校的合作，最大限度地使用本科院校的优质教学资源。同时加强和企业的合作，共同培养高职本科型人才。从长远发展来看，人力投资对经济的促进作用比物质投资对经济的促进作用更大。企业应该加大对人力资本的投资力度，与高校密切合作，共同制定培养方案，培养适合企业未来发展的工程人才。

（2）"3+2"分段培养的可行性分析

经济社会的发展，产业升级的加速迫切需要本科上层次的高端技能型人才，但是由于我国长期的重学轻术的传统思想，高等职业教育在人才培养层次和质量上都步履维艰。目前高职院校的社会影响力、办学条件、学术文化等都不够成熟，还达不到单独承办本科职业教育的水平，可说高职院校和本科院校合作开展"3+2"分段培养是目前比较恰当的培养本科职业人才的做法。根据《关于加快发展现代职业教育的决定》（湘发〔2014〕18号），实施"3+2"分段培养的主体主要是我省的国家示范性高职院校和国家骨干高职院校。二者在教育内涵和目标定位上具有天然的共性与关联，包括教育类型与层次，培养规格与模式、地域指向性等方面。

①类型定位上的同质性

如今，我国的高等教育已经进入大众化阶段，高等教育的重要任务就是为国家社会输出各种类型的从业人员。国家"十二五"期间的战略目标是完成产业转型升级，高职院校和应用型本科院校需要共同承担起这一职责，培养产业升级所需的高技能人才，应对技术革新和职业岗位的变化。根据国际教育标准分类（ISCED），高职专科教育和应用型本科教育具有内在的一致性，二者都属于高等职业教育范畴，即5B教育与普通高等教育5A相对，更加定向于实际工作，体现职业特殊性。高职专科教育主要是培养从事生产和管理一线的具体工作操作者，要求学生能够具有一定的工作实践能力。20世纪90年底，为了顺应高等教育的大众化，很多地方高校转变发展战略，由精英化时代的研巧型、学术型院校转变为多科型、应用型、技能型院校，应用型本科教育和应用型本科院校应运而生。目前，应用型本科教育主要由应用型本科院校承担，这些院校多由地方性本科院校转型而来。值得一提的是，在我国任何一所大学内部，都不同程度地存在应用型本科教育。应用型本科教育主要是面向区域产业行业培养高级技术应用型人才，具有理论基础扎实，专业知识面广，并具有较强的科技运用和技术转化能力，与高职专科教育一样，它也具有较强的职业导向性。由此可见，"3+2"分段培养前段由高职院校实施，段由应用型本科院校衔接是可行的。

②学历层次上的承接性

高职专科教育和应用型本科教育在教育类型上都属于高等职业教育，属于5B范围，其最大的区别在于教育层次。普通本科教育就有专科、本科、研究生、博±生层次教育，但是高等职业教育在专科教育阶段后就出现了断层现象。根据调查显示，我国的本科院校近70%属于应用型本科院校，其承担培养高端技术型人才的任务，但却规划到普通高等教育行列，使得其与普通高等教育不断同化，职业教育前途堪忧。实际上，应用型本科教育的职业性，人才培养的应用性特征完全可将其纳入高等职业教育行列，实现高等职业教育层次上的衔接。在培养模式上，二者都区别于学术型高等教育，认为人才的培养离不开学校和企业的配合，必须走校企合作之路。高等职业教育的职业导向性特征，决定了二者从人才培养目标设计到人才培养模式的各个环节，从教师、教学资源到实训设备、实习培训都离不开企业的支持与合作。"3+2"分段培养试点，在H年离职专科的基础上，衔接2年应用型本科教育符合菜历层次上的承接性，做到培养模式的二元性。

③服务定位上的区域性

我国的高等职业教育兴起于20世纪80年代，兴起的原因主要是由于地方经济建设的需要。目前已经基本形成每一市县都建有一所地方高职院校的格局，培养了社会所需要的各行各业的专口人才，为地方区域经济社会发展带来了无法磨灭的功绩。地方应用型本科院校是为适应社会产业更新，是从高职院校升格、发展而来，实施本科层次的高等职业教育，面向企业、面向区域发展。当今社会，信息技术、生物技术等新经济，越来越广泛的渗透到国民经济发展之中，为社会提供了许多新兴岗位。高新技术岗位直接影响学校培养的人才的知识结构，技术含量，促使劳动者追求更高的教育层次和更适应岗位发展的知识结构。"3+2"分段培养将高职专科和应用型本科相关联不仅是由于二者的同质性，都定位于服务地方经济，更是能够减少实施过程中的不适应和阻碍，在提高职业教育层次的同时，优化知识结构，加强技能培养，更加贴合区域的经济发展，从根本上做到可持续发展。

1.2　国内外研究现状及评述

1.2.1 国外研究现状

关于发展国家高职本科课程衔接研究中起步比较早，大概开始于二次大战结束后期20世纪60年代，到目前为止发展比较成熟。在不断的探索和实践中，基本上已经形成了具有独特特点完善的课程衔接体系理论。目前国外职业院校与应用型本科课程衔接的育人模式主要有美国的社区学院模式，德国的应用技术大学制度模式，澳大利亚资格框架模式以及英国双证书转换模式等，美国的社区学院的转学制。美国社区学院承担三种类型服务，一是转学或者升学教育，二是技术教育或者培训，三是针对社区需要，开设专门课程服务社区。在课程上突出强调：整合学术教育与职业教育，扩大教育视野，技术教育不仅仅只停留在入门技术的培训，应该关注行业的发展和学生职业生涯的发展，通过技术准备教育模式和其他类似教育模式，加强中等以及中等后教育之间的衔接。

作为世界上最发达的国家之一，美国的科技革新、社会发展一直走在世界前列。因此，美国的高等职业教育发展较早，对高技能人才的需求也最为迫切。1892年，芝加哥大学校长哈珀，将大学分为一二年级和三四年级两个阶段，前者称为"基础学院"，后者称为"大学学院"，1896年，将两个阶段改称为"初级学院"和"高级学院"。初级学院设立的目的在于为学生提供本科一二年级的转学教育。初级学院是"提供大学头两个年级教学的学校"，"其范围与深度相当于高级学院头两年的课程"。如今，美国社区学院都有转学教育的功能，包括两个部分：一是提供大学学士学位前两年的普通教育课程；二是具有"2+2"专本衔接机制。可见，美国社区学院的2+2分段教育由社区学院的转学教育和本科的专业教育构成。只要学生修完转学教育的课程，完成规定的学分，就可以取得副学士学位，成绩达到一定要求，即可转入与社区学院签约合作的本科院校学习，并免修大学一二年级课程。

美国社区学院与本科院校2+2分段培养有以下特征：

①围绕本科人才培养目标进行转学教育

美国社区学院根据人才不同的培养目标分为面向就业的高等职业教育和面向转学的转学教育，其中，转学教育通过与相关的普通本科院校围绕同一要求的人才培养目标，进行课程体系的设计，保证了课程的衔接。美国"社区学院诞生之初主要提供普通教育课程，包括语言、数学、自然科学、人文和艺术、社会和行为科学五大领域，涵盖科目多、范围广，与本科院校兼容，易于转学"。在转学教育的人才培养课程体系中，提供本科层次同等深度课程，保证了专本学分相互对等兼容，为转学后所学课程奠定了良好的基础，从而"帮助鉴定新的人才转学到精英部门；能够使精英部门变得更加精英成为可能"。所以，社区学院围绕本科人才培养目标提供的本科基础阶段的课程教育是其保证本科生源质量，使转学教育取得成功的关键。

②社区学院主动对接本科，开设转学课程进行校际合作

转学教育需要转入学校接受学生，而各本科高校对转入学生所学课程广度与深度都有各自的要求，转学课程要求的差异性要求转出学校与转入学校磋商并签订合作培养协议。美国每所社区学院都和不同的四年制大学就课程对等签署转学课程协议或合作协议。通过转学合作协议预先确定转学教育的教学计划和课程体系。只有社区学院转学教育课程达到本科院校课程的水平，本科院校才同意签订转学协议，因此，转学协议既是社区学院与四年制大学合作的机制，也是社区学院学生向本科院校转学的依据，而能否与本科高校达成转学教育合作协议更是成为衡量社区学院办学水平的重要标志。由于普通教育课程涵盖的科目广泛，为缩小选择面，适应多所合作本科高校的需要，解决转学课程要求的特殊性与一般性的矛盾，提高转学教育对合作高校和专业的适应性，美国社区学院通过协议与普通高校签订转学教育的核心课程。通过合作协议，社区学院学生完成转学教育的课程，即可转入合作的本科高校学习，并免修其一二年级的课程，所以，转学协议保证了转学课程的质量，并有效地实现专科与本科教学内容的衔接，如图1所示。

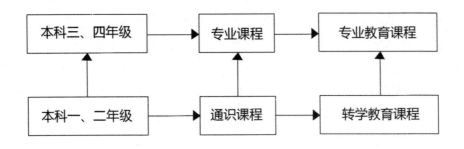

图 1-1　美国社区学院与本科 2 ＋ 2 转学教育课程衔接图

③转学教育功能是与高职技能教育并列的功能

美国社区学院的前身———初级学院创办初衷就是转学，转学教育功能是主导学院发展的主要功能甚至是唯一功能。社区学院经过 20 世纪 20 年代到 70 年代的职业化运动，职业教育的主体地位最终确立。目前，美国的社区学院有着"转学与就业双重功能"，其职业教育功能主要是以就业为导向，为学生开设岗位技能性的专业课程，注重学生职业技能培训；转学教育功能主要是以转学为导向，具有"2+2"专本衔接机制，学生只要符合条件，就可以直接进入更高层次的本科高校进行学习。社区学院的转学教育为更多的美国青年进入四年制学院学习提供机会。美国社区学院学生在修完两年的转学课程后经过申请，只要符合一定条件，可直接进入四年制大学、学院的三年级继续学习更高层次的课程，最终获取学士学位。

美国社区学院实现专转本的关键在于社区学院主动与本科院校合作，主动对接本科教育签订合作协议，并为学生提供转学课程的转学教育。其重要特征在于社区学院向学生提供本科的教学内容，打通高职专科与普通本科的课程之间的脉络，建立起与普通本科大三、大四专业课之间的联系。社区学院的转学教育与职业教育并行的机制有效地满足学生升学及多样化的教育需要。据"美国中等后学生资助"项目调查，进入社区学院的学生中有 47％表示想完成文学士学位或研究生学位，15％希望获得四年的学术性学位，19％希望学习职业课程，9％想得到某种证书，10％是为了其他目的。转学教育激发学生学习热情，既调动了学生学习的积极性，也为本科高校筛选出更多优秀生源。多年来，美国社区学院为本科院校提供优秀生源，并取得本科高校所"证实成绩和四年制学院'本土'学生一样优秀"的结果。美国社区学院转学教育的本科人才培养目标、分段教育和校际合作的转学机制，都显示出其与增强学生职业技能的职业教育的本质区别。

美国的高等职业教育主要由社区学院承担，学制为 2 年，主要服务于地方，职业教育和转学教育是他们最早的一个功能。美国教育学家马下.特罗（1973）曾经说过："在过去的一个世纪里，美国高等教育的主要结构变化事实上只是社区学院的创建和扩张。"由此可见社区学院在美国高等教育史上的重要性，概念就是通过资格证书的转换实现两个层次的沟通衔接，美国社区学院和普通大学共同遵从统一的课程标准，这是他们课程体系建立的前提条件。美国的社区学院课程体系包含职业教育的课程和大学的教育课程，而这所有的大学教育课程与普通大学都会有统一的课程编码和课程标准，学生根据自己的需求在这两类课程中自由选择，那学习完成后获得的学分，系统会自动存储，这样更有利于升学转换。统一课程编码和课程标准系统在普通教育与职业教育之间起着桥梁作用，学分互认则在课程体系中起着至关重要的作用。C harles K .Monroe（1997）认为社区学院扮演着国家迅速发展与平等主义中的高中、精英主义传统的高级学院以及职业院校与大学之间桥梁的角色。社区学院主要负责大学一、二年级的教育，坚持教育的职业化，学生在 2 年完成学业后可凭借获得的副学士学位进入社会，也可以根据在社区学院所修的学分转入高级学院或是四年制大学继续深造。W .N.Grubb（1995）认为，社区学院承担着美国职业教育学生转到本科院校，来提升自身层次的重要使命，这也让美国的高等职业教育成为真正意义上的高等学府而不是只徒有虚名，同时这也让美国的职业教育充满生机与活力。

德国的课程体系是应用技术大学的模式。他们的所有课程是由学校和企业共同制定完成的，共同承担起培养技术型人才的任务，都是以学生的职业生涯和该职业在市场中的最新技术来进行教学设计和组织教学。高职类院校与普通教育之间通过对课程的标准化设置与一体化设计来保证衔接制度的顺利实施，确立了以职业分析为导向、职业能力为本位、职业活动为核心、宽基础面为基点的阶梯式课程结构体系，以职业活动为中心来选择课程内容，所有课程分为基础培训、专业培训和专长培训。该课程体系以企业为核心，企业培训为主，学习教育为辅，突出实践技能，体现了人才培养的应用性，在教学过程强调"工学结合"制或者称为"双元制"。

澳大利亚的课程体系是建立在国家统一的资格框架模式下的。澳大利亚的资格框架模式中的"资格"，他的概念是包括了普通教育的学历证书和职业教育中的资格证书的内容，它最突出的特点就是能和谐统一和各层次阶段间的贯通，在完成了高中教育、职业教育与培训教育以及高等教育等不同教育层次、类型之间，实现了各层次之间教育和谐与教育平等的互通互认机制。学生在学习职业教育课程之后，获得的相应的职业资格证书，同时所获得的相应的资格证书也可以转换为下一阶段教育的学分。

英国的课程体系是双证书转换模式。在英国职业资格证书下，有两个体系：高等教育资格证书和职业教育资格证书将职业资格等级分为七级，每一级都有相应的证书获得要求，然后才能进入下一个等级，属于一环衔接一环，每一级的证书取得要求都是基于上一级能力要求之上，保证了课程衔接的连贯性。在职业资格证书与高等教育资格证书之间确立对应关系，促使职业教育向高等教育的过渡和衔接。英国的职业教育与培训课程开发包括三个阶段：一是从职业分析到职业标准，二是从职业标准到学习单元，三是从学习单元到资格课程。由于其课程要素来源于职业岗位能力的分析，从而保证了课程的职业导向性，也就保证了职业教育的职业导向性。

总结国外几种典型的职业类教育与本科教育的课程衔接模式，可以得出以下几点有益经验：在培养的目标上，无论职业教育还是本科教育皆以地区发展需要为导向开设相应的课程，并且关注于学生学习生涯的延续性和学生发展的持续性；在培养的模式上采用以学校和企业为主的多元主体"工学结合"培养制，确保课程之间设置的标准化和一体化；第三，资格证书与学历证书的融通，完成资格证书学习内容与学历教育课程内容的互通互认，保证了课程衔接的连贯性。借鉴国外高职与本科人才培养课程衔接的经验，将会对国内高职与本科课程有效衔接提供有益启示。

1.2.2 国内研究现状

（1）"3+2"高职与本科贯通培养衔接的理论基础

高本课程的顺利衔接离不开一定的理论基础作指导。国内专门进行高本衔接理论研究的较少，从散见于文献中的理论来看，现有的指导理论从高职与本科层次衔接的角度出发，集中于西方职业带理论、高等教育大众化理论、终身教育理论、国际教育标准分类ISCED2011及教育生态位理论，也有学者从认知心理学角度出发，认为奥苏贝尔的认知同化理论为高本课程衔接提供了心理学基础。对于高职与本科课程衔接方面的理论研究还没有形成科学、完整、独立的课程衔接体系。

通过对已有文献的研究发现，学者普遍认为对于"3+2"专本联合培养的办学主体三方合作不够严密，没有形成合力。

林克松，石伟平在《改革语境下的职业教育研究》（2015）中讲到职业教育如何办学，如何培养人才历来是研究的核心关注点，随着我国社会的不断发展和进步，再加上经济社会的影响，对于职业院校而言，他们不仅仅要创新办学模式，更应该加强对人才的培养。本科院校也应该和高职院校进行紧密的联系，共同构建"3+2"培养领导小组。该小组在日常工作的过程中也要高度重视吸纳人才，共同商榷培养方案，制定合理的培养目标以及培养课程。祝成林（2015）指出企业参与高等职业教育人才培养的广度和深度都不够。通常情况，即使是企业冠名的校企合作班，这些企业方也都是在开班以及结业的时候会参与，露个脸，点到为止，而对于人才培养方案的设计，课程体系的搭建等更谈不上了。可能主要原因还是在企业要真正参与人才培养就意味着默认投入经济成本和人员精力，但是现有的情况下又无法得到有形的利益补偿，以致于企业缺乏参与的主动性，参与形式大于内容。

其中宋连喜（2017）目前正在进行转型试点的本科院校大多数迫于上级教育行政主管部门的压力和政策性强制性推动。杨娜（2017）指出目前学校和企业的合作仍处于民间活动的状态，对责、权、利尚无明确的规定和划分，无法建立长期、稳定、互利互惠的合作机制。

任爱珍（2018）认为高职、本科教育衔接不仅需要从专业知识体量上进行衔接，还需要从专业课程结构和教学评价方式等方面进行衔接。①李显戈文献研究的基础上，结合国际上先进的职业教育理念和我国对本科职业教育探索的实践，提出高职与本科教育衔接分为二种模式：高职与本科职业教育分段培养；高职优势专业转型本科。赵梓彤认为完善高职教育与本科教育的衔接是建设终身性职业教育体系的重要环节。而这两者的有效衔接，关键在于课程衔接。以市场营销学课程为例，要做好高职教学与本科教学的衔接，应该主要从培养目标、教学内容、教学方法和课程考核四个方面进行探索。梁玉文、牛彩雯提出按照上级总的部署安排各省开展了高职与本科衔接教育的试点工作，进一步完善我国职业教育与本科教育的衔接工作高职与本科分段式衔接教育：提出专业人才培养目标定位要统一；高职与本科阶段的教学方法、教学体制和管理要一致；课程体系设置要具有很强的连贯性，避免重复；高职升入本科的考核评定标准要重实践轻理论，体现高职与本科教育各自的特色。檀祝平、杨劲松首先是高职本科教育类型定位问题；其次是高职课程一体化衔接技术处理问题；另外是衔接过程的管理和评价问题。只有解决好这三个方面的问题，高职与地方应用型本科衔接才能更加科学高效，高职本科教育才能更好地实现培养技术技能型人才目的。孙晓玲提出了高等职业教育与应用型本科教育的有效衔接是构建现代职业教育体系，提高技能人才培养质量，促进自身发展的必由之路。本文以制药技术专业为例探讨了"3+2"衔接的人才培养目标、课程结构、课程体系的构建以及转段升学的方式，期望为深入探索高职与本科"3+2"衔接奠定基础。

刘莹（2019）在高职本科分段人才培养的过程中，在人才培养目标和课程体系建设等方面，缺乏全局的把握和更加系统的统筹。目前高校、科研机构、政府以及行业企业之间协同创新的体制机制还不完善，各方面力量分散重复，效率低下。孔祥银（2019）现有的高职和本科院校在实践教学中已经形成了自己的人才培养模式，由于各自的背景不同、目标不同、教学要求不同，人才培养方案和课程体系导致标准多样，课程内容重复，边界不清，各自为政。张元（2019）在其研究中指出，就现状来看，大部分企业都不会积极主动地参加联合培养模式，导致各方管理机构的作用无法充分发挥出来，因此要对他们加强引导和鼓励。生力军（2019）目前"3+2"联合培养的人才培养方案多由本科院校主导，高职院校配合。由于本科院校转型发展不可能一蹴而就，因此，大部分学校都会使用传统的课程体系，技术技能特点体现不足，实践教学也大多是完成与理论课程配套的验证性试验，缺乏来自企业的真实项目作为支撑，校企合作大多流于形式，实践教学变成了简单技能的重复训练。付尚军（2019）长期以来，高职与本科在办学理念上存在一定分歧并且很难在这种理念的差异中找到平衡点。白蕾（2019）院校间培养目标不连贯，导致学生进入高职院校后基础技能操作比较熟练，但是对于一些稍有难度的理论知识学习以及拓展性技能训练内容接受比较困难，达不到高素质技能型人才的培养要求。居水荣（2019）在分段培养的实践教学环节，教学体系简单叠加，缺乏整体性，嵌入课程的企业项目并非真实项目，学生的技能与实际工作岗位需求存在差异。刘聿秀（2019）"3+2"联合培养方案应该注重高职本科两个学段的课程体系有机衔接，教学条件，教学资源及师资团队的有机融合。

刘妍（2020）认为，"3+2"培养人才的同时，表征层面就存在很多缺陷和不足之处，导致教学质量不尽人意。两类院校并没有加强合作与联系，而是各自负责各自的部分，没有做到信息共享，使得两个阶段培养方案更像是简单的横向叠加，而非纵向贯通。

（2）现代职业教育体系建构研究

2002 年国务院《决定》要求：力争在"十五"期间初步建立起现代职业教育体系。2005 年《国务院关于大力发展职业教育的决定》明确提出："进一步建立和完善适应社会主义市场经济体制，满足人民群众终身学习需要，与市场需求和劳动就业紧密结合，有中国特色的现代职业教育体系。"这是在我国政府部口首次在文件中明确指出要建设有中国特色的现代职业教育体系。2010 年《教育规划纲要》提出了现代职业教育体系三个重要特征，突出强调现代职业教育体系要与我国的经济发展和产业调整互相协调，体现终身教育理念、中高职协调发展，搭建了体系建设的基本框架。

管德明（2001）等认为高等职业教育应该有一个专科、本科及以上的层次贯通的体系，为职业教育学生和一线生产、服务技术人员形成一条学习通道。加强普通教育与职业教育之间的沟通，打造教育的"立交桥"。马树超等人（2011）从国家政策方针角度，表明构建现代职业教育体系的重要性。他们认为构建现代职教体系必须注重顶层设计，试点实施国家级专项建设计划，构建"专业学士"学位制度。庄国侦（2012）认为构建现代职业教育体系，最重要的是试点本科层次的高等职业教育，优化职业教育结构。他认为只有提升高等职业教育层次与质量，培养数W万计的高素质技能型人才，才能满足加快发展现代农业、提升核屯、竞争力的需求，真正建立现代职业教育体系。高等教育类型的分化、层次结构的合理化，已成为各国教育发展的趋势和基本要求。随着社会的进步，高等职业教育的类型之争已经趋向一致。王明伦（2015）认为，高等职业教育应涵盖专科本科、研巧生H个层次，并根据我国经济社会发展的实际情况，发展专科层次为主，本科和研巧生层次为辅的高等职业教育，力求重点突出，结构层次合理，适应现阶段的发展需要。

高等职业教育应该突破目前专科层次教育的限制，探索发展职业本科教育及以上层次的有效延伸和合理衔接，力图实现高等职业教育与普通高等教育的横向等值，纵向贯通，多向转换，建立完善的现代职业教育体系。

我国台湾地区建立的是双轨并行的一种高等职业教育体系与高等普通教育体系，台湾高等职业教育与高等普通教育就是以国际教育标准分类为指导进行的自然衔接。在高等课程体系中他们通过相互开设选修课的形式进行贯通衔接，就是指通过在高等职业院校中另外开设一些普通高校里面必修的基础课作为选修课程，那么在普通高校里就反之开设一些高等职业技术方面的选修课程；到了研究生层次，高等普通高校与高等职业院校通过开设大量相同或者是相近的必修课和选修课进行贯通；升到博士教育层次的时候这两种教育的课程设置就基本相同了，也实现了基本融合。高等职业教育体系与高等普通教育体系相互开设必修课与选修课为学生在两大体系之间自由转换提供了条件，实现了高等职业教育体系与高等普通教育体系的顺利贯通衔接。

可以肯定地说，高等职业教育是与普通高等教育两种不同的教育类型，包含多种层次。但是目前我国的高等职业教育层次低下，结构不完整，不利于构建现代职业教育体系。高本贯通培养的核心是课程衔接，课程衔接的关键在于课程衔接体系的构建。国内学者从不同的角度出发对课程体系的衔接做了不同程度的探索，但所有的探索基本上聚焦于一体化课程体系的构建，只是在构建的模式、方法上存在差异。

（3）"3+2"高职与本科贯通培养模式研究

为了贯彻落实《教育部关于推进中等和高等职业教育协调发展的指导意见》《教育部关于推进高等职业教育改革创新引领职业教育科学发展的若干意见》等文件的精神，加快建设现代职业教育体系，专家学者们做了不少探索实践。有学者指出"3+2"分段培养培养技术应用型人才和分段培养为基本特征，提出"宽基础、活模块、重技能、强设计"的课程构建体系，加强素质教育建设，创新实施技能创新学分。马学峰（2015）等人认为应把分段培养与岗位任职要求相结合，深入开展校企合作，开展"体验式"的岗位认知教学模式，"项目式"的"工学交替"教学模式，"H层递进式"的项目课程体系等。顾惠斌等人（2012）以常州机电职业技术学院为例论述了高职与本科分段培养高端技能人才的必要性，指出高职与本科院校需要通过项目组织、培养模式、培养目标、培养方案、课程体系、教学组织与管理、学生管理、质量监控等方面建立"3+2"分段培养机制，共同实施培养本科层次高端技能型人才的工作。部分专家从整体出发，研究"3+2"分段培养培养模式，但是更多的学者则是选择培养模式的某一个切入点，展开讨论。目前的研究主要从概念内涵、培养目标、课程体系，管理监控和考核评价等各方面入手。

① "3+2"分段培养概念和培养目标。

施俊，袁德（2014）正认为高职与应用本科分段培养实现了教育类型的横向贯通与教育层次的纵向衔接，高职与应用本科分段培养是一种新型的人才培养模式，是理论与实践并重、学历与能力并重的人才培养模式。孙华林，苏宝莉（2014）认为"3巧"是指H年专科、两年本科，高职学生在修完高职阶段课程后，获得大专学历的前提下，可选择直接就业或免试直接进入本科大学相关专业院校学习。其基本特征是：①高职和合作本科院校协商制定培养方案；②能够实现合作两校资源的充分利用；③一体化的学生管理；④专本一体进行质量监控；⑤本科院校主导课程的设置，高职阶段"3+2"学生成绩也会录入本科院校学生管理系统。他们认为"3+2"分段培养重点是技术能力的提升，要求比高职专科学生具有更宽的理论基础和更强的解决问题的能力。徐广舒（2014）以南通土建类专业为例，认为"3+2"模式是增强职业教育吸引力和社会适应性的实现途径之一。他认为就主建专业而言，必须注重"3+2"分段培养不同阶段的培养目标定位，注重两个阶段的衔接。专家学者普遍认为"3+2"分段培养兼具了高职教育注重动手实践能力的特点和本科培养注重理论基础的双重特点，在培养目标上应围绕技能这条主线开展其他教学工作。专家学者都普遍认为"3+2"分段培养应该保持职业教育特色，注重技能提升，但是对于高职院校实际实施情况研究甚少。

② "3+2"分段培养中课程体系的研讨。

学界普遍认为课程体系建设是培养过程中的核必环节。在"3+2"分段培养中，课程设置是研巧的重中之重。研究者大多从两方面研巧课程。一是从课程体系的构建出发，根据分段培养中不同的侧重，提出多样化的课题体系建构模式。居金娟和张 ± 兵（2014）在对比高职和应用型本科院校"3+2"分段培养专业课程体系后，提出基于课程学分权值分布的课程体系建构，动态发展课程体系反馈系统，优化课程体系，凸显衔接贯通。李曼等人（2015）从国家职业标准出发，构建高职和应用型本科有效衔接的课程体系和职业能力。他们认为"3+2"培养的是高技能的应用人才，高职院校培养应注重技能为主线，以国家职业标准为依据，才能避免职业教育脱离发展方向。不少学者从培养的人才性质出发，提出构建"实践导向、专本衔接"的课程体系。二是从实践出发，调查具体某些高职院校"3+2"分段培养的实施情况，探究目前"3+2"课程衔接中可能存在的问题，并提出应对策略。通过对比"3+2"合作高职和本科院校课程设置，高职和本科院校在课程衔接安排上存在重复或者遗漏的问题。高职院校普遍存在盲目追求 " 高大上 " 理论学习，注重学校的升本率，"3+2"分段培养在高职院校能否发挥实质性的提高教育质量的作用，还是只是高职院校招揽生源的 " 金字招牌 " 这值得深入研巧。

③"3+2"分段培养监控机制方面。

孔庆新和贾韶千（2014）江苏省食品药品技术学院生物制药技术专业为例，从实践方方面面指出该院校形成了别具特色的"3+2"分段培养的管理和监控形式，成立了"高职与本科 3+2 分段培养"督导组，实行信息员制度，对教学过程进行监控指导。2 王国玲（2013）在《高职与本科实施分段人才培养的探讨》一文中指出要建立完善的监控机制，做好顶层设计。指出应该成立由当地教育部口、高职与本科院校领导姐成的监察小组，构建"3+2"分段培养质量监控机制，贯穿"3+2"分段培养的全过程。宋艳红和程乐（2014）认为我国的"3+2"分段培养虽然发展时间不长，对于课程体系设置方面已有相当数量的研究成果，但是该模式下的监督管理方面存在很多的漏洞。他们认为"3+2"分段培养的学生数量会逐年增多，需要落实建设完善的监督管理机制，保证"3+2"分段培养的教育质量。

④"3+2"分段培养的考核评价方面。

评价机制是否完善是"3+2"分段培养得以顺利实施的基础。对"3+2"分段培养的效果进行评价不是高职或者本科院校单方面的工作，要求本科院校领导，高职院校积极配合协同制定不同阶段的考核方式、评价机制。谢肖力（2009）认为应该建立严格的"3+2"分段培养考核机制，选用灵活的人才选拔形式，把对学生的考核评价直接反馈给学生，指引学生今后学习前进的方向，考核方式直接影响学生的学习方式、学习侧重点。由于"3+2"分段培养还没有规定的评价方式，不同的院校采用不同的考核评价方式，一方面容易造成教育腐败现象的滋生，另一方面也影响学生的学习效果，影响教育公平。

（4）"3+2"高职与本科贯通培养课程衔接体系问题研究

宋婷提出合理科学的课程衔接是高职与本科院校联合培养具有职业岗位能力人才的核心载体。基于职业岗位能力的理念，分析"3+2"会计专业高职教育与本科教育中课程设置的区别，以课程衔接为关键切入点，进行高职与本科课程衔接设计。徐勇军、赵俊峰和原波提出高职与应用型本科课程衔接是院校协同培养高素质技术技能人才的过程，满足了社会经济发展对技术技能人才的需求，也满足了高职学生自身职业能力需求，以模具专业为例，"3+2"专本联合培养中人才培养衔接课程存在目标不统一、课程设置和教学内容缺乏一体化设计、课程与专业对应的岗位群不明确等问题，为此按照既独立又相关联、实践导向、模块化原则，从通识教育课、专业基础课、专业核心课、实践课4个方面重新构建课程体系，以期为高本课程衔接做出有益探索。丁颂、巢陈思以机械专业为例，依据职业导向，进行课程的整体设计，分段实施、相互联系、相互作用，高职阶段注重学生的理论课程的培养，"必需、够用"为原则，在技能方面，注重培养创新意识。本科引导学生创新意识的养成，加强专业核心知识，运用所学知识和经验完成任务。甄国红、张天蔚和睢忠林提出课程的衔接则是贯通培养的核心环节。根据专业特点和课程内容特征，衔接双方构建了"模块+平台"课程结构体系。打造"综合素质平台+专业核心平台+实践创新平台"三个培养平台。课程模块与职业资格证书相对应，培养平台与岗位能力需求相一致。彭换新、王文凯认为课程建设作为高职专科与应用本科衔接的重要环节，提出课程衔接需要遵循以职业能力为本的原则、高等性原则、以市场需求为导向原则，职业性与高等性问题、理论与实践一致性问题，加强构建实践课程的衔接。

"3+2"专本联合培养项目在进行过长时间的试点之后获得了比较良好的成效，建立的培养目标变得越来越清晰，同时也拥有了更加丰富多样的课程资源，师资团队也变得更加优秀。即使如此，课程衔接方面还是存在较大的缺陷和不足之处，仍然需要改进和完善。在高职和本科人才培养衔接的过程中，课程设置衔接具有非常重要的意义。很多学者也对其进行了分析和探索，得知其中存在很多不足，课程内容必须综合考虑到现阶段经济发展的实际需要，同时也要重视技术发展获得的成果。在当今社会，互联网技术发展速度在不断的加快，社会上涌现出了各种各样的高科技技能和知识，在这样的情况下，职业教育课程必然要做出一些调整和优化。但是，就高校的实践情况来看，他们并没有及时的优化课程体系。

梁晓娅（2016）指出在现阶段"3+2"专本联合培养中，要想做到良好的课程衔接，那么就必须实现课程体系一体化，同时，一体化课程衔接还应着眼于在非常有限的时间内，既要满足学生转段升学的需要，同时还要兼顾学生就业的合理需求。孔祥银（2019）在湖北工业职业技术学院的实际执行过程中，高职阶段和本科阶段会计专业课程设置同质化严重，课程未进行有效衔接，特别是面对那些大数据、云计算等科技新变化，未能顺势而为开展相关的教育教学创新研究，结果一体化人才培养的课程内容明显跟不上产业职业要求。

耿磊（2017）衔接中存在培养目标定位不连贯，由于是分段开展教学，各自为政，在培养目标上缺乏依存性和互补性。刘妍（2020）在其研究中提出，自从实行了"3+2"模式之后，社会上对企业出现了很多争议。虽然合作双方都积极努力的制定新的培养目标，同时也在不断地完善课程体系，然而，因为表征层面存在制度的缺陷，导致无法完成预期的培养目标，同时高职阶段的培养方案同时满足"出口"和"升学"两个需求①杨建荣（2018）由于参与试点的学生高考分数未达到本科院校的分数，这直接导致他们升入本科院校后的学习有些吃力，尤其体现在大学英语和高等数学两门课程，老师教不会，学生学不会，导致老师和学生都有怨言，进而产生自卑心理，导致学生没有归属感缺乏信心和勇气克服学习中的困难。曾鑫（2020）武汉软件工程职业学院和武汉商学院在试点过程中，课程设置根本未能考虑到汽车产业所发生的新的变化，针对这一现状，在之后设置课程的过程中，必须充分结合该产业的具体情况，以此为基础增加相应的培养课程，满足人才对社会的需求。孔祥银（2019）在湖北工业职业技术学院的实际执行过程中，高职阶段和本科阶段会计专业课程设置同质化严重。

进行概括和总结之后，主要内容包括以下几点。第一，文化基础课程存在严重的脱节现象。例如高数，大部分高职院校并没有涉及这些内容的教学，这样就导致学生在本科教育过程中压力非常大。第二，专业课程出现了严重的重复现象。第三，相关课程课时并没有进行科学有效的划分，部分课程过于重视理论，而部分课程又过于重视实践。第四，两个阶段的课程教学单元划分存在较为严重的不合理现象，无法满足区域经济发展的实际需要。就目前学者的研究情况来看，我国学者的研究大部分都属于表层研究，绝大部分描述充满了主观色彩，随意性较强，没有进行实证分析。

而根据西方国家的教育情况来看，他们的职业教育体系相对来说比较完善然而，高本衔接还是存在较多的不足之处。就澳大利亚的教育体系来看，其具备的一个显著优点在于课程多样性，而这一特征也造成了学分转换难度较大，衔接难度更高。就美国的教育体系来看，社区学院转学教育也具有很多不足之处，首先，对于社区学院的学生而言，他们只能进入已经和自己签订转换协议的学校，这就导致他们的学习受到了一定的限制。其次，学习中也会出现一些学分损失的现象，导致他们的学习压力更高。就德国的教育体系来看，该国家实行双元制课程，而两个课程之间并没有进行有效的衔接。经济增长幅度在不断地降低，企业也面临着更高的负担，他们为了减少成本，也希望能够减少培训费用，这样就造成实训课程开展无法有效地进行下去。

许颖（2019）学生缺乏积极的学习态度，缺乏自信心和自制力，老师怎么教就怎么学，他们对于自主寻找解决问题的办法，会觉得有难度甚至是排斥，缺乏敢于挑战和面对困难的勇气和决心。自卑心理，感觉自己是局外人，"低人一等"，总是不如在校的本科生，不能很快融入新的学校生活中，不愿意主动参加学校的各种活动，缺乏信心和勇气去克服学习中的困难。

1.2.3 国内外研究现状总结及启示

通过对国内外高职本科衔接的研究现状分析发现，发达国家都以课程衔接作为高职本科衔接的核心和落脚点，无论哪种模式都实现了有效地衔接。国内关于高职本科课程衔接的研究还处于理论构建和实践探索阶段：现有的理论研究集中在西方职业带理论、高等教育大众化理论、终身教育理论、国际教育标准分类及教育生态位理论，文献研究的数量偏少且处于浅层次阶段，多主观描述，少实证探析；研究方法集中在经验总结法、文献法、个案研究法上，调查法、实证研究法较少，研究方法和研究视角比较单一，还处于总结提炼、问题反思和理论思考阶段，没有形成系统深入的理论研究框架和相对成熟实践应用研究，需要进一步加强。纵观国内外高职与本科贯通培养课程衔接体系已有的研究成果，我们可以了解到，高等职业教育与本科层次衔接教育是高等职业教育发展的趋势，是时代对高等职业教育的要求。

就我国的学者而言，他们都认为，要想使得高本课程衔接问题得以解决，就必须构建一体化课程。不同学者的研究角度有所不同。何静（2015）在研究的过程中，以分段培养为切入点，并构建了以下课程体系，即 "二层次、三类型、四模块"。隋美娥（2018）在研究的过程中，为了提高学生的职业水平，也建立了一体化课程体系，即 "二层次、四模块、四重视"。宋婷（2017）分析的主要对象是海南政法职业学院，该学者在研究的过程中，结合课程体系衔接问题，建立了相应的衔接体系，该体系的应用性更强，而且更具有层次性。高职与本科课程内容在选择和设置的时候既要体现阶段性，也要体现连续性，充分考虑两者的差异和共性，推动它们的协调统一。高职阶段课程是为了给本科阶段的学习奠定良好的基础。

有些学者在分析的过程中，以宏观角度为切入点，并提出了一些相关策略。王建华（2018）在分析的过程中主要以 "3+2" 模式存在的缺陷为前提，提出必须确保构建的课程开发机构具有多个参与主体。郭稳涛，肖志芳（2016）在其研究中指出，要想实现高本有效衔接，就应该建立螺旋式上升的课程体系。毕晶晶分析的主要对象是江苏经贸职业技术学院，主要研究了该职业学校的电子商务专业，他认为，该专业人才的培养必须充分发挥云平台的作用，建立健全课程体系，并使用创新型课堂模式。

对于人才培养而言，课程是至关重要的。要培养技术性人才，除了给他们灌输相应的系统学科知识之外，还要让他们学会实践，将理论知识运用于实践过程中，建立健全课程体系，提高学生的综合素养，增强他们的专业能力，这样才能够满足国家教育以及社会发展的需求。教育宗旨是要服务于学生的终生发展，对于高职院校的人才培养亦是如此，突出学生技能培养的同时，也要拓宽学生的未来发展空间，以更好地适应社会变化，提升终身可持续发展的能力。

美国所实施的高本衔接策略较多，首先，公布转学数据以及公开短期高职院校向本科院校的转学生数量，其次，给高职院校的学生提供相应的资助和鼓励，引导他们转到本科院校学习。最后，发行转学指南，给学生提供转向本科院校的一些具体策略等等。从课程设置角度而言，该国家采用的主要制度是完全学分制，同时开设共同核心课程，这样能够更好地提升转学率。就德国的情况来看，该国家主要实行改革双元制的财政投入战略。除此之外，该国家还对现有的培训大纲进行了修改和完善，推动了双元制课程的实施。在澳大利亚，学分转换难度相对较高，针对这一现象，部分学者认为，必须促进各部门之间的交流与合作，政府也要加强与学校的配合，推动学分转换计划的实施，同时也要提供相应的资金支持，加强对学生的鼓励和引导。

课程建设作为高职专科与应用本科衔接的重要环节，具体表现在应用本科与高职专科的课程如何定位，如何有效衔接，理论课程、实践课程如何根据专业情况进行设置。学者根据不同的专业，对各自人才培养目标，对各自课程如何建设，如何衔接进行了探讨。

作为一种新兴的高职与本科贯通课程衔接模式，很多学者是认同"3+2"专本联合培养这个项目的，并在实践的过程中，对其理论知识的进行梳理，以理论来指导实践，让"3+2"这个项目越做越好。从高职与本科课程问题分析来看，大多数的学者，主要是以某一个专业为例子，对专业课程进行分析，问题主要表现在高职和本科这两个阶段的课程内容的重复，人才培养目标的定位不清晰等方面。

从高职与本科课程衔接策略来分析，可以看出，了解市场经济发展对人才质量的需求，把产业与区域经济的发展联合在一起，根据专业自身的特色，来制定人才培养方案。构建课程体系框架，在课程体系框架中去体现专业特色，比如构建"专业核心课程＋实践创新课程＋加综合素质课程的"三个模块的平台等。让学生在不断学习的同时，增加专业的认同感，以及通过校企合作的方式，提高自己的实践动手能力，解决问题的能力和创新能力。

实现高职教育与应用本科教育衔接的有效载体是课程，对于正在试点的"3+2"高职与本科贯通培养实际操作实施具有一定的参考价值。作一种新兴的专本衔接模式，目前对"3+2"高职与本科贯通培养课程衔接逐渐成为众多学者研究的热点，研究比较宽泛，涉及理论、课程体系构建、课程衔接问题、课程衔接路径等方面研究，为本专著的研究提供了参考。这些研究成果在一定程度上推进了高职与本科"3+2"分段贯通培养的发展。然而在课程设置衔接方面还是有一些问题存在，我们还有大量工作要做。课程设置衔接在高职与本科人才培养衔接中起着关键性作用，不同的学者从不同的方面进行了研究，发现了不少问题，概括起来主要有以下几方面：第一个是文化基础课程薄弱。在高等职业院校里面主要以练习基础技能为主，在文化课程开设课时不够，导致学生文化课程底子薄弱。第二是开设的课程课时比例分配不均，就导致高职院校更注重实践而轻理论，本科重视理论课程轻实践课程这样的极端现象。第三个是相关专业课程的重复或雷同，在升入本科院校后会有重复的课程再次学习，其中既有专业课程名称的雷同又有相关专业课程内容的重复，导致学生学习兴趣下降，觉得自己都会，上课漫不经心。第四是职业资格考证不衔接或断档。第五是高等职业院校和本科院校的阶段课程教学单元划分不合理，与现在的区域经济发展需求不能完全对接。从文献研究来看，国内学者对于"3+2"高职与本科贯通培养课程衔接问题的研究大都参照职业教育与本科教育课程衔接的共性问题的研究上，针对性不足，对于高本课程衔接问题研究还处于浅层次研究之中，多主观描述，实证研究少，单纯从课程设置入手，进行聚焦研究的比较少，提出的策略能否应用于实践还有待商榷。总体来说，我国职业教育体系不完善，高本"3+2"分段培养课程设置衔接方面还存在很多问题，值得深入研究。

同时国外发达国家虽建立了比较完整的职业教育体系，但在高本衔接中还是会出现很多问题。比如课程多样性是澳大利亚教育体系的优势，但是也因为课程的多样性增加了学分转换和衔接的复杂性，不同类型课程遵循原则不同，导致课程衔接困难。学分的转换缺乏规范性，多在建议水平，也增加了课程衔接的困难。美国社区学院的转学教育也存在一定弊端，一方面社区学院的学生只能转入与其签学分转换协议的四年制大学，使学生在社区学院所学课程及其学习成绩在四年制大学的认可度受限；另一方面，学生转入四年制大学的过程中存在着学分的损失，增加了学生在四年制大学的学习负担。德国"双元制"课程两个实施单位之间的配合有时缺乏紧密性，会出现重复脱节现象；在经济增长幅度下降，企业负担过重情况下，不愿承担培训费用，导致实训课程的开展出现问题。

本研究立足高职与本科分段培养课程衔接问题，采用理论分析与实践调查相结合的方法对课程衔接进行问题挖掘，同时全面地对课程衔接的各个方面进行深入分析，从技术层面的提出有效的建议对策。

1.3　研究目的与意义

1.3.1 研究目的

（1）社会经济发展和产业转型升级对高层次的应用型人才的需求

社会经济的发展所呈现的特征是：经济增长对于自然资源的依赖程度下降，而对知识和科学技术的依赖直线上升，也就是说对未来经济发展起决定性作用的已经不是自然资源的多少，而是知识水平、科技水平的高低。知识将成为未来社会发展的决定性因素，而掌握知识和科学技术的人才就是一切经济资源中最重要的资源。伴随着近几年来社会经济的转型升级，新兴产业的崛起，已经对职业教育提出了新的要求和任务，传统的高职育人模式已经越来越不适应行业企业对新型人才的迫切需求。大力发展现代职业教育，加快构建现代职业教育体系，建立健全课程衔接体系，培养数亿计的高素质劳动者和技术技能型人才，是适应当前社会需求，促进经济社会发展，实现职教改革目标的必然举措。高等职业教育和应用型本科教育作为现代职业教育体系衔接的重要组成部分，两者间课程衔接体系的搭建必然成为现代职业教育体系建设的内在要求和实质内容。

（2）终身学习时代，学生对自我发展的期待

21世纪的竞争，是科学技术的竞争，归根结底是人才的竞争。人的成长与社会的发展相一致，生活水平的提高，人们不再满足于物质享受，更加追求自身的可持续发展，可以说终身学习的理念已经深入人心。对于职业教育领域，整个社会对具有较高素质的劳动者和技术技能型人才有着迫切的需求，并且这种需求与日俱增。时代快速发展的现状一方

面推动了整个社会经济的飞跃发展，另一方面也使得许多不能满足社会和企业用工需求的技术人员和劳动者逐渐淘汰。这不仅与经济社会的发展密切相关，而且也在相当程度上对个人未来的职业生涯发展造成了影响。所以，伴随着企业和社会用工要求的不断攀升，个人对掌握更高技能和更高学历等利于自身职业发展的愿望也日益强烈。但是，从传统意义上讲，我国中等职业教育还属于"断头教育"、"终结性教育"，学生一旦离开校园之后，很大程度上便失去了继续接受系统的正规教育的机会。

因此，为了适应社会与个人发展需求的不断上移，构建一个层级分明、结构合理、利于沟通的职业教育体系甚为紧迫，而"3+2"高职院校与应用型本科贯通培养则为实现这一目标提供了可能。高职院校与应用本科间课程的有效衔接，则为高职学生进一步实现自身职业能力的提升拓宽了道路，为其实现职业生涯的可持续发展提供了条件。而实现课程的有效衔接，则为满足高等职业教育学生职业生涯可持续发展的需求奠定了基础。因此大力发展更高层次的职业教育，实现高职与应用本科教育培养之间的有效贯通，外塑知识型技术技能型人才培育的环境。高职和本科教育的有效衔接，体现职业教育的办学特色，既满足企业对人才质量的需求，也能促进我国终身教育体系的完善。

1.3.2 研究意义

从目前搜集的高本"3+2"分段培养课程设置的研究文献来看，现有的研究多处于浅层次，研究范围狭窄，研究视角单一，理论研究偏多，缺乏实证研究的支撑，对于很多问题泛泛而谈，没有做系统而深入的剖析，高本"3+2"分段培养课程设置衔接方面仍存在很多问题，高职本科"3+2"对口贯通分段培养不是单纯的学历提升，而是贯彻国家终身教育理念的一种新型的人才培养模式，从明晰培养定位、一体化衔接课程体系，再到合理考核、科学评价等等，不仅需要双方院校进一步地沟通和协作，也需要考虑到外部的逻辑背景，如高职、本科院校的定位差异、学校发展层次的差异、师资考核及晋升机制的差异，均会影响到"3+2"模式落地实施的质量。因此健全高本"3+2"分段培养体系，实现职业教育现代化，关于高职与本科贯通培养课程衔接体系的研究依然有很大的研究价值和意义。构建职业终身教育体系才刚刚开始，任重而道远。

本研究基于我国现代职业教育体系建设的背景，以湖南省高职院校与应用型本科院校建筑室内设计专业"3+2"贯通培养状况为实证研究案例，以课程衔接为主要研究内容，从课程的目标、开发、设置、内容为主要分析对象，做出实践和理论上的分析和探索，丰富了相关研究，后续相关研究提供依据和参照。

（1）理论意义

高等职业教育作为高等教育领域中的一个重要角色，占据了我国高等教育规模的半壁江山，但受长久以来社会盛行的对职业教育的传统观念影响，我国的高等职业教育处在一个大而不强，发展失衡的尴尬境地。探索高等职业教育与应用型本科衔接的现代职教体系，在增强高等职业教育活力，实现职业教育内涵发展，适应社会经济结构的转型，培养高素质、高技能的复合型人才发挥重大作用。高等职业教育与应用型本科"3+2"分段培养模式顺应现代职业教育的要求，江苏作为率先推行"3+2"分段培养试点省份，本研究基于此背景，以江苏省内 Y 高职院校为例，探索课程衔接的相关研究，对转变人们对职业教育的固有观念，提高人才培养的质量，进一步扩大职业教育与本科教育上升的渠道，培养符合产业需求的人才，丰富我国职教研究等有一定的理论意义。

（2）实践意义

立足于湖南省高职院校与应用型本科"3+2"贯通培养的实施情况，基于实践研究的范式，对试点的高职院校进行贯通培养课程衔接的有关问题的调查及原因开展探索，进一步寻找和分析当前课程衔接在课程目标、课程开发、课程设置等方面的具体问题和成因，为后续高本贯通培养改革提供实证依据。同时也希望通过调查能发现高职和本科"3+2"课程设置衔接中的新办法、新想法，为"3+2"高职与本科贯通培养课程设置顺利衔接提供借鉴。

在实地调查的基础上，进一步谋划优化课程衔接改革的策略，力图构建一条有效的课程衔接的技术路径。一是为我国培养更多的高素质高技能创新性应用人才，满足社会转型升级对人才的需求；为高校实现内涵发展、满足高职院校学生追求更高层次更高学历教育通道的机会、为地方输送高素质人才、构建高等职业院校与应用型本科协调发展的"立交桥"。

1.4 研究方案

1.4.1 研究内容

本文主要包括五个部分：

第一部分是绪论。首先提出了研究背景，然后对本研究的国内外研究现状进行分析，阐述了本研究的研究目标与意义、研究内容、研究方法和研究的技术路线。

第二部分是核心概念及理论基础。"3+2"高职与本科贯通培养课程衔接相关概念的界定以及理论基础。界定"3+2"专本联合培养课程衔接等相关概念，基于终身教育、认知学习理论和螺旋式课程论等视角，分析"3+2"高职与本科贯通培养课程衔接的理论依据和课程衔接体系。

第三部分是高职与本科贯通培养课程衔接研究现状分析。通过对我国高职与本科"3+2"人才培养半血基本情况的回顾，来分析湖南省高职与本科"3+2"分段人才培养的情况包括试点学校的情况和试点学校的生源情况。作为环境艺术设计专业，调查其在高职与本科"3+2"人才培养课程设置中的衔接情况。选取样本，通过分析，发现课程衔接中存在的问题并进行归纳分析，发现当前在"3+2"课程衔接方面还广泛存在着培养目标定位模糊、课程设置、学分学时分配等问题。基于以上问题，多角度阐述高职本科课程衔接不畅的原因，主要包括：人课程目标认识偏差、高职和本科之间没有统一的课程标准、课程设置存在先天性不足、高职本科之间缺乏有效的沟通渠道。

第四部分是系统论视阈下的高职与本科贯通培养课程衔接体系模式构建。系统论视阈下的高职与本科贯通培养课程衔接体系模式构建理念为三个坚持：坚持一体化设计、坚持目标引领性、坚持学生为中心。从人才培养方案中搜集到的问题入手，针对现实存在的问题分别从人才培养理念和机制贯通、一体化课程衔接设计和建立系统优化调节机制三方面对系统论视阈下贯通培养课程衔接体系优化提供策略。为实现"3+2"高职与本科贯通培养课程的有效衔接，实现衔接切实构建，需要完善职业教育立法；加大资金投入，加强技能实训基地建设；建立完善的国家职业技能标准做等方面为课程衔接提供良好的保障条件。

第五部分是对"3+2"高职与本科贯通培养课程衔接体系的总结与展望。

1.4.2 研究目的

高职与应用本科在我国的高等教育体系中分属两个不同阶段、不同类型的教育，为实现两者之间的衔接，首先必须有明晰的专业人才培养定位。然而，自"3+2"联合培养模式试行以来，对学生的培养定位一直争议不断，高职和本科也存在不同的声音，究其根本，主要在于双方对"职业性"理解的立场和角度不同。高职院校认为，国家密集出台的一系列职业教育文件，旨在培养面向生产、建设、服务和管理第一线需要的高技能人才，且高职教育历经十余年发展，不断吸收先进经验和理念，在服务学生成长成才等方面已取得适应中国国情的培养思路，因而"3+2"本科阶段应是职业培养模式的延伸，通过为学生提供更多校企合作及技能提升的实训机会，培养高技能型的职业人才；而本科院校认为，"3+2"应充分融合高职的技术优势和本科的理论优势，以培养高素质的综合型人才为目标，不仅要具有较强的实践能力，更要有较强的创新能力和判断能力，同时也让学生有能力在本科平台上拥有更多的就业选择和发展机会。前者以高职为主，后者则以本科为主，双方在培养目标上争论不一。另外，考虑到"3+2"是一个全新的人才培养机制，尚无有效经验可循，且在高职、本科目前已成熟的制度框架下，为"3+2"单独做出调整，会涉及管理制度改革、师资分配等各方面的利益冲突，存在较大难度。

综上所述，本研究主要有以下两方面目的：

（1）通过对湖南省高职与本科环境艺术设计专业、室内设计专业"3+2"贯通培养课程衔接体系的路径进行调查研究，分析高职与本科贯通培养在课程设置衔接方面存在的问题，在吸取已有经验的基础上为实现两个阶段课程的顺利衔接寻找可行方法路径；

（2）立足当前高职与本科贯通培养存在的问题，借鉴国外先进经验提出可行性优化策略，为高职与本科贯通培养的普及化及加快构建现代职业教育体系提供经验借鉴。

1.4.3 研究方法

（1）文献研究法

通过搜集整理近年来高等职业院校与应用型本科课程衔接的政策文件和相关文献的研读，梳理阅读当前国内外有关高等职业院校与应用型本科课程衔接方面的研究成果，了解当前我国高等职业院校与应用型本科课程衔接的实施状况。找出我们现在研究当中存在的不足之处，为本课题的深入挖掘提供思路、提供切入点和相关的借鉴。

（2）问卷调查法

根据本研究的具体要求，在借鉴已有相关研究和问卷的基础上，编制出适合调查问卷。问卷以封闭式单选题为主，以长沙环境保护职业技术学院、湖南艺术职业学院、湖南城市学院和湖南信息学院的学生为调查对象，进行问卷调查，获取目前班级课程实施等培养状况数据。

（3）访谈记录法

以长沙环境保护职业技术学院、湖南艺术职业学院的任课教师和教学管理人员（校领导）为访谈对象，针对访谈对象的情况，编制相应的访谈提纲，从真实的非正式交谈中了解当前长沙环境保护职业技术学院、湖南艺术职业学院与应用型本科课程衔接的现状和可能存在的问题，并对获悉的内容进行概括、分析、总结以弥补问卷调查资料的不足，力求挖掘隐藏在背后的深层次原因，为后期问题的分析和解决提供帮助。

（4）个案研究法

以长沙环境保护职业技术学院环境艺术设计和建筑室内设计专业、湖南艺术职业学院环境艺术设计专业、湖南城市学院环境艺术设计专业和湖南信息学院环境艺术设计专业的（"3+2"专本衔接专业）课程为研究案例，通过调查学校实施"3+2"分段培养专业的学生、任课教师以及学校有关领导，了解分段培养课程方面的具体实施情况和观点，分析实施"3+2"分段培养专业的人才培养方案等资料，发现这些院校在课程衔接实施过程中存在的问题，为论文的撰写提供实证资料。

（5）比较研究法

通过对澳大利亚、美国、德国等地区高等职业教育课程衔接的比较研究，寻找可供借鉴的方式方法，试图为我国高本分段培养课程设置衔接提供理论上和实践上的借鉴。

1.4.4 技术路线

本专著的研究坚持基本理论的认知与现状调查→辩证关系的结构性分析→系统综合分析→实证案例的论证和反思的思路，综合运用多种研究方法，在系统论的视阈下，优化课程衔接的路径，探索高职人才培养课程衔接中的四大问题：课程培养目标衔接、课程内容衔接、课程实施衔接、课程评价衔接。同时，从个案研究上升到普遍理论，加强课题研究和基地成果的应用和推广，以解决共性问题。详见下图 2：

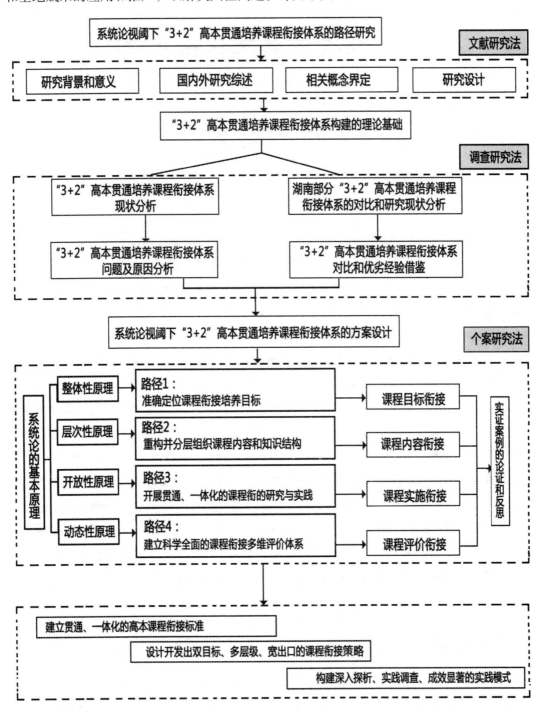

图 1-2　技术路线

2. 核心概念及理论基础

2.1 系统论

2.1.1 系统论

指从全局和整体的角度，运用系统化、体系化的思维，全面搭配和协调各种资源，进行综合处理。系统论是研究系统的一般模式、结构和规律的学问系统论的发展大致经历了古代、近代、辩证唯物主义和现代系统论四大阶段。在系统论出现以前进行问题研究时，大多是将事物或问题进行分解，通过个别性质解释整体的复杂事物或问题，然而随着事物的飞速，其综合化与复杂化的特点日趋明显，传统分析方法解决便稍显乏力。而系统论的出现，能够纵观全局，为现代复杂问题的分析与解决提供有效的方式。贝塔朗菲率先提出一般系统论，而后，系统论相关研究开始得到进步与发展。系统的整体性是系统论的核心观点，也是最本质的属性所在。系统之所以成为系统，首先必须要有整体性。整体性强调整体观念，可以从以下两大方面的基本内容理解：一是任何系统作为一个有机整体，都是由许多要素组成，且这若干要素并不杂乱无章独为一体，而是相互影响、制约以及作用，从而形成一个有机的整体。二是系统的功能体现出非加和性，即系统的功能与各要素功能的机械组合和单纯相加并不等同，系统会突现出新的特性与功能，而这些新特性、新功能是各要素所不具备的，即表现为 1+1>2。本课题以此理论为基础，在高职课程衔接体系的探索中，要对各项限制条件（行业企业、学生、家长、教师等）进行整体把握和组织协调，以科学理论为指导，借鉴国内外成功经验，在定量分析和定性分析相结合的基础上实现资源的最优配置。

2.1.2 课程

"课程"（Curriculum）一词，最早出现在英国著名社会学家赫伯特·斯宾塞（HerbertSpencer）《什么知识最有价值？》（1859）一文中，他是从拉丁语"Currere"派生出来的，意为"奔跑"，根据这个词源，最常见的课程的定义为"学习的进程"，简称学程。在不同视角下关于课程概念的认识、理解和界定是多种多样的，我国《辞海》中对课程的界定是："教学的科目，可以指一个教学科目，也可以指学校的或一个专业的全部教学科目，或指一组教学科目"。《中国大百课全书·教育》中对课程的定义是：课程有广义、狭义两种。

广义的课程是指学校为实现培养目标而选择的教育内容总和，或指学生在教师指导下各种活动的总和，它包括学校老师所教授的各门学科和有目的、有计划的教育活动。狭义的指一门学科。如施良方在《课程理论——课程的基础、原理与问题》一书中就把课程定义为：教学科目、教学活动、学习经验、学习结果、社会改造以及社会文化的再生产等。刘春生、徐长发等学者认为课程是指"学校按照一定的教育目的所建构的各种教育、教学活动的系统"。从不同的角度来定义说明学者对课程本质的认识存在差异，也正是符合理论探究的客观事实，从多方位的角度来理解课程的含义，可以促进我们对课程的深入研究。在本研究中的课程是指：在特定的环境下，为了实现某种教学目标，而构建的一系列系统化、合理化的课程内容，使学生获得知识、技能和综合素质而展开的教学活动。将高职与本科衔接问题聚焦于课程，从课程的角度对这一问题进行深入分析，才能真正抓住衔接问题的本质，并找到解决这一问题的有效技术路径。

2.1.3 课程设置

又称专业教学计划及其教育进程，是课程的总体规划。对于课程设置的定义，吴也显定义为：课程设置是为实现各级各类学校的培养目标而规定的教学科目及其目的、内容、范围、分量和进程的总和。张绍翔定义为：课程设置是根据特定的教育培养目标，组织和编排课程的系统化过程，他受一定的教育目标与教育价值观的决定和制约。我国学者郝永德在其编著的《课程研制方法论》一书中将课程定义为"一般指各级各类学校开设的教学科目和各科目的教学时数及授课进程安排。通常指向于开设的学科门类，包括课程的结构、内容及时间进程"。也有国外学者舒伯特（Schubert）认为，课程设置是指学校或其他机构安排的课程的整个范围和特征。依据本课题的研究主题，论文中课程设置是指一个专业所选定的课程的设立和安排，主要包括合理的课程结构和课程内容，即在课程结构上开设的课程合理，课程开设的先后顺序合理，各课程之间衔接有序，在课程的内容安排上符合知识的规律，能够反映学科的主要知识和时代发展的要求与前沿。

2.1.4 课程衔接

从衔接的概念来看，中文的"衔"有联结的意思，"接"有"靠近、连续、联结"等意思。英文中"衔接"用得比较多的是"articuation"和"continuity"，前一词语强调的是关节部分的联结，后面词语强调的是状态的连续性。课程设置衔接指一个专业所选定的课程在设立和安排上具有连续性、整合性。衔接在本研究中是指是高职毕业生通过学校组织的文化课程以及专业技能考试，升入对口的本科院校继续学习相关专业。为了适应社会经济转型发展，培养高素质技术技能型人才，高职院校和本科院校将人才培养目标、专业设置、课程内容等进行渗透和衔接，形成有机的整体。打通高职和本科教育的通道，提高职业教育的质量，为促进现代职业教育的发展，提供了保障。关于"课程衔接"这个概念，到目前为止，对于课程衔接这个概念还没有一个权威的界定。胡春光在《课程的衔接：含义分析、学理基础及主要问题》指出，"课程衔接是连接各种不同的课程内容或学习经验，使它们之间相互发挥累积最大效果以达成课程目标"、奥勒斯坦（Ｏｒｎｓｔｅｉｎ）认为课程衔接应该包括每个课程单位间的继续性、顺序性和相关性。由此课程衔接是指通过不同课程内容之间按照一定的逻辑，有目的有规律的安排，达成最优课程目标的一个课程的设计过程。周大农认为，"课程衔接"就是连接各个科目之间的课程内容，遵循课程内容之间的逻辑性，使它们之间相互发挥最大效果达成课程目标。王育培认为课程衔接指的是"中高职学校在课程衔接中，课程的种类、目标、内容、结果等方面的结合的方式"。周仕德认为课程衔接指的是"相同专业之间的教学内容、教学模式、教学目标等宏观与微观体系化的组合"。在本研究中"课程衔接"是指在高职、本科两个阶段之间，围绕同一人才培养目标，整合资源优势，共同制定优化课程体系，层次分明，分析高职本科两个阶段实施一体化培养。

2.2 "3+2"高职与本科贯通培养

2.2.1 "3+2"高职与本科贯通培养

（1）高等职业教育：

高等职业教育是区别于本科学历层次的职业教育，属于专科层次的普通高等教育类型。具体而言，高等职业教育是以服务区域产业发展，采用产教融合的育人模式，培养职业岗位需要的高技能人才为目标的职业教育。

（2）应用型本科：

应用型本科既不同于职业高校又与和普通研究型大学相互区别，潘懋元认为应用型本科具有以下四个特征：首先，应用型本科以培养应用型的人才为主；其次，以培养本科生为主；第三，应用型本科应该以教学为主，但也要进行应用性、开发性研究；最后，应用型本科应该以服务地方为主。1 从学校层次的定位的角度来看，应用型本科是指以培养应用型人才为主要任务的本科教育，属于较高层次的技术教育，和普通本科是两种平行发展的本科教育类型，是我国高职教育中的一个层次和重要组成部分。与应用型专科、硕士和博士研究生教育共同构成应用型人才培养的完整体系2。因而，应用型本科是以培养应用型本科人才，面向区域服务区域经济发展的本科院校。本文中本科院校特指为应用型本科院校。

（3）"3+2"高职与本科贯通培养

是指以高职院校的名义，通过普通高考招收学生，按5年一体化人才培养方案要求，学生在高职院校学习三年，修完高职学段的全部课程，在获得大专学历的前提下，可以选择直接就业，也可参加教育厅安排的统一考试，考试合格者，可升入对口本科院校继续学习两年，完成本科阶段相应的学分，满足学校对毕业生的基本要求，就可以获得本科院校的毕业文凭和相应的学士学位。“3+2”高职与本科贯通培养课程的形式上，力求发挥“3+2>5”的效果，融合双方对口的优势。其中“3”是前3年的高职学习，注重培养学生职业岗位群中所具备的基础知识，基础能力和基本技能，教学内容通过“项目教学法”、“任务驱动”、“教学做一体化”等教学方法来体现。“2”是本科阶段以培养技术技能型人才为核心，强化专业理论知识、实践技能以及创新能力和技术应用能力。“3+2”项目培养学习期间，理论教学学时比高职多、比普通本科少。实践课的课时占总课时，总学分的比例增大，重点培养学生技术能力和实践操作能力。

2.2.2 “四平台、四衔接”课程体系的构建

（1）构建通识基础课程平台

通识教育作为一种非专业、非职业性的教育，是对所有专业学生进行个性化素质教育。通识教育是能让学生熟悉所学学科主要领域内事实的思想课程和全面认识。在大学学习过程中，俗称“公共课”，主要包括大学生心理教育、大学生职业规划等课程。

（2）构建专业课程平台

专业课程包含了专业基础课、专业核心课以及专业拓展课，这些课程主要为了丰富学生们的专业理论知识，为之后的实践课程提供理论支撑。专业课程平台的搭建也是学生整个教学体系的重中之重，学校方面需要做好这方面课程的衔接工作，杜绝课程设置出现重复或者断层的现象，从而提高学生专业学习的质量。

（3）构建实践专项平台

实践是检验真理的唯一标准，理论知识再丰富也需要通过实践结果的印证，加深学生对于理论知识的理解，能让学生加深认识。构建实践专项平台主要是为了培养学生的综合专业职业能力、创业创新能力、技术拓展能力，为国家提供应用型人才。

（4）构建素质拓展平台

随着经济的快速发展，我们国家越来越重视进行素质教育，高职院校理应做出表率，要更加注重加强学生人文素质、艺术修养、自然科学、劳动实践等方面知识的学习，培养多样化、全方位的人才，给学生的未来提供更多的可能性。

在“专本衔接”项目的总体设计上，项目组充分考虑专科层次与本科层次教育教学资源和条件的各自优势。在师资队伍建设上，组建了专、本院校教师共同构成的协同培养共同体。前三年高职专科阶段的教学过程中，围绕项目课程的需要，在进行项目课程模块化训练与实践的教学过程中，高职的环境艺术设计专业对于具体的施工工艺流程进行集中地实践训练，如红砖砌墙工艺、水电施工、地板铺设、加固工艺、喷漆工艺、涂刷工艺等项目课程的实践，学生在实践过程中对于具体的工艺流程和具体要求有了比较明确的认识与

了解，对于将来的工作岗位的工作任务与岗位职业能力有较直接的认识。设计原理、世界艺术史概论等课程的教学，提升学生的设计理念，拓宽学生的视野，进一步丰富学生的想象力，使学生在接触具体工艺之前能够充分的积累设计原理的相关知识，为后面的实践性训练做准备。

后两年的本科阶段的学习，学生进入应用型本科院校进行专业技术与设计实践的提升。围绕项目课程体系的实施过程，主要由应用型本科院校的师资团队进一步引入工程项目进行教学，如设计创意与方法、实验性设计、综合材料设计、主题设计等课程，学生在参与项目实践过程中，对于除环艺之外的一些材料的运用有更多的认识，对于设计创意的方法和施工的工艺有了更多接触。

2.3　课程衔接体系

高教大计，本科为本。本科大计，课程为本。课程是教育中最微观、最普通的问题，但解决的却是教育中最根本的问题。课程作为落实人才培养的核心要素，课程建设是学校基本建设的核心内容，是深化教学改革、推进教育创新、提升本科教育质量的重要途径，亦是人才培养落实细化的关键一环，在实现高等教育内涵式发展的征途中起着根本作用。教育部发布《关于深化本科教育教学改革全面提高人才培养质量的意见》，其中提出要全面提高课程建设的质量，加强课程体系整体设计，提高课程建设规划性、系统性，实施一流课程建设"双万计划"。针对如何有效落实一流本科课程建设，教育部在《关于一流本科课程建设的实施意见》中又进一步提出，要树立课程建设新理念，推进课程改革创新，以目标为导向加强课程建设。国家采取一系列政策举措，由此足可见课程的重要地位与课程建设的紧要性。

国内部分省市已经试点进行高等职业教育向应用本科教育及以上层次延伸项目，积极构建现代职业教育体系，但相应的理论研究落后于具体实践。文献资料的检索结果显示，目前我国对高职专科与应用型本科教育课程衔接研究的文献不多，且主要集中在必要性、可行性、两种教育的差异性、衔接的对策和途径等方面研究上。

（1）课程衔接的必要性研究

目前的研究一致认为，高等职业教育与应用型本科教育的"3+2"分段培养模式的实施势在必行，主要体现在：是产业转型升级与行业发展的迫切需要、是完善现代职业教育体系层次结构的必然趋势、是受教育者接受更高层次教育的强烈需求。

（2）课程衔接的可行性研究

张金根等（2011）在《高职高专与应用型本科衔接的学理基础及核心》一文中认为，应用型本科教育与高等职业教育都旨在培养应用型、面向行业需求的人才，应用型本科教育具有明显的职业性和应用性特征，应用型本科教育可以看成是本科层次高等职业教育，二者之间的课程衔接是合理可行的。鲁武霞（2011）等认为，高职与本科"3+2"分段培养在教育内涵与属性特征上存在共性与关联，例如类型定位的同质性、层次定位的承接性、规格定位的实用性等内在特征，这为高职院校与应用型本科的衔接奠定了基础。李作章（2012）在《我国应用型本科教育和高职教育衔接的政策导向与路径选择——基于文献的分析》对高职专科与应用型本科衔接的可行性作了分析，他认为"在教育内涵与属性特征上两种教育存在极大相关性"。

（3）两种教育课程的差异性研究

通过对应用型本科与高职院校的比较研究，发现两种教育的区别主要表现在：人才定位和任务职责不同、人才培养规格内涵不同、专业设置基础不同、课程体系及课程设置上要求不同、教学模式以及对教师的要求不同、实践教学要求不同等方面。"3+2"分段培养在实施过程中应该充分重视课程的差异性，找到高职与本科课程衔接的连接点进行有机结合。

（4）"3+2"分段培养课程衔接的问题与对策研究

学界普遍认为课程体系建设是培养过程中的核心环节。在"3+2"分段培养中，课程设置是研究的重中之重。研究者大多从两方面研究课程。一是从课程体系的构建出发，根据分段培养中不同的侧重，提出多样化的课题体系建构模式。居金娟和张士兵（2014）在对比高职和应用型本科院校分段培养专业"3+2"课程体系后，提出基于课程学分权值分布的课程体系建构，动态发展课程体系反馈系统，优化课程体系，凸显衔接贯通。李曼（2015）等人从国家职业标准出发，构建高职和应用型本科有效衔接的课程体系和职业能力。他们认为"3+2"培养的是高技能的应用人才，高职院校培养应注重技能为主线，以国家职业标准为依据，才能避免职业教育脱离发展方向。

不少学者从培养的人才性质出发，提出构建"实践导向、专本衔接"的课程体系。二是从实践出发，调查具体某些高职院校"3+2"分段培养的实施情况，探究目前"3+2"课程衔接中可能存在的问题，并提出应对策略。何静在《高职与本科"3+2"分段培养的课程衔接研究》中认为高职专科与应用型本科分段培养在课程衔接上存在三个主要问题：一是文化基础课程脱节，二是专业课程重复或雷同，三是理论课与实践课不匹配比李海（2012）在《高职专科与应用型本科衔接的障碍与对策》中提出了高职专科与应用型本科课程衔接的问题与障碍，他认为由于办学定位的不同、人才培养模式不同以及课程设置的方式不同等，形成了一种高职专科与应用型本科课程体系衔接的天然障碍。

通过对比"3+2"合作高职和本科院校课程设置，高职和本科院校在课程衔接安排上存在重复或者遗漏的问题。高职院校普遍存在盲目追求"高大上"理论的学习，注重学校的升本率，"3+2"分段培养在高职院校能否发挥实质性的提高教育质量的作用，还是只是高职院校招揽生源的"金字招牌"这值得深入研究。课程体系是衔接"3+2"贯通培养的核心，也是保障人才培养质量的关键要素，两个阶段的课程体系既有联系又相对独立，课程的衔接主要在于接口课程的设计，接口课程用来确保在高职阶段开设以保证不能升学的学生知识结构的完整性，又能保证升入本科院校学生知识能力提升的目的，接口课程的开发要由高职院校、本科院校和企业三方共同参与，以提高课程的实效性。

从人才培养模式来看，"3+2"贯通分段培养既不是传统的高职教育，也不是普通的本科教育。试点项目致力于培养智能产业高端技术技能型人才，普通高职教育培养的是高素质技术技能人才，两者同属"职业技术技能人才大类"，但分属"本科和专科"两个不同的教育层次。因此，高职与本科的课程结构不能是"高职课程＋本科课程"的简单拼接，两个不同教育阶段课程既相互独立，又有序衔接相互联系，它们是有机统一的整体，高职课程是本科课程的基础，本科课程是高职课程的延续和提高。围绕高职本科一体化人才培养目标定位，结合阶段性培养目标，根据课程体系构建总体思路，衔接双方构建了"层次＋模块"阶段递进的课程结构体系，如图3所示。

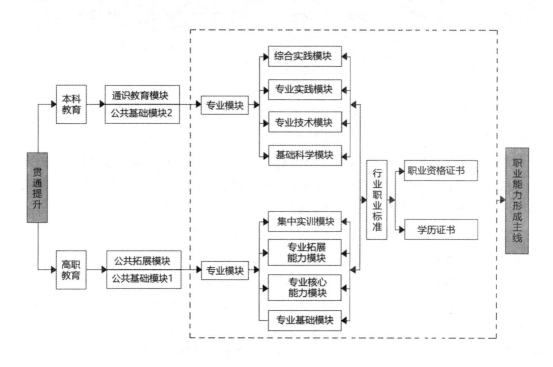

图 2-1　专业贯通培养课程结构总体框架图

课程体系中的"层次"是指高职教育和本科教育两个不同学段的教育，"模块"指不同教育层次中依据学生能力成长要求所确定的课程模块，两个教育层次均由"公共基础模块"和"专业（能力）模块"组成。公共基础模块所设课程主要是各专业学生共同必修的课程，旨在培养学生的基本科学文化素质、能力素质及正确的价值观，为学生进一步进行专业课程学习和可持续发展服务。专业模块是高端技术技能人才培养的主体课程，两个不同教学层次的专业课程模块以岗位职业能力形成规律为主线细分为四个子模块，其主要任务是培养学生的职业岗位技能和工程实践能力，并在子模块课程开发中将教学过程与生产过程对接、课程标准与行业职业标准对接、学历证书与职业资格证书对接，充分体现产教融合。

　　由于高职院校与本科院校的培养目标不同，掌握的教育资源也存在着一些差异。我们可以通过合理安排课程，最大程度利用这些教育资源培养应用型高职人才。例如，高职院校更重视培养学生的就业方面的技术能力，在前三年的高职院校学习期间，我们可以更多的设置实践课程，增加动手能力。高职阶段专业模块分为专业基础模块、专业核心能力模块、专业拓展能力模块和集中实践模块。专业基础模块课程是知识形成的主体，主要开设引导性的专业基础课程，使学生较为系统地认识自己的专业领域及所涉及的分支方向，帮助学生探索自己感兴趣的专业目标，并为学生进行后续专业课程的学习奠定必要的理论基础。专业核心模块是培养职业能力的关键环节，其主要任务是完成人才培养标准中所规定的学生必须掌握的职业岗位技能与技术。专业拓展能力模块通常设置专业选修课，使学生了解和掌握与本专业贴近的一些知识技能，以培养学生除专业核心能力之外的可持续发展能力。集中实践模块培养学生从事本专业实际工作领域的技术应用能力及岗位综合职业能力，主要包括工程训练、综合实训、课程设计、顶岗实习等环节。

　　本科期间更重视理论知识的丰富，在本科学习过程就可以添加更多的理论知识探讨，学生也可以结合高职学习期间的动手经验更好的理解理论知识。本科阶段专业模块分为学科基础模块、专业技术模块、专业实践模块和综合实践模块。学科基础模块是在高职阶段专业基础模块的基础上增设的专业相关的通识类课程，并有针对性地引入工程基础知识，通过该模块课程的学习，让学生准确认识本科和高职在专业领域上的共性和个性，培养学生对专业的学习兴趣，自主挖掘专业特长，帮助学生建立工程理念，提升综合素养。专业技术模块主要开设与工程应用相关的专业理论课，适应学生对知识能力深度的需求，为专业实践课的学习提供必要的理论支撑，使学生掌握较复杂的工程实际问题的分析方法和分析工具，并能独立分析和解决一般的实际工程问题。专业实践模块以工程能力训练为核心，主要构建体现工学结合、突出工程应用的理实一体化课程，以达到强化高职阶段所学技能，重点培养学生独立完成复杂工程应用能力的目的。综合实践模块是学生通过认知见习、专业实习和毕业论文（设计）等环节巩固和深化专业知识能力所开设的课程，为学生毕业后的可持续发展奠定基础，培养能综合运用学科理论分析和解决实际工程问题的高素质工程应用型人才。

　　在专科期间，由于实践课程的学习需要一定的基础理论知识来辅助，学校可以多设置一些基础课程，引导学生培养专业的好奇心以及学习兴趣，进入本科学习后即可进行更高层次的理论传播，进行专业知识的学习，提高自己的专业素养。高职院校和本科院校应结合自身条件以及培养目标构建"基础课程＋实践课程＋专业课程"的课程设置体系，为学生学历的提高尊定良好基础。

3. 高职与本科贯通培养课程衔接的现状分析

3.1 我国高本"3+2"人才培养办学情况解析

国家改革开放以来，高等职业教育开始迅速发展，为我国经济增长和高等教育大众化发展做出了巨大贡献。然而，受我国经济发展水平和产业结构类型的限制，我国的高等职业教育还处在专科层次方面，职业人才上升渠道缺乏，应用型人才培养受阻。当前，我国的经济发展已进入新常态化阶段，虽然经济增长的速度放缓，但产业结构升级和经济发展方式的转变日渐加快。在社会发展新形势下，高等职业教育未来的发展应该由从规模扩张向层次和质量提升转变，高层次职业人才需求会逐渐增加，打通职业教育人才的上升通道也会成为必然的选择。

2010 年《国家中长期教育改革和发展规划纲要（2010-2020 年）》明确提出"职业教育与普通教育沟通"、"形成体现终身教育理念；中等和高等职业教育协调发展的现代职业教育体系"。2011 年《教育部关于推进高等职业教育改革创新引领职业教育科学发展的若干意见》（教职成〔2011〕12 号）提出："拓宽高等职业学校应届毕业生进入本科学校应用性专业继续学习的渠道。鼓励高等职业学校与行业背景突出的本科学校合作探索高端技能型人才、应用型人才专业硕士培养制度。"在各项文件政策的引导和鼓励下，各个省份根据地方区域经济发展特点积极探索适合本省自身发展的职业教育体系。高本"3+2"分段衔接培养试点项目应运而生，江苏、江西、辽宁、陕西、山西、湖南、湖北、广东、山东、贵州、四川等省市先后进行了高本"3+2"分段衔接培养试点项目，其中以江苏、山东、广东等省份最具探索成效，值得借鉴。

3.1.1 江苏省

为了贯彻落实《教育部关于推进中等和高等职业教育协调发展的指导意见》、根据《教育部关于推进高等职业教育改革创新引领职业教育科学发展的若干意见》（教职成〔2011〕12 号），以及教育部召开的"现代职业教育体系建设国家专项规划编制座谈会"精神，2012 年，江苏省教育厅下发了《关于组织申报 2012 年江苏省现代职业教育体系建设试点项目的通知》（苏教高〔2012〕5 号），江苏省牢牢抓住国家职业教育体制改革的契机，率先组织开展高职与本科分段培养（即"3+2"分段培养）的试点，强调突破学制限制，加强中高职、高职与本科课程之间衔接，积极探索系统培养技术技能型人才的新模式，以提高职业教育质量。江苏省创新性地开展了离职专科和本科"3+2"分段培养项目。根据地域产业发展对技术人才的需求，初始试点高职院校为国家示范性高职院校及部分确定为国家中等职业教育改革发展示范校的五年制高职校，本科以教学应用型本科院校为主，在所属市辖区内校际合作。由普通本科院校领头，与国家示范性、省级示范性高职在所属市辖区内开展校际合作，优先从新能源、新材料、生物技术、新一代信息技术及高端装备制造等新兴相关产业相关专业联合培养。

2012年，主要在江苏省职业教育创新发展试验区和地方政府促进高等职业教育发展综合改革国家试点市范围内进行，由8所本科院校与南京铁道职业技术学院、南京化工职业技术学院、江苏经贸职业技术学院、江苏农林职业技术学院、南京交通职业技术学院等11所高职院校参与项目试点，由高职和本科院校共同统筹制定培养目标，教学计划，系统化的培养本科层次高端技能型人才，在16个专业开展试点工作，共招收学生963人。2013年，试点范围进一步扩大，省职教集团内应用型本科、高职院校、省高水平示范性职业学院、江苏开放大学、国家示范高职院校、2008年前立项建设的省级示范高职院校、国家中等职业教育改革等19所本科院校与25所高职院校合作，在36个专业开展试点工作，共招收学生2180人。到2017年，该试点项目中参与本科院校达30所，高职院校达51所，试点专业扩展到58个专业，招生人数达4558人。到2021年参与的本科院校达到82所，职业院校高职院校为112所，试点专业数120个，招收学生人数达30335人，较9年前，实现了大幅度提升，参与热情高如下表3-1所示。

表3-1　2012年至2021年江苏"3+2"专升本分段培养情况变化表

序号	年份	试点院校数（个）		试点专业数	招收学生人数	学生人数增长率（比较上一年参数）
01	2012年	本科院校	8	16	936	0%
		职业院校	11			
02	2013年	本科院校	19	36	2180	133%
		职业院校	25			
03	2017年	本科院校	30	58	4558	109%
		职业院校	51			
04	2021年	本科院校	82	120	30335	566%
		职业院校	112			

"3+2"分段培养使得高职院校能充分借助本科院校物理空间的地缘优势和政府主导的政策优势，实现师资、实训基地、图书等教学资源的互补共享。"3+2"分段培养高职院校为国家示范性或者优秀省级示范高职院校，具备如下特点：

（1）职业特色鲜明，办学理念先进。

我国高等职业教育落后于发达国家的一个主要原因就是职业教育理念的不深入。我国长期以来重视普通教育，轻视职业教育，社会普遍认为职业教育是普通教育的补充，高等职业教育就是专科教育，是低层次的教育。在这种观念的影响下，不仅是学生不愿意进入高职院校，甚至很多高职院校也盲目跟风，片面追求升本率，变成普通高等学校的压缩版，丧失职业教育特色。高职院校要想实施"3+2"分段培养必须就有先进的办学理念，鲜明的职业教育特色，牢固树立职业教育的办学目标，有长远的发展眼光和战略思想。同时要把传播职教理念作为自己的责任，不仅要转变在校学生的职业观念，还要致力于改进全社会对巧业教育的认识。

（2）学校综合实力强，师资为量雄厚。

学校的办学资源是学校发展的基础条件，雄厚的师资力量是教学能够顺利开展的前提。"3+2"分段培养作为构建现代职业教育体系的新尝试，没有模式可借鉴，高职院校必须具有良好的学校声誉，较高的教育质量，能够承担起"3+2"分段培养的教学任务，吸引到优质的生源。另一方面，高职院校具备一定规模的双师型教师，具有高水平的实训基地，完备的办学设备，为高职"3+2"分段培养学生今后的发展打下良好的基础。学校声誉好，学生就业率高，能够得到社会普遍认可。

（3）参与教育教学实践改革热情高，勇于创新。

"3+2"分段培养的实施存在很多困难，高职院校要紧跟时代发展潮流，关注国家发展的宏观政策，创新性地开展分段培养工作。高职院校都立足本地区的发展，与社会需要相结合，形成产学研结合的机制。实施"3+2"分段培养的高职院校整体上除了具备上特点外，还必须根据该区域产业发展对技术技能型人才的实际需要，优先选择试点专业，并与应用型本科院校签巧"3+2"分段培养合作协议，共同制定培养目标，实行培养计划。

3.1.2 山东省

根据《山东省人民政府关于加快建设适应经济和社会发展的现代职业教育体系的意见》（鲁政发（2012）49号）、《教育部关于积极推进高等职业教育考试招生制度改革的指导意见》（教学〔2013〕3号）、山东省教育厅《关于在部分高职高专院校与普通本科高校开展"3+2"分段培养职业教育招生试点工作的通知》（鲁教高字（2013）12号）文件精神，山东省2013年开始了高本"3+2"分段培养项目试点，2021年山东"3+2"对口贯通分段培养试点高职高专院校50所，共计89个专业点，衔接本科高校27所，招生规模4690人。

表3-2　2013年至2021年山东省高本"3+2"分段培养情况一览表

序号	年份	试点院校数（个）		试点专业数	招收学生人数	学生人数增长率（比较上一年参数）
01	2013年	本科院校	10	11	1200	0%
		职业院校	11	11		
02	2014年	本科院校	15	20	2520	110%
		职业院校	20	24		
03	2015年	本科院校	25	44	4980	97.6%
		职业院校	46	11		

（续表）

04	2016年	本科院校	28	57	6080	22%
		职业院校	51	52		
05	2017年	本科院校	28	56	6080	0%
		职业院校	51	51		
06	2018年	本科院校	28	56	6080	0%
		职业院校	51	51		
07	2021年	本科院校	27	56	4690	-22.9%
		职业院校	50	51		

从表 3-1 中不难看出，山东省高本"3+2"分段培养试点项目经历了从 2013 年的小范围试点到 2014、2015 年的进一步扩大再到 2016 年以后的渐趋稳定三个阶段。到 2018 年，该项目发展已经比较成熟，为国家培养高素质应用型人才初见成效。

我国各省级行政单位专科与本科"3+2"分段培养的试点，都要求专科毕业后进入本科段学习，专科与本科都有相对独立的教学计划，都要求实现两个阶段的教学计划有机衔接，山东省高职专科与普通本科"3+2"分段培养主要呈现三大特点：

（1）按照本、专科目标分别培养

专科与本科分段培养，是在专科毕业后进入本科的培养，两个阶段的目标所有不同，例如，根据《教育部关于推进高等职业教育改革创新引领职业教育科学发展的若干意见》（教职成〔2011〕12 号），"高等职业教育主要面向生产服务一线培养技术型和高层次技能型人才"；"应用型本科教育主要培养工程型、高层次技术型以及其他应用型、复合型人才"。高职与本科院校两个阶段分别按照高职专科与普通本科的人才培养目标培养。学生只有在专科毕业后，才能进入本科学习。

（2）本科院校对接专科，修订教学计划

由于高职院校围绕高职专科人才培养目标进行的高等职业教育，高等职业教育特点在于注重职业技能培训，重视技能性的专业课程和职业资格的获取，对学生基础理论的掌握仅限于专业技能所必备，并未如社区学院开设本科层次的课程，因此，学生进入本科阶段学习，为实现本科人才培养目标必须弥补所学课程内容和深度的不足。为此，本科院校需要围绕本科技能型人才培养目标，为学生查漏补缺，进行教学计划的调整，对转入学生根据其学习基础有针对性地制订教学计划，这给本科高校带来不少的挑战。

（3）按照课程进行分类、分层次衔接

由于高职专科与普通本科培养目标不同，各自独立设立基础课、专业基础课和专业课等课程体系，只能通过基础课、专业基础课和专业课在分段培养不同层次分别进行衔接，建立对口专业理论知识课程和技能训练课程衔接教学体系，实现课程设置和教学内容有序衔接。例如，湖南城市学院在与长沙环境保护职业技术学院的环境艺术设计专业 3+2 分段培养中，转学教育的两个阶段的基础课、专业基础课和专业课的课程数和学分数如表 3-3 所示：

表 3-3　专科阶段与本科阶段主要理论课程及学分情况表

序号	阶段	基础课		专业基础课		专业课	
		课程数	学分数	课程数	学分数	课程数	学分数
01	本科阶段	4	9	6	17	7	19
02	专科阶段	10	46	7	24.5	8	26

从上表的数据分析，我们可以看出：三类课程本科阶段都要弥补所学的不足。在基础课部分，高职专科阶的 10 门课 46 学分，分别为基础 3 学分、高等数学 10 学分、计算机应用基础 4 学分、大学英语 16 学分、工程数学 1 学分等；本科阶段的 4 门 9 学分，分别为英语精读 4 学分、文献信息检索 1 学分、大学生职业辅导 1 学分、选修课程等；类似的，在专业课部分，专科阶段有 5 门核心课程：钢筋混凝土Ⅰ、航道工程Ⅰ、港口水工建筑物Ⅰ、水运工程施工Ⅰ、工程项目管理，本科阶段有 8 门必修课程：河流动力学、海岸动力学、钢筋混凝土Ⅱ、港口水工建筑物Ⅱ、航道工程Ⅱ、水运工程施工Ⅱ、工程测试技术。形成专科层次和本科层次基础课、专业基础课和专业课在分段培养不同层次分别对接（如图 4 所示）。

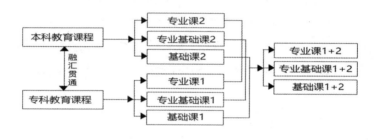

图 3-1　我国高职院校与本科 3+2 转学教育课程衔接图

由图 3-1 可见，学生进入本科学习需要对各类课程进行"嵌入"式回炉，这种"嵌入"人才培养模式，对高职院校人才培养计划没有多大改变，有效地提高了高职院校试点专业对生源的吸引力，提高了高职院校的社会声誉，调动了高职院校推动改革的积极性。各本科院校在政府部门的推动下，围绕本科技能型人才培养目标调整教学计划，虽然使试点项目快速实施，但在实施中也出现不少问题。分析比较美国社区学院 2+2 的分段培养模式，可以有效地借鉴其成功的做法，更好地建立高职院校与本科 3+2 分段培养模式。

3.1.3 广东省

2013 年，广东省首批高本"3+2"分段培养模式在 4 所高职院校和 4 所本科院校的 6 个专业以"三年转段，五年毕业"的方式进行试点。其中，"高职＋本科"总学习年限为 5 年，招收对象为通过普通高考符合招生条件的普通高中毕业生，首批计划招生 500 人。试点院校和专业对接情况为：广东石油化工学院的高分子材料与工程、生物工程两个专业对接广东轻工职业技术学院；嘉应学院的土木工程专业对接广东水利电力职业技术学院；韶关学院的食品科学与工程专业对接广州城市职业学院，仲恺农业工程学院的能源与动力工程、应用化学专业对接顺德职业技术学院。2014 年，试点院校增加到 9 所高职院校 9 所本科院校对应的 13 个专业，新增电子信息工程、电气工程及其自动化、会计学、机械设计制造及其自动化、药学等专业，计划招生人数增加至 1200 人。2015 年进一步增加到 14 所高职院校 11 所本科院校对应 19 个专业，计划招生人数达到 1570 人，试点范围进一步扩大。到 2018 年已有 15 所高职院校与 11 所本科院校的 20 多个专业参与试点工作，计划招生人数 1770 人。如下表 3-4 所示：

表 3-4　2018 年广东省高职与本科 3+2 分段培养详细情况表

序号	试点高职院校名称	试点高职院校专业	对口试点本科院校	对口试点本科专业	招生人数
01	广东科贸职业技术学院	生物技术及应用	韶关学院	生物技术	50
02	中山职业技术学院	电子信息工程技术	韩山师范学院	电子信息工程	100
03	广东女子职业技术学院	动漫设计与制作	肇庆学院	动画	40
04	广东科学技术职业学院	计算机应用技术		计算机科学与技术	50
05	广东农工商职业技术学院	电子信总工程技术	嘉应学院	电子信息工程	100
06	广东体育职业技术学院	运动训练	电了信息工程	运动训练	100
07	广州番禺职业技术学院	机械制造与自动化	广东技术师范学院	机械设计制造及其自动化	100
08	广东工程职业技术学院	电气自动化技术		电气工程及其自动化	100
		数控技术		机械设计制造及其自动化	100
		电子信息工程技术		电子信息工程	100
09	广东机电职业技术学院	模具设计与制造		机械设计制造及其自动化	100
10	河源职业技术学院	电子信息工程技术		电子信息工程	100
		数控技术		机械设计制造及其自动化	100
11	广东交通职业技术学院	道路桥梁工程技术	五邑大学	交通工程	100
12	广东水利电力职业技术学院	数控设备应用与维护	广东石油化工学院	机械设计制造及其自动化	100
13	东莞职业技术学院	计算机应用技术	东莞理工学院	计算机科学与技术	80
14	佛山职业技术学院	计算机应用技术	佛山科学技学院	计算机科学与技术	50
15	广东轻工职业技术学院	精细化学品生产技术	仲恺农业工程学院	化学工程与工艺	100
		食品加工技术		食品科学与工程	100
		环境监测与治理		环境工程	100

为保证生源质量,广东省在试点之初对院校和试点专业都进行了一定条件的约束。从试点的院校来看,高职院校基本上为国家或省级示范性高职院校,或其他高职院校的国家级品牌建设专业,本科院校为高考录取在第二批次的院校。从试点的专业来看,试点高职专业必须为省级以上重点专业,近三年省内普通高考录取平均分均超过当年省划定的 3 A 最低控制分数线 25 分以上。从衔接的方式来看,试点专业的学生读完三年高职学段课程,取得高职学段毕业证书的同时参加省里统一组织的转段考核,考核合格的学生进入对口本科院校试点专业继续两年的课程学习。各种条件的约束从一定程度上保证了试点生源的质量,有利于衔接工作的顺利进行。据统计数据显示,高职各院校试点专业的学生综合素质普遍高于非试点专业学生。高职本科"3+2"分段培养为高职学生打通了升学通道,从开展以来,便受到了学生家长的青睐,先后已有三届学生通过转段考核进入本科院校学习,开阔了学生的视野,满足了国家对高技能人才的需求。

3.2 湖南省高职与本科"3+2"分段人才培养情况综述

3.2.1 发展背景

为深入贯彻落实党的十八届三中全会提出的"加快现代职业教育体系建设,深化产教融合、校企合作,培养高素质劳动者和技能型人才,创新高校人才培养机制,促进高校办出特色争创一流"的要求,结合《湖南省人民政府关于深化教育体制综合改革的意见》《湖南省人民政府办公厅转发省教育厅关于以协同创新为引领全面提升我省高等教育质量若干意见的通知》等文件要求,湖南省 2015 年开始开展高职院校与本科院校协同培养高级技术技能人才试点工作。

(1)指导思想及总体目标

以全面提高高等教育质量为核心,以促进本科院校转型发展、主动适应经济结构调整和产业转型升级为导向,以加快培养技术技能型人才为目标,通过推动本科高校与高职院校的合作衔接培养,创新人才培养模式,加快构建现代职业教育体系,进一步增强高等教育服务经济社会发展能力,从而给当代经济社会的发展提供坚实的保障。

(2)试点内容

选择部分转型发展试点本科高校和高职院校开展技术技能型人才一体化培养试点。具有普通高中学历的学生,通过普通高考高职高专批次招生录取后,在高等职业院校学习 3 年。在 3 年学习期间,试点高职院校可建立动态管理制度。3 年学习期满,学生经考核测试合格后,进入普通本科教育学习 2 年。5 年学习期间,由参与合作培养试点的本科高校、高职院校,共同研究制定和组织实施相衔接贯通的培养方案和课程体系,系统培养本科层次技术技能型人才。

（3）试点范围

本科试点高校范围为我省第一、第二批转型发展试点高校（专业领域）；高职试点院校范围为我省的国家示范性高职院校和国家骨干高职院校。试点学校由本科高校、高职院校协商组合，以本科高校为主申报，按"自愿申报、综合评定"办法产生。本科高校和高职院校合作方式可以是"一对一"或"一对二"。在总结试点经验基础上，今后高职试点院校范围将逐步扩大到省级示范性高职院校及其他高职院校。

（4）招生专业、计划及录取

我省2015年首批试点专业20个，每个试点专业安排招生计划70人（两个班，每班35人），共计招生1400人，高职院校纳入当年招生计划，本科高校纳入当年度学校本科招生计划单独安排。以后根据试点工作情况逐步增加专业及招生计划。

每个申报单位申报的试点专业不超过3个，相衔接的本、专科专业应为同类或相近专业。申报的专业应符合我省经济社会及产业发展需要，对接的专科专业原则上应是省级及以上重点（骨干）专业。优先支持申报我省支柱产业、战略性新兴产业相关专业和试点高校特色专业。我厅经综合评定、统筹协调后，确定每所高校1-2个专业共20个专业开展试点工作。录取工作安排在普通高考高职高专批次进行。高考总成绩达到我省本科批次线下10分的考生，可按高职高专批次填报志愿，按择优原则录取并办理专科录取手续。

（5）学籍管理及毕业证书发放

试点专业学生学籍采用分段注册方式进行，前3年注册专科学籍，执行高职高专收费标准，学生按规定年限修业期满、成绩合格达到毕业要求后发放普通全日制专科毕业证书。

高职（专科）学习期满，学生经考核测试合格后，可进入试点本科高校学习。考核测试办法和要求由试点本科高校、高职院校共同制定实施。升入本科时注册本科学籍，2年学习期间执行本科高校收费标准，学生按规定年限修业期满、成绩合格达到毕业要求后，由试点本科高校颁发普通全日制专升本毕业证书，毕业证书学习起止时间按进入本科阶段的实际时间填写，符合学位授予条例规定的，可授予学士学位。

学生学籍管理由参与试点的本科高校和高职院校分别负责并共同做好衔接管理。学生在高职院校学习期间转学或校内转专业的，视为放弃试点资格；在本科高校学习期间，不得转学或校内转专业。

（6）教育教学

教育教学按照"整体设计、分段实施、分工合作"原则进行。参与联合培养的本科及高职院校，要会同相关合作企业共同组成专业教学指导委员会，负责制定实施试点专业人才培养方案。要按照"5年一体化培养"和校企合作、工学结合的人才培养模式要求，共同制定人才培养方案，构建课程计划，组建教学团队，协调教师、实验室、实训等资源配置，确保理论教学与技能训练衔接贯通，实现技术技能型人才一体化培养。

3.2.2 试点情况

"3+2"的分段培养模式很多的本科院校参与程度不高,在"3+2"分段培养的协议当中,本科院校和高职院校的职责划分明确,在合作培养的过程当中本科院校主要负责的是对教材的选择,制定相应的课程标准,对教学质量进行严格的管控等等。但是很多的本科院校对于这一项目没有重视起来,还有高职院校和本科院校之间距离过远造成了在沟通上的不便等等。所以本科院校在现实中往往只以考试作为评判的标准,而忽视了对高职人才全方位的培养。

2015 年,湖南省首批高本"3+2"分段培养模式在 8 所高职院校和 8 所本科院校的 12 个专业以"三年转段,五年毕业"的方式进行试点。其中,"高职+本科"总学习年限为 5 年,招收对象为通过普通高考符合招生条件的普通高中毕业生,每个试点专业安排招生计划 70 人(两个班,每班 35 人),共计招生 1400 人。

据介绍,截至 2021 年我省现有高职高专 75 所,在校生 72.85 万人,占全省高校在校生总数的 48.24%,培养规模居全国第 5 位。与此同时,2020 年,我省高职专科录取 27.74 万人,超额完成扩招任务达 2.1 万人;"专升本"招生实际录取 1.68 万人,较上年扩大了 1.28 倍,实现了我省承诺的招生规模扩大一倍以上的目标。

值得一提的是,湖南已开展职教本科试点,目前已推荐湖南软件职业学院拟参与职业教育本科试点,2020 年 7 月教育部批准同意该校试点,待通过测评后将更名为湖南软件职业大学。此外,湖南拟合并转设举办 4 所职业教育本科学校,目前方案已报教育部审批。同时,我省遴选了 16 所示范高职院校对口 22 所优质中职学校,开展中高职"3+2"贯通培养改革试点;进一步完善了"专升本"免试推荐录取政策,去年共有 540 名在国际、国内技能大赛中获相应奖项的高职学生获得免试推荐资格。

据悉,2020 年教育部将我省列入国家职业教育改革省域试点的省份,与我省共建职业教育改革发展高地,整省推进湖南职业教育现代化。湖南省教育厅副厅长王仁祥透露:"高地建设启动仪式初定 3 月下旬在长沙举行,为我省职业教育大发展创造了重大机遇。"面对新发展和新机遇,王仁祥认为助推新时代职业教育改革发展,还要破除职业教育作为次等教育的旧观念。他坦言:"职业教育长期以来被看作为一种层次教育,一种低于普通教育的次等教育。"但实际上,近年来我省有些高职院校高考录取分数线逐年提高,竞争非常激烈,有些学校个别专业的分数线甚至达到或者超过本科分数线。王仁祥说:"职业教育是次等教育、差生教育的传统观念正在逐渐发生改变。"

3.2.3 案例展示

(一)长沙环境保护职业技术学院环境艺术设计专业基本情况

专业名称:环境艺术设计

专业代码：550106

所属专业群：环境设计专业群

表3-5 职业面向表

所属专业大类（代码）	所属专业类（代码）	对应行业（代码）	主要职业类别（代码）	主要岗位类别（或技术领域）举例	职业技能等级证书或行企标准和证书举例
文化艺术大类（55）	艺术设计类（5501）	规划设计管理（7485）	2-02-21-04 风景园林工程技术人员	环境景观文化创意表现与设计人员	施工员 预算员
				环境景观文化创意施工图绘图与设计人员	
		园林绿化工程施工（4891）	2-02-23-03 园林绿化工程技术人员	景观工程招投标与概预算人员	

表3-6 职业岗位（群）典型工作任务

序号	职业岗位（群）	典型工作任务
01	环境景观文化创意表现与设计人员	环境景观文化创意表现
		环境景观文化创意设计
02	环境景观文化创意施工图绘图与设计人员	环境景观文化创意施工图绘图与设计
03	景观工程招投标与概预算人员	景观工程招投标与概预算

（1）培养目标

本专业培养理想信念坚定、德技同修、德智体美劳全面发展，具有一定的科学文化水平，良好的思政品质、人文素养、职业道德和创新意识，精益求精、追求卓越的环境景观文化创意的创新工匠精神，形成诚实守信、团结协作、能言善作、勤勉务实、创新进取等职业习惯，具备较强的职业能力和可持续发展能力，掌握园林景观设计方案表现、园林景观方案设计、园林景观施工图设计、园林景观工程项目管理、园林景观工程招投标与概预算等本专业知识和技术技能，面向园林景观设计人员、园林景观施工图设计人员、景观设计绘图和表现人员、园林施工技术与管理人员等职业岗位群，能从事景观规划设计、景观建筑设计、景观工程施工图设计、景观工程施工与管理等工作的德、智、体、美、劳全面发展的高素质复合型技术技能人才。

（2）培养规格

本专业毕业生应在素质、知识和能力等方面达到以下要求：

1. 素质

（1）坚定拥护中国共产党领导和我国社会主义制度，在习近平新时代中国特色社会主义思想指引下，践行社会主义核心价值观，具有深厚的爱国情感和中华民族自豪感。

（2）崇尚宪法、遵法守纪、崇德向善、诚实守信、尊重生命、热爱劳动，履行道德准则和行为规范，具有社会责任感和社会参与意识。

（3）具有质量意识、环保意识、安全意识、信息素养、工匠精神和创新思维。

（4）勇于奋斗、乐观向上，具有自我管理能力、职业生涯规划的意识，有较强的集体意识和团队合作精神。

（5）具有健康的体魄、心理和健全的人格，掌握基本运动知识和1-2项运动技能，养成良好的健身与卫生习惯，良好的行为习惯。

（6）具有一定的审美和人文素养，能够形成1-2项艺术特长或爱好。

2. 知识

（1）掌握思想政治理论、科学文化基础知识和中华优秀传统文化知识。

（2）熟悉与本专业相关的法律法规、生态环境保护、安全消防等相关知识。

（3）掌握常用的计算机应用基础知识和艺术专业英语应用能力的基础知识。

（4）掌握园林景观识图与制图的基本要求和规范的专业基础知识。

（5）掌握园林景观施工图抄绘的步骤和规范要求的专业基础知识。

（6）掌握园林景观植物配置的原则和基本方法的专业基础知识。

（7）掌握园林景观设计方案的手绘表现方法及流程，园林景观设计方案的电脑（二维空间、三维空间）表现方法及流程的专业核心知识。

（8）掌握园林景观设计的流程和方法园林景观设计中各个要素的设计与相互组合关系，整个设计的风格的把控和特色场地空间的文化内涵表现的专业核心知识。

（9）掌握园林景观施工图制作的内容和流程，园林景观砌体工程、铺装工程、植物施工图设计的基本方法和要求的专业核心知识。

（10）掌握园林景观工程设计投标、合同管理和园林景观施工过程中项目管理的关技术和管理的专业拓展知识。

（11）掌握园林景观工程招投标文件制作及工程概预算的专业拓展知识。

（12）掌握园林工程测量的基本要求及规范的专业拓展知识。

3. 能力

（1）具有探究学习、分析问题、解决问题和创新创意的能力。

（2）具有良好的语言、文字表达能力和沟通能力。

（3）具有一定的信息处理能力和本专业工作需要的信息技术应用能力。

（4）具有熟知园林景观设计及制图规范，正确识图与制图的能力。

（5）具有能读懂园林景观施工图并进行准确抄绘的能力。

（6）具有根据不同的场景空间，选取合适的植物进行搭配的能力。

（7）具有了解园林景观方案设计意图，进行手绘和电脑表现的能力。

（8）具有综合运用园林景观设计的相关知识进行方案设计的能力。

（9）具有理解设计方案的意图和内容，进行科学合理的施工图设计能力。

（10）具有一定的园林景观工程招投标与概预算的能力。

六、课程设置及要求

通过环境艺术设计专业人才需求调研分析，明确职业面向、职业岗位（群）和典型工作任务，在专家论证的基础上，明确应具备的知识、能力及素质要求，并将之融入教学有关标准，构建基于典型工作任务的课程体系。

表 3-7 典型工作任务对应的知识、能力及素质要求和课程设置

序号	典型工作任务	知识要求	能力及素质要求	课程设置
01	环境景观文化创意表现	掌握园林景观制图的基本要求和规范，熟知图纸中地形、水体、建筑、植物等园林要素所表示的工程性质、图纸比例、文字说明、图例。掌握园林景观设计方案的手绘表现、电脑（二维、三维空间）表现的方法及流程；掌握空间布局、材质和色彩搭配以及方案后期总体表现的原则和方法。	能正确识读图中绘制的构造、结构做法、施工材料及规格；能正确理解园林工程设计方案的理念、布局及主要景观示意；具有妥善保存图纸、数据等资料的工作意识。具备对美的认识与鉴赏能力，能熟练运用园林景观设计方案手绘表现工具和电脑制作软件，独立完成（园林景观设计平面图、透视效果图和立面图）抄绘和表现任务。	环境艺术设计制图与识图、技能基础1(AutoCAD)、技能基础2(PS)、技能基础3(SU)、景观后期制作与表现
02	环境景观文化创意设计	掌握园林景观设计的内容、流程和方法，各要素的设计（地形控制、交通流线、功能组合、植物配置、建筑和景观小品设计）与相互组合关系。	具备独立分析问题和解决问题的能力，能根据设计要求进行园林景观设计的总体构思与方案表达，完成不同类型的（别墅庭院、中心广场、建筑出入口、建筑中庭）园林景观方案设计图。	景观设计初步—庭院设计、环境景观文化创意主题策划与设计表现、建筑文化创意设计、快题设计、公园景观文化创意设计、居住区景观文化创意设计、景观植物识别与应用、景观建筑与小品文化创意设计
03	环境景观文化创意施工图绘图与设计	掌握园林景观施工图制作的内容和流程，园林景观砌体工程、铺装工程、植物施工图设计的基本方法和要求。	具备对园林项目方案设计进行园林砌体工程、铺装工程、植物施工图设计的能力，并能通过细化设计来推敲方案和保证设计的合理性、科学性和经济性。	技能基1(AutoCAD)、景观材料及施工、景观施工图设计
04	景观工程招投标与概预算	掌握园林景观工程招投标文件制作及工程概预算知识。	遵守职业规范和法律常识，具备园林工程招投标设计与制作实施的能力，能根据工程量清单计价规范及湖南地区园林工程计价定额完成简单园林工程的预算。	景观工程招投标与概预算

本专业课程体系包括公共基础课程、专业（技能）课程（含专业基础课、专业核心课、专业拓展课、集中实践课等），其中必修课37门、选修课14门。

（一）公共基础课程

包括思想道德与法治、毛泽东思想和中国特色社会主义理论体系概论、形势与政策、大学体育、军事理论、军事技能、心理健康教育、职业生涯规划、就业指导、创业基础、入学及安全教育、劳动教育、艺术专业英语等13门必修课程。

包括习近平生态文明思想、美育（艺术修养、生态环境素养）、国家安全教育、计算机应用基础与信息技术、党史国史、中华优秀传统文化、卫生健康教育、职业素养、设计文案写作与版式设计等9门选修课程。

表3-8　公共基础课设置及要求

序号	公共基础课名称	课程目标	主要内容	教学要求
1	军事理论	素质目标：激发学生的的爱国情感，增强学生的国防意识，增进学生的国防观念，养成良好的军事素质。知识目标：帮助了解中国国防建设现状和国家安全形势，了解我国各个时期军事思想和战略部署，明确现代战争与信息化武器装备紧密联系的相关知识。能力目标：提高学生综合国防素质，为国防和军队建设培养大批德智体美劳全面发展的后备人才。	中国国防、国家安全、军事思想、现代战争、信息化装备	采用案例教学、情境教学等教学方式，运用启发式、讨论式、参与式教学方法，采用混合式教学模式。以过程考核为主（60%）结果考核为辅（40%）。第一学期开设，2学分，36学时。
2	军事技能	素质目标：养成良好的军事素养，增强组织纪律观念，培养学生令行禁止、团结奋进、顽强拼搏的过硬作风，全面提升综合军事素质。知识目标：了解中国人民解放军三大条令的主要内容，了解轻武器的战斗性能，了解格斗的基本知识，了解紧急集合、徒步行军等的基本要求、方法和注意事项。能力目标：掌握队列动作的基本要领，掌握射击动作要领，培养分析判断和应急处置能力以及良好的综合军事能力。	中国人民解放军共同条令教育、队列训练、格斗基础、军体拳、内务秩序、紧急集合、拉练、射击等	以室外训练为主、室内理论教育为辅，采用项目教学方式，运用参与式教学方法，实施理实一体教学，并利用有效资源进行信息化辅教，主要进行过程考核，重点考核技能。第一学期集中开设，2学分，112学时。

（续表）

序号	公共基础课名称	课程目标	主要内容	教学要求
3	入学及安全教育	素质目标：真正形成责任感、集体荣誉感，心存敬畏，扎实培育专业思想，牢固树立规矩意识、安全意识。知识目标：了解和熟悉院系发展历史、专业发展历程、行业发展动态及趋势、校园环境、教学管理制度、学生管理制度等。能力目标：能遵守公序良俗，能执行制度和纪律，具备一定的专业领悟力和判断力，具有一定的安全防护能力。	开学典礼、专业教育、新生见面会、校园参观、规章制度测试等	院系分级制定教学方案，分层组织实施，以专业为主体，采用情景教学、模块化教学等教学方式，运用启发式、参与式教学方法，开展会议、讲座、座谈、参观、测试等模式的教学，以过程考核为主(60%)，结果考核为辅（40%）。第一学期集中开设，1学分，24学时。
4	思想道德与法治	素质目标：帮助大学生形成崇高的理想信念，弘扬伟大的爱国精神，确立正确的人生观和价值观，加强思想品德修养，增强学法、用法的自觉性，全面提高大学生的思想道德素质、行为修养和法治素养。知识目标：能够掌握新时代大学生的历史使命，理解世界观、人生观和价值观、道德观、法治观社会主义核心价值观。能力目标：提高中国特色社会主义新时代大学生的使命感，能用正确的人生观和价值观分析、思考、解决各类社会问题；能坚定崇高而坚定的理想信念，践行社会主义核心价值观；增强法治意识，培养法治思维，做一个知法懂法守法用法的好公民。	人生的青春之问、坚定理想信念、弘扬中国精神、践行社会主义核心价值观、明大德守公德严私德、尊法学法守法用法等	多媒体教室授课，采用案例教学、情境教学等教学方式，运用讲授式、启发式、探究式、讨论式、参与式等教学方法，采用混合式、翻转课堂、理实一体化等教学模式。采取过程考核为主（60%）、结果考核为辅（40%）的考核方式。第一、二学期开设，共3学分，48学时(理论40学时，实践8学时)。
5	毛泽东思想和中国特色社会主义理论体系概论	素质目标：牢固树立中国特色社会主义的理想信念，增强社会责任感与使命感，做新时代建设中国特色社会主义的建设者和接班人。知识目标：掌握毛泽东思想、邓小平理论、"三个代表"重要思想、科学发展观和习近平新时代中国特色社会主义思想等理论成果产生背景、实践基础、主要内容、历史地位及重大意义。能力目标：提高理论联系实际的能力、培养学生运用毛泽东思想和中国特色社会主义理论体系分析问题和解决问题的能力。	毛泽东思想、邓小平理论、"三个代表"重要思想、科学发展观、习近平新时代中国特色社会主义思想等	多媒体教室授课，采用案例教学、情境教学等教学方式，运用讲授式、启发式、探究式、讨论式、参与式等教学方法，采用混合式、翻转课堂、理实一体化等教学模式，多媒体授课。采取过程考核为主(60%)、结果考核为辅（40%）的考核方式。第三、第四学期开设，共4学分，64学时(理论56学时，实践8学时)。

（续表）

序号	公共基础课名称	课程目标	主要内容	教学要求
6	形势与政策	素质目标：坚定"四个自信"，树立"四个意识"，培养责任感与使命感，树立家国情怀与远大理想。知识目标：正确认识当今时代国内国际形势，深刻领会与理解党和国家的路线、方针和政策等。能力目标：培养辨别是非、辨析与解决实际问题的能力。	根据教育部社政司和湖南省教育厅下发的每学期《高校"形势与政策"教育教学要点》，主要围绕党的建设，党和国家推出的重大战略决策和当下国际、国内形势热点、焦点问题开展教学	多媒体教室上课，采用案例教学、情境教学等教学方式，运用讲授式、启发式、探究式、讨论式、参与式等教学方法，采用混合式、理实一体化等教学模式，采取过程考核为主（60%）、结合课程小论文或调研报告（40%）。第一、二、三、四、五学期开设，1学分，每学期8学时。
7	大学体育	素质目标：养成体育运动意识，锻炼健康体魄，使学生在体育锻炼中享受乐趣、增强体质、健全人格、锤炼意志。知识目标：基本掌握1-2项终身受用的体育技能和运动方法，熟悉运动的基本知识和技能。能力目标：能以体育智、以体育心，具备单独参与某项运动和利用运动锻炼身体进行社交的能力。	太极拳、篮球、排球、足球、羽毛球、乒乓球、健美操、瑜伽、体育舞蹈、素质拓展等，各类运动比赛、活动	采用项目教学、模块化教学等教学方式，运用讲解、示范、组织练习、运用、竞赛等参与式教学方法，实施以实践为主、理论为辅的现实一体教学，课后锻炼巩固提高，并拓展技能、知识，达标考核与结果考核相结合。第一、二、三、四学期连续开设，7学分，学时112。
8	心理健康教育	素质目标：树立心理健康发展的自主意识，培养学生乐观积极的生活态度和顽强的意志品质，积极探索适合自己并能适应社会的良好心理状态。知识目标：了解心理学有关理论和基本概念以及大学生的心理发展特征及常见问题，掌握自我心理调适的基本技巧。能力目标：具备自我探索、自我心理调适的能力，能够应用所学习的心理健康知识分析、有效解决自身心理问题，学会自助、助人。	心理健康、自我意识、人格培养、情绪管理、压力与挫折应对、人际交往、恋爱与性心理、常见精神障碍的求助与防治、生命教育与心理危机应对	多媒体教室授课，采用理论和实践相结合的理实一体化的教学模式，运用讲授、案例分析、角色扮演、活动体验等多种方法组织教学，采取过程考核为主（60%）、结果考核为辅（40%），另外实践学时要求达到16学时。第一第二学期连续开设，2学分，32学时。

（续表）

序号	公共基础课名称	课程目标	主要内容	教学要求
9	职业生涯规划	素质目标：树立职业规划意识，培养良好的职业道德和社会责任感，加强对自身未来发展的重视。 知识目标：掌握自我认知的方法和职业规划的流程，掌握职业分类，熟悉专业涉及的职业群特性。 能力目标：具备清晰的自我认知的能力和职业探索的能力，能够做出职业生涯决策并制定详细职业发展规划。	自我认知、职业认知、生涯决策、行动计划的制定和调整、生涯规划展示等	多媒体教室授课，采用线上线下相结合的混合式教学模式，充分利用信息化教学平台进行项目教学，运用探究式、讨论式、活动式、小组竞争等多种教学方法带领学生按职业规划步骤完成职业生涯规划书，过程中辅以讲座、职业探索大赛等教学实践。采取过程考核为主（60%）、结果考核为辅（40%）的考核方式，其中技能考核占比达60%以上。 第一学期开设，1学分，14学时。
10	就业指导	素质目标：树立正确的择业观，培养良好的职业道德和社会责任感，能够提高自信，顺利融入社会，经受就业挫折。 知识目标：掌握劳动力市场信息，国家的就业形势及政策，就业相关法律知识等。 能力目标：具备就业信息搜集能力，熟练掌握求职信与个人简历的写作技巧，熟悉笔试、面试流程，能够运用法律保护自身合法就业权益。	认清就业形势、调试就业心理、了解就业流程、做好就业准备、掌握求职技巧、维护就业权益、适应职业环境、模拟面试等	多媒体教室授课，采用模块化教学模式，充分利用信息化教学平台进行翻转课堂教学、案例教学，运用活动式、讨论式、参与式等多种教学方法模拟就业流程，教学中可辅以讲座、模拟面试等教学实践。采取过程考核为主（60%）、结果考核为辅（40%）的考核方式，其中技能考核占比达60%以上。第四学期开设，1学分，18学时。
11	创业基础	素质目标：具备创业意识与创业素质，能在工作过程中融入创新思维，提高工作效率。 知识目标：掌握创业基础知识和基本理论，熟悉创业的基本流程和主要方法，了解与创业相关的优惠政策和法律法规。 能力目标：具备创业所需团队协作能力、沟通表达能力、综合分析能力等企业管理相关的综合能力与素质，能够进行创业资源的整合和商业计划书的撰写。	创业与创业精神、创业与职业发展、创业者与创业团队、创业机会与创业风险、商业模式、创业资源、创业计划、企业开办、创业项目路演等	多媒体教室授课，采用线上线下相结合的混合式教学模式，充分利用信息化教学平台进行项目教学，运用探究式、讨论式、活动式、小组竞争等多种教学方法带领学生完成创业计划书，过程中辅以讲座、创新创业大赛等教学实践。采取过程考核为主（60%）、结果考核为辅（40%）的考核方式，其中技能考核占比达60%以上。 第二学期开设，2学分，32学时。

（续表）

序号	公共基础课名称	课程目标	主要内容	教学要求
12	劳动教育	素质目标：树立正确的劳动观念，培养积极的劳动精神，养成良好的劳动习惯和品质；知识目标：熟悉劳动组织的方法、劳动安全和劳动法规等；能力目标：具备必备的劳动能力与劳动技能。	劳动精神，劳模精神，工匠精神，劳动组织，劳动安全和劳动法规等	采用线上为主，线上线下相结合的混合式教学模式，充分利用信息化教学平台进行项目化教学，运用探究式、讨论式、活动式、小组竞争等多种教学方法，教学过程中辅以分批次带领学生参加实际生产生活劳动等教学实践。采取过程考核为主（60%）、结果考核为辅（40%）的考核方式。第一学期开设，1学分，16学时。
13	艺术专业英语	素质目标：促进学生的通用艺术专业英语应用能力的提升，培育国际视野下的中国情怀与美学情怀；知识目标：掌握艺术专业英语通识知识，了解与艺术相关的装饰、包装、设计等领域的基本英语词汇和基础句型；能力目标：使学生能借助词典阅读、检索和翻译有关艺术设计的英语资料和谈论简单的行业话题。	中国古典音乐、中国画与西洋画、摄影、电影、广告、建筑、室内室外装饰、包装设计、园林、雕塑等主题内容的基本英语词汇和表达法的掌握与应用。	多媒体教室授课，充分利用现代化的教学设备和信息化教学手段，行业英语应用能力培养与思政教育、专业素质教育相结合进行教学设计，运用讲授、案例、视频、线上线下相结合的混合式教学方法，采用启发、探究、讨论、参与等教学组织形式；课程以平时过程考核（60%）加期末开卷考试（40%）评定成绩。第二学期开设，2学分，30学时。
14	习近平生态文明思想	素质目标：树立人与自然和谐共生的生态文明观，形成节约、低碳的生活习惯，培养尊重自然、保护环境职业素养。知识目标：掌握生态文明思想的理论渊源和基本内涵；熟悉生态文明建设的实现路径和法治保障体系；了解国家现阶段生态文明建设的重点任务；理解生态文明思想理论和中国实践对谋求全球合作共赢的世界贡献。能力目标：能够运用生态文明思想理论辨识、分析和评价现实生活中自身和他人的生态文明观念和行为，能够识别和纠正不符合生态文明观念的思想和行为。	生态环境问题和生态环境观，生态文明观的理论基础、思想根源和实践根基，习近平生态文明思想的逻辑内涵，生态文明建设的全员行动实践路径，生态文明建设的法治保障，生态文明建设当前的"战斗"等	多媒体教室授课，采用案例教学、情境教学等教学方式，运用讲授式、启发式、探究式、讨论式、参与式等教学方法，采用混合式、翻转课堂、理实一体化等教学模式，采取过程考核为主（60%）、结果考核为辅（40%）的考核方式。第一学期开设，1学分，16学时。

序号	公共基础课名称	课程目标	主要内容	教学要求
15	美育（艺术修养、生态环境素养）	素质目标：提升大学生艺术修养和生态环境素养，形成正确的审美观和"尊重自然、顺应自然、保护自然"的生态观；弘扬中华美育精神，培养新时代大学生的生态文明理念、生命共同体理念，具有正确的人与自然和谐共生的环境观。知识目标：掌握美与美育、生态学基本知识，生命中心、生命价值、生态法则、生态伦理等知识；领会"共抓大保护、不搞大开发"、"绿水青山就是金山银山"、"美丽中国"等生态理念和内涵。能力目标：培养感受美、表现美、鉴赏美、创造美、感知自然、认识自然、理解自然、分享自然的能力；推动学生形成绿色生活方式，培养学生感受生态文明建设伟大成就的能力，以及尊重自然、顺应自然、保护自然的情感；具有践行生态文明、生命共同体理念和人与自然和谐共生环境观的能力，塑造美好心灵、促进全面发展。	美与美育；社会美；书法、绘画、摄影、音乐、建筑、文学美；国家公园建设助力生态文明发展；关爱野生动物共建生态文明；尊重自然、顺应自然、保护自然；生态中心、环境观；走进自然、欣赏自然生态美。	多媒体教室授课，利用案例教学、模块化教学方式，运用讲授式、启发式、讨论式、参与式等教学方法，采用翻转课堂、线上线下相结合的混合式教学模式。采取过程考核为主（60%）、结果考核为辅（40%）的考核方式，第一学期开设，2学分，32学时。
16	国家安全教育	素质目标：牢固树立国家利益至上的观念，增强自觉维护国家安全意识。知识目标：帮助深入理解和准确把握总体国家安全观。能力目标：具备维护国家安全的能力。	政治安全、国土安全、军事安全、经济安全、文化安全、社会安全、科技安全、网络安全、生态安全、资源安全、核安全、海外利益安全以及太空、深海、极地、生物等不断拓展的新型领域安全	采用线上教学模式，运用启发、讨论、探索、参与等教学方法，采用案例教学、项目教学等教学方式。以过程考核（60%）为主，结果考核（40%）为辅的考核方式。第二学期开设，1学分，16学时。

（续表）

序号	公共基础课名称	课程目标	主要内容	教学要求
17	计算机应用基础与信息技术	知识目标：掌握常用的工具软件和信息化办公技术；了解大数据、人工智能、区块链等新兴信息技术。能力目标：掌握文字、表格处理、电子表格和演示文稿等办公自动化软件的使用的基本技能，具备从事机关、企事业单位文秘和办公信息计算机化工作的能力。素质目标：培养学生的信息素养意识，能在日常生活、学习和工作中综合运用信息技术解决问题。	包含文档处理、电子表格处理、演示文稿制作等内容。主要有Windows10、Word2010、电子表格处理软件Excel2010、演示文稿制作软件Power Point2010等	采用线上教学模式，运用启发、讨论、探索、参与等教学方法，采用案例教学、项目教学等教学方式。过程考核与结果考核相结合。第二学期开设，2学分，36学时。
18	党史国史	素质目标：树立正确的马克思主义的立场、观点和方法。知识目标：掌握中国共产党发展的历程，了解中国共产党关于革命、建设和改革的理论、路线、方针和政策。能力目标：掌握中国共产党的成功经验，提高分析问题和解决问题的能力。	中国共产党的创建、解放战争的胜利、中华人民共和国成立、社会主义基本制度的建立、十一届三中全会和改革开放的起步、一国两制"方针的形成、党的十六大和全面建设小康社会、十八大以来以习近平为核心的党中央集体治国理政及全面建成小康社会等	采用线上教学模式，运用启发、讨论、探索、参与等教学方法，采用案例教学、项目教学等教学方式。采取过程考核为主（60%）、结果考核为辅（40%）的考核方式。第二学期开设，1学分，16学时。
19	中华优秀传统文化	素质目标：注重价值引领，为立德树人服务。提升学生的文化自信，不断实现文化创新。知识目标：系统了解中华优秀传统文化的精神内涵，中华民族的文化积淀、历史传统和基本国情。能力目标：能够立足中国国情，以理性的态度和务实的精神继承和发展中华优秀传统文化。	中国传统文化初探、中国传统宗教与哲学、中国文学、中国艺术、中国传统生活与礼仪等	多媒体教室授课，以理论讲授为主，运用讲授、案例、课堂相关练习等教学方法提升学生的道德修养、精神境界和文化素养等；采用启发、探究、讨论、参与等教学组织形式；过程考核60%与结果考核40%相结合。第三学期开设，1学分，16学时。

（续表）

序号	公共基础课名称	课程目标	主要内容	教学要求
20	卫生健康教育	素质目标：树立卫生健康发展的意识，培养学生卫生健康的习惯。知识目标：普及卫生健康知识，帮助解决生活过程中的卫生健康问题。能力目标：提高卫生健康水平和综合素质，促进健康成长、全面发展。	卫生健康教育的基本概念、原则和方法，卫生健康教育的目的和意义，健康的生活方式，疾病的认识与预防，健康体检与保健，安全应急与避险措施等	采用线上教学模式，运用启发、讨论、探索、参与等教学方法，采用案例教学、项目教学等教学方式。以过程考核（60%）为主，结果考核（40%）为辅的考核方式。第一学期开设，1学分，16学时。
21	职业素养	素质目标：加强人文素质，树立法制观念，提升职业意识，规范职业行为，培养工匠精神和团队意识，养成良好的职业品质。知识目标：了解职业素养的基本内涵，理解职场价值观和工作的意义，掌握职业素质的内容及基本框架。能力目标：具备专业工作基本职业素养，适应工作环境，善于沟通交流与合作，能够及时发现问题、分析问题和解决问题。	1. 团队合作；2. 依法遵规；3. 善于沟通；4. 诚实守信；5. 敬业担责；6. 关注细节；7. 解决问题。	多媒体教室授课，采用专题讲授的教学方式，运用讲授、案例分析、分组讨论、演示、体验、启发引导等教学方法；采用过程考核60%与结果考核40%相结合。第四学期开设，2学分，32学时。
22	设计文案写作与版式设计	素质目标：具有良好的审美修养。知识目标：理解并掌握版式设计的设计要素及方法，能熟知版式设计的制作流程。能较熟练地掌握设计思维方法及制作技巧制作图册和展板。能力目标：能够运用电脑辅助软件，做好合适的室内设计图册和展板。	1. 平面海报设计与制作；2. 设计文案写作；3. 展板和图册的设计与制作。	多媒体教室授课，采用模块化教学模式，运用理论讲授、案例分析、分组讨论、任务驱动、演示、实操、体验、启发引导、头脑风暴等教学方法。采取过程考核为主（60%），结果考核为辅（40%）的考核方式，其中技能考核占比达60%以上。第三学期开设，2学分，32学时。

军事理论由思想政治理论课部负责实施，军事技能、公益劳动由保处、各系部和学生工作部负责实施，学生在校期间至少安排一周用于公益劳动与职业素养体验课的实践。

（二）专业（技能）课程

1. 专业基础课

包括素描、钢笔淡彩、速写与效果表现、水彩、环境艺术设计制图与识图、技能基础1（AutoCAD）、技能基础2（PS）、技能基础3（SU）等8门必修课程。

表 3-9　专业基础课设置及要求

序号	专业基础课名称	课程目标	主要内容	教学要求
1	素描	素质目标：培养观察能力、艺术表现能力以及艺术审美素养。知识目标：熟悉结构素描和明暗素描的知识；掌握结构与形、透视的表达方法以及光影表达形体塑造的知识。能力目标：能够运用透视规律、光影原理等方法进行单个、多组物体的形体塑造和场景绘制。	1. 素描概述；2. 空间透视基础；3. 结构素描基础(石膏)；4. 结构素描基础(静物)；5. 光影素描基础。	1. 教学方式：项目教学、情景教学等。2. 教学方法：运用探究式、讨论式、活动式、小组竞争等多种教学方法。3. 教学模式：多媒体画室授课，采用模块化教学模式。采用理实一体教学模式。4. 信息化教学：充分利用信息化教学平台进行翻转课堂和项目教学。5. 考核评价：采取过程考核为主（70%）、结果考核为辅（30%）的考核方式，其中技能考核占比达60%以上。6. 开课学期、学分学时：第一学期开设，4学分，56学时。
2	钢笔淡彩	素质目标：具有良好的速记、审美素养；敏锐的观察力和思考力。知识目标：熟悉掌握钢笔淡彩基础知识、透视基础、构图原则、淡彩技法的基本原理等知识，能够熟悉小场景的钢笔淡彩的空间层次和色彩表现知识。能力目标：培养钢笔造型能力、淡彩表现技法的能力、作品欣赏能力以及审美能力。	1. 钢笔淡彩基础知识；2. 透视基础；3. 构图基础；4. 线稿基础；5. 色彩基础；6. 作品欣赏；	1. 教学方式：项目教学、情景教学，理实结合或理实一体化等。2. 教学方法：运用课堂讲授、课堂讨论、作品欣赏、作业讲评、教学示范等。启发、探究、讨论、参与等教学方法和组织形式；3. 教学模式：多媒体画室授课，与校外实训相结合的混合式教学模式。4. 信息化教学：充分利用信息化教学平台进行翻转课堂和项目教学。5. 考核评价：采取过程考核为主（70%）、结果考核为辅（30%）的考核方式，其中技能考核占比达60%以上。6. 开课学期、学分学时：第一学期开设，4学分，64学时。
3	速写与效果表现	素质目标：树立正确的职业道德和社会责任感，培育良好的审美素质。知识目标：熟悉速写表现知识；掌握速写与表现技法的基本概念、特点、分类和学习方法；掌握物体的黑白灰的搭配，点线面结构的穿插技巧。能力目标：能够运用速写表达方法，表现创意速写能力和物体捕捉收集能力。	1. 速写与表现技法基础；2. 专业速写与表现技法（室内主题空间表现技法）；3. 速写表现的综合应用。	1. 教学方式：案例教学、模块化教学等。2. 教学方法：运用教师示范、讲授重难点、学生操作训练、案例分析、技能比拼等方法实施教学。3. 教学模式：多媒体画室授课，采用实物投影现场实施教学示范，边示范边讲解，线上线下相结合的混合式教学模式。4. 信息化教学：充分利用信息化教学平台进行理实一体教学。5. 考核评价：采取过程考核为主（70%）、结果考核为辅（30%）的考核方式，其中技能考核占比达60%以上。6. 开课学期、学分学时：第二学期开设，5学分，72学时。

（续表）

序号	专业基础课名称	课程目标	主要内容	教学要求
4	水彩	素质目标：具有良好的审美素养，培养学生的家国情怀和艺术创作意识，培养正确的人生观、价值观，富有强烈的社会责任感，培养良好的团队协作精神。知识目标：了解色彩的基本理论和色彩规律；掌握正确的观察色彩的方法；理解色彩的表现语言，掌握水彩基础知识、透视基础、构图基础、水彩表现技法的基本原理和概念等知识。能力目标：通过项目的实践操作培养色彩造型能力，具备一定的对客观物体的艺术观察力和表现能力。	水彩基础知识；风景水彩技法训练；风景水彩画写生；风景水彩的创作及运用。	1. 教学方式：理论＋实践操作示范教学法。2. 教学方法：运用讲授、教学示范、学生讨论、作品欣赏解析、作业讲评等教学方法。3. 教学模式：采用教、学、做相结合的现实一体教学模式。4. 信息化教学：充分利用信息化教学平台进行翻转课堂和项目教学。5. 考核评价：采取过程考核为主（70%）、结果考核为辅（30%）的考核方式，其中技能考核占比达60%以上。6. 开课学期、学分学时：第二学期开设，3学分，40学时。
5	环境艺术设计制图与识图	素质目标：注重培养学生认真负责、踏实敬业的工作态度和严谨求实、一丝不苟的工作作风，培养学生的空间想象能力、分析问题能力、创造能力和审美能力，将良好素质培养和思想品德培养贯穿于教学全过程。知识目标：掌握环境艺术设计制图工具使用方法和一般步骤；掌握环境艺术设计制图规范；掌握几何制图画法；了解环境艺术设计相关工程制图施工图的制图步骤；熟悉环境艺术设计相关工程施工图的识图方法。能力目标：了解并熟悉环境艺术设计各类工程图表达的内容，掌握图纸的阅读能力，熟悉国家制图规范，能过准确快速的按要求绘制环境艺术设计制图与识图各类工程图，能通过各类图纸完整的展示设计意图与设计思路，并为环境艺术设计相关工程施工建造提供准确依据。	制图基本知识、几何作图、投影基础、投影视图、环境艺术设计图的识读与绘制、环境艺术设计施工图的识读与绘制	1. 教学方式：采用在"做中学、学中做"的教学模式中，将理论讲解、示范演示、制图实操、识图技能比拼等教学方法充分融入课堂中。2. 教学方法："教、练、实操"三合一的方式，运用课堂理论讲授、现场演示、练习、在规定时间完成环境艺术设计及工程的制图任务、识读环境艺术设计及工程图纸等任务等教学方法，采用启发、讨论、参与等教学组织形式。3. 教学模式：采用信息化教学、翻转课堂、以学生为主体、理实一体教学。4. 信息化教学：课前信息化教学平台开展预习；课中在重要知识点处开展头脑风暴及抢答等活动；实训课完成相关知识点的制图任务及识读各类环境艺术设计图纸，并拍照上传平台，老师现场讲解及评分，充分调动学生学习积极性。5. 考核评价：从过程考核和结果考核两个方面进行考核，过程考核占60%，结果考核占40%。其中过程考核由学生课堂表现、完成作业情况、实训评分3部分组成；结果考核为期末实操考试，其成绩占总成绩40%。6. 开课学期、学分学时：第2学期开设，4学分，56学时。

（续表）

序号	专业基础课名称	课程目标	主要内容	教学要求
6	技能基础1（AutoCAD）	素质目标：掌握设计中手绘与电脑相结合运用；培养规范的制图习惯、勇于创新、敬业乐业的工作作风；具备积极主动获取新知识、新技术的能力；并能立足专业规划自己未来的职业生涯。知识目标：具备从事计算机绘图的基本职业能力；能正确、熟练地选择和应用AutoCAD绘图命令；掌握应用AutoCAD命令绘制景观设计项目的施工图。能力目标：掌握AutoCAD绘图技能；掌握建筑平、立、剖面图的绘制技能；掌握景观施工图绘制技能、建筑识图与制图技能。	正确打开绘图界面、熟练运用绘图工具和快捷键完成园林景观设计总图、植物、园林景观建筑单体的平、立、剖面的绘制并布图和形成打印文档。	1. 教学方式：案例教学、项目教学等。2. 教学方法：采用启发式、参与式、讨论式等教学方法，以典型案例为载体，引出相关专业理论知识，使学生在项目实践中加深对制图知识理解和电脑操作技能的应用。3. 教学模式：根据行业要求，以就业为导向，通过多媒体和设计教室授课，采用模块化教学、理实一体教学模式。4. 信息化教学：充分利用信息化教学平台进行教学拓展。5. 考核评价：采取过程考核为主（60%）、结果考核为辅（40%）的考核方式，其中技能考核占比达60%以上。6. 开课学期、学分学时：第二学期开设，4学分，64学时。
7	技能基础2（PS）	素质目标：培养学生审美、创新和设计能力；充分利用各种网络自主学习的能力和知识迁移的能力。知识目标：掌握软件常见命令的操作方法和快捷键操作技巧；软件绘制计算机扣取景观素材的方法与技巧；制作景观平面效果图、立面图、剖面图、效果图及鸟瞰图的方法和技巧。能力目标：达到环境艺术设计员或景观绘图员或以上职业资格证书中相关技术考核的基本要求。	Photoshop基础知识、工具使用、操作技术、素材的抠取、问题照片后期处理的方法和技巧、景观材质的制作方法和技巧、景观平面图制作、分析图制作、立面图制作、剖面图制作、后期效果图制作。	1. 教学方式：实施项目教学、案例教学、情境教学、模块化教学等教学方式。2. 教学方法：运用启发式、探究式、讨论式、参与式等教学方法。3. 教学模式：多媒体与设计教室授课，采用理实一体教学模式。4. 信息化教学：充分利用信息化教学平台进行翻转课堂和项目教学。5. 考核评价：采取过程考核和结果考核相结合，过程考核为单元项目考核（各单元项考核平均得分*60%），结果考核为综合项目考核，侧重对学生实践操作能力和表达沟通能力等的综合评价（占40%）。6. 开课学期、学分学时：第三学期开设，3学分，64学时。

（续表）

序号	专业基础课名称	课程目标	主要内容	教学要求
8	技能基础3（SU）	知识目标：掌握sketchup软件基本操作；掌握3D场景构建方法；了解sketchup软件的各类插件使用方法。 能力目标：掌握sketchup绘制局部效果图、鸟瞰图、平面图的绘制方法；掌握sketchup构建建筑、广场的能力。 素质目标：促进学生专业技术能力的提升，培育良好的团队协作能力，增强学生设计创新能力。	了解Sketchup的软件特点和工作界面；掌握建筑小品模型、建筑模型、古典亭子、景观广场的绘制；了解效果图的绘制。	1.教学方式：项目教学、案例教学、情景教学等。 2.教学方法：运用启发式、探究式、讨论式、活动式、参与式、小组协作等多种教学方法，带领学生完成筑小品模型、建筑模型、古典亭子、景观广场的绘制。 3.教学模式：多媒体与设计教室授课，理实一体教学，采用线上线下相结合的混合式教学模式。 4.信息化教学：充分利用信息化教学平台、信息化资源进行项目教学。 5.考核评价：采取过程考核为主（60%）、结果考核为辅（40%）的考核方式，其中技能考核占比达60%以上。 6.开课学期、学分学时：第三学期开设，3学分，48学时。

2. 专业核心课

包括环境景观设计初步——庭院景观、环境景观文化创意主题策划与设计表现、建筑文化创意设计、快题设计、景观施工图设计、居住区景观文化创意设计、公园景观文化创意设计、景观建筑与小品文化创意设计等8门必修课程。

表3-10 专业核心课设置及要求

序号	专业核心课名称	课程目标	主要内容	教学要求
1	景观设计初步：庭院景观	素质目标：具有创新思维和艺术修养，有空间构成意识，概念转化成形式的能力以及有社会责任心、追求卓越的工匠精神。 知识目标：了解景观设计的所涉及的范畴，认识庭院景观构建，了解庭院景观方案设计的概念阶段与形式完成的步骤，能够独立完成庭院景观设计方案。 能力目标：能够理解庭院景观设计流程及要求以及庭院景观建筑、植物、山石、水体等的在其中的作用与构成，理解庭院景观概念与形式，并能清楚知道概念如何转化形式，能够独立完成庭院景观概念与形式，并能清楚知道概念如何转化形式。	庭院景观设计的基本概念、景观设施与景观设计的基本设计知识、案例教学讲授景观建筑、植物、山石、水体等庭院景观设计元素的意义、作用、运用、案例教学讲授概念与形式，案例教学讲授庭院景观构成要素与设计方法，临摹庭院景观设计方案与独立设计完成庭院景观设计方案	1.教学方式：项目教学、案例教学、模块化教学等。 2.教学方法：运用启发式、探究式、讨论式、活动式、参与式、小组协作等多种教学方法带领学生完成庭院景观方案设计。 3.教学模式：多媒体教室和室外授课，理实一体教学，采用线上线下相结合的混合式教学模式。 4.信息化教学：充分利用信息化教学平台、信息化资源进行项目教学。 5.考核评价：采取过程考核为主（60%）、结果考核为辅（40%）的考核方式，其中技能考核占比达60%以上。 6.开课学期、学分学时：第三学期开设，4学分，64学时。

（续表）

序号	专业核心课名称	课程目标	主要内容	教学要求
2	环境景观文化创意主题策划与设计表现	素质目标：能不断优化资源共享方案，具有创新思维和艺术修养，具有社会责任心、沟通能力、团队协作精神。知识目标：能够完成特色民宿、创意农业、生态文化餐厅景观前期策划以及景观空间营造。能力目标：能够熟练运用CAD、Photoshop、SketchUp、PPT软件完成策划与表现。	特色民宿景观策划与表现、创意农业景观策划与表现、生态文化餐厅景观策划与表现	1. 教学方式：项目教学、案例教学、模块化教学等。2. 教学方法：运用启发式、探究式、讨论式、活动式、参与式、小组协作等多种教学方法带领学生完成特色民宿景观策划与表现、创意农业景观策划与表现、生态文化餐厅景观策划与表现。3. 教学模式：多媒体教室和室外授课，理实一体教学，采用线上线下相结合的混合式教学模式。4. 信息化教学：充分利用信息化教学平台、信息化资源进行项目教学。5. 考核评价：采取过程考核为主（60%）、结果考核为辅（40%）的考核方式，其中技能考核占比达60%以上。6. 开课学期、学分学时：第四学期开设，4学分，64学时。
3	建筑文化创意设计	素质目标：形成良好的职业道德和规范；养成积极思考问题、主动学习的习惯；培养较强的自主学习能力。知识目标：调动提出设计新概念、新形式的潜力，激发和培养其形象化思考能力。能力目标：理解平面构成和空间构成的基本原理和基本造型手法，培养创新技能。	建筑概论、建筑知识、建筑平面空间布局、建筑效果图表达、单体建筑设计综合实训	1. 教学方式：项目教学、情景教学等。2. 教学方法：运用讨论式、活动式、小组竞争等多种教学方法带领学生完成单体建筑设计，过程中辅以实训考察等教学实践。3. 教学模式：多媒体与设计教室授课，采用理论和实训相结合的混合式教学模式。4. 信息化教学：充分利用信息化教学平台进行翻转课堂和项目教学。5. 考核评价：采取过程考核为主（60%）、结果考核为辅（40%）的考核方式，其中技能考核占比达60%以上。6. 开课学期、学分学时：第四学期开设，4学分，56学时。

（续表）

序号	专业核心课名称	课程目标	主要内容	教学要求
4	快题设计	素质目标：能熟练掌握设计的整体流程和方法，对不同的场地特征和文化背景进行分析，做出特色，全面提升综合素养，培养学生的沟通能力及团队协作精神；培养学生良好的职业能力和职业素质；培养学生勇于创新、敬业乐业的工作作风；培养学生社会责任心、环保意识。 知识目标：一点透视的绘制方法、两点透视的绘制方法、各种工具的使用方法、运用效果图来绘制方案、效果图中素描、色彩、速写的关系，能搜集、积累设计素材、正确的分析场地进行功能布局。 能力目标：熟练掌握常见的透视方法；熟练掌握各种上色技巧，正确、快速绘制园林景观设计方案的平面图、立面图及透视效果图，能采用艺术的表现手法将不同类型的方案进行作品展示的整体水平。	快题设计概论、快题设计流程、快题实训练习	1. 教学方式：实施项目教学、案例教学、情境教学、模块化教学等教学方式。 2. 教学方法：运用启发式、探究式、讨论式、参与式等教学方法。 3. 教学模式：绘图教室授课，采用理论和实训相结合的混合式教学模式。 4. 信息化教学：充分利用信息化教学平台进行翻转课堂和项目教学。 5. 考核评价：采取过程考核为主（60%）、结果考核为辅（40%）的考核方式，其中技能考核占比达60%以上。 6. 开课学期、学分学时：第五学期开设，4学分，56学时。
5	景观施工图设计	素质目标：培养学生的沟通能力及团队协作精神；学生分析问题、解决问题的能力；遵法守纪、崇德向善、诚实守信、尊重生命、热爱劳动，履行道德准则和行为规范，具有社会责任感和社会参与意识；培养学生勇于创新、敬业乐业的工作作风；培养学生质量意识、环保意识、安全意识、信息素养、工匠精神和创新思维；勇于奋斗、乐观向上，具有自我管理能力、职业生涯规划的意识，有较强的集体意识和团队合作精神。 知识目标：掌握景观制图的基本要求和规范，熟知图纸中地形、水体、建筑、植物等园林要素所表示的工程性质、图纸比例、文字说明、图例；掌握景观施工图设计的内容和流程，景观施工总平面图、竖向设计图、园林建筑和小品施工图设计的基本方法和要求；具备对园林项目方案设计进行景观施工总平面图、竖向设计图、园林建筑和小品施工图设计的能力，并能通过细化设计来推敲方案和保证设计的合理性、科学性和经济性。 能力目标：能园林景观方案的施工图绘制；复述总图制作的规范和要求、景观施工图的内容和图纸要求；能进行景观单体的绘制、景观材料和结构的运用和画法、套图框和布图的方法、设置正确的打印格式。	学习园林景观方案的施工图绘制，总图制作的规范和要求、景观施工图的内容和图纸要求、景观单体的绘制、景观材料和结构的运用和画法、套图框和布图的方法、设置正确的打印格式，并通过施工图来深化和验证设计的合理性，形成生态环保和资源节约的设计意识。	1. 教学方式：线上和线下混合式教学，项目化教学、案例教学、情景教学等。 2. 教学方法：运用理论讲授、任务驱动、实操演练、案例分析、小组探究、角色模拟、方案汇报、市场调研、项目现场指导等方法实施教学。 3. 教学模式：结合理实一体化等教学设计，以项目分块训练为主，进行模块化实操训练。 4. 信息化教学：利用信息化教学平台进行翻转课堂和案例教学。 5. 考核评价：以过程考核与结果考核相结合进行。过程考核占总成绩70%，期末进行考试，考试成绩占总成绩30%。 6. 开课学期、学分学时：第四学期开设，4学分，56学时。

（续表）

序号	专业核心课名称	课程目标	主要内容	教学要求
6	居住区景观文化创意设计	素质目标：居住区景观文化创意设计的人际交往和协商沟通能力；居住区景观文化创意设计工作中与他人的团队合作能力；居住区景观文化创意设计良好的职业道德和规范；居住区景观文化创意设计良好的心理素质和克服困难与挫折的能力。 知识目标：掌握各类居住区景观文化创意设计的特点，方法、设计与建成实景的关系。对设计作品的效果能很好地把握；创造真实的项目、真实的学习情境，使学生根据对现状条件的调研分析、对基本知识的掌握，制作完整的符合设计要求的全套设计文件；通过参与实践，更形象地了解居住区景观文化创意设计的相关知识和设计程序，为学生走上工作岗位以后尽快适应专业需求打下基础。 能力目标：居住区景观文化创意设计课程在教学过程中，突出学生主体，采用案例分析、任务驱动教学，启发学生善于观察、自主思考、独立分析问题与解决问题，使学生在观察、思维、推理与判断、分析与解决问题能力方面有明显的提高，能熟练完成园林景观勘察、测绘任务；能相对独立与甲方沟通业务细节；处理对景观规划设计过程中出现的问题能够利用所学基本理论知识与方法举一反三正确、灵活运用，体现注重实际应用技能的培养目标。	通过居住区景观文化创意设计不同类型的知识讲解和案例学习，掌握不同类型的居住区景观文化创意设计的方法，并通过项目实践，培养场地分析和逻辑思维能力，培养方案创新和表现思路的能力。学习不同场地特征的景观设计规划的方法和设计遵循的规范要求，做到实用、经济、美观。	1. 教学方式：线上和线下混合式教学，项目化教学、案例教学、情景教学等。 2. 教学方法：运用理论讲授、任务驱动、实操演练、案例分析、小组探究、角色模拟、方案汇报、市场调研、项目现场指导等方法实施教学，实行线上和线下混合式教学方法。 3. 教学模式：结合理实一体化等教学设计，以项目分块训练为主，进行模块化实操训练。 4. 信息化教学：利用信息化教学平台进行翻转课堂和案例教学。 5. 考核评价：以过程考核与结果考核相结合进行。过程考核占总成绩70%，期末进行考试，占总成绩30%。 6. 开课学期、学分学时：第四学期开设，4学分，56学时。

（续表）

序号	专业核心课名称	课程目标	主要内容	教学要求
7	公园景观文化创意设计	素质目标：公园景观文化创意设计勤奋敬业的工作态度；多思考、勤动手的景观设计工作方法；善于与人沟通、表达的景观设计能力。知识目标：说出公园景观文化创意设计职业技能和职业素质，概述公园景观文化创意设计课程的主要内容；掌握公园景观文化创意设计基本知识、基本理论和基本方法，并掌握相应的功能要求、空间和造型特点、技术与经济指标等；掌握公园景观文化创意设计的一般方法和技巧；了解一般的公园景观文化创意设计的功能和结构；了解公园景观文化创意设计领域的最新设计方法和设计思潮。能力目标：、能够进行现场踏勘，识读公园景观文化创意设计图纸；掌握公园景观文化创意设计的设计方法、构思过程及绘图步骤；掌握绘制公园景观文化创意设计方案表现图的技法，包括符合制图标准的平面、立面、剖面、透视图等。	公园景观文化创意设计课程将课程基础模块分两个层次：公园景观文化创意设计概述、公园景观文化创意设计原理；核心模块：公园景观文化创意设计等。拓展模块为公园景观文化创意设计景观审美意识的提高。结合具体的设计实例教学，使学生掌握公园景观文化创意设计的程序与内容。通过实践教学，让学生按照设计程序完成整套公园景观文化创意设计方案，从而提高学生动手能力，并在实践中培养学生的专业兴趣。	1. 教学方式：线上和线下混合式教学，项目化教学、案例教学、情景教学等。2. 教学方法：运用理论讲授、任务驱动、实操演练、案例分析、小组探究、角色模拟、方案汇报、市场调研、项目现场指导等方法实施教学。3. 教学模式：结合理实一体化等教学设计，以项目分块训练为主，进行模块化实操训练。4. 信息化教学：利用信息化教学平台进行翻转课堂和案例教学。5. 考核评价：以过程考核与结果考核相结合进行。过程考核占总成绩70%，期末进行考试，考试成绩占总成绩30%。6. 开课学期、学分学时：第五学期开设，4学分，56学时。
8	园林绿化设计	素质目标：具有良好的专业素养、团队协作精神的修养，培养学生分析问题、解决问题的能力。知识目标：熟悉景观植物的分类方法、常用种的形态特征、生态习性、观赏价值及景观应用等知识，掌握景观植物的搭配方式。能力目标：能够运用景观植物识别的基础知识，进行合理的植物配置。	1. 绪论；2. 景观植物的分类；3. 景观植物的作用；4. 景观植物的生长发育规律；5. 景观植物的生态习性及分布；6. 景观植物的选择与配置；7城市环境的特点及城市园林绿化树种的调查与规划；8. 裸子植物门；9. 被子植物门 - 双子叶植物；10. 被子植物门 - 单子叶植物；11. 景观植物的主要应用形式。	1. 教学方式：项目教学、情景教学、实践教学等。2. 教学方法：运用探究式、讨论式、活动式、小组竞争等多种教学方法带领学生按照授课计划完成授课内容，过程中辅以实践认知、实践操作等教学实践。3. 教学模式：多媒体教室与室外授课，采用线上线下相结合的混合式教学模式。4. 信息化教学：充分利用信息化教学平台进行翻转课堂和项目教学。5. 考核评价：采取过程考核为主（60%）、结果考核为辅（40%）的考核方式。6. 开课学期、学分学时：第三学期开设，4学分，64学时。

3. 专业拓展课

包括生态环境保护概论、景观后期制作与表现2门必修课程和景观植物识别与应用、景观生态、景观工程招投标与概预算、景观材料及施工、艺术设计概论5门选修课程。

表3-11 专业拓展课设置及要求

序号	专业拓展课名称	课程目标	主要内容	教学要求
1	生态环境保护概论	素质目标：践行生态环境保护意识，保护生态环境 知识目标：掌握生态环境保护基本理论知识，开阔生态环境保护视野，增强生态环境保护意识。 能力目标：能说出生态环境保护基本理论知识；能有生态环境保护意识；能宣传生态环境保护理论和实践。	环境保护与生态系统的基本概念，资源利用与环境保护，大气污染及其防治，水污染及其防治，土壤污染及其防治，固体废物的处理、处置与利用，其他环境污染及防治，环境监测与评价，环境管理与环境标准、法规，可持续发展的基本理论等。	1.教学方式：案例教学、情景教学。 2.教学方法：讲授式、启发式、探究式、讨论式、参与式等。 3.教学模式：采用混合式教学模式。 4.信息化教学：充分利用信息化平台上自建的线上课堂资源，补充和扩充线下教学。 5.考核评价：以过程考核与结果考核相结合进行。过程考核占总成绩70%，期末进行考试，考试成绩占总成绩30%。 6.开课学期、学分学时：第一学期，2学分，24学时。
2	景观材料及施工	素质目标：具有良好的专业素养、规范施工修养，培养学生团队合作能力，分析问题、解决问题的能力。 知识目标：熟悉园林景观工程中土方工程、给排水工程、水景工程、砌体工程、园路工程、假山工程、种植工程、绘制施工图等知识，掌握园林景观工程中的施工工艺、流程及绘制施工图。 能力目标：能够运用园林景观工程中各项基本知识，进行土方量计算、给排水管网布置、砌体工程、园路工程、假山工程、种植工程等指导施工能力。	1.土方施工； 2.园林给排水工程； 3.园路工程； 4.水景工程； 5.假山工程； 6.种植工程； 7.施工图绘制。	1.教学方式：案例教学、情景教学、项目教学、实践教学等。 2.教学方法：运用探究式、讨论式、活动式、小组竞争等多种教学方法带领学生按照授课计划完成授课内容，过程中辅以实践操作等教学实践。 3.教学模式：多媒体教室授课，采用项目化教学模式。 4.信息化教学：充分利用信息化教学平台进行翻转课堂、案例教学。 5.考核评价：采取过程考核为主（60%）、结果考核为辅（40%）的考核方式。 6.开课学期、学分学时：第四学期开设，3学分，48学时。
3	景观建筑与小品文化创意设计	素质目标：培养学良好的心理素质和克服困难与挫折的能力；养成积极思考问题、主动学习的习惯。 知识目标：了解各类景观建筑小品设计的特点，方法、设计与建成实景的关系。对设计作品的效果能很好地把握。 能力目标：通过参与实践，更形象地了解景观建筑小品设计的相关知识和设计程序，为学生走上工作岗位以后尽快适应专业需求打下基础。	景观建筑小品设计概述、服务性建筑设计、小品设计。	1.教学方式：项目教学、情景教学等。 2.教学方法：运用启发式、探究式、讨论式、参与式等教学方法。 3.教学模式：多媒体与设计教室授课，采用理论和实训相结合的混合式教学模式。 4.信息化教学：充分利用信息化教学平台进行翻转课堂和项目教学。 5.考核评价：采取过程考核和结果考核相结合，过程考核为单元项目考核（各单元项考核平均得分 *60%），结果考核为综合项目考核，侧重对学生实践操作能力和表达沟通能力等的综合评价（占40%）。 6.开课学期、学分学时：第四学期开设，3学分，42学时。

（续表）

序号	专业拓展课名称	课程目标	主要内容	教学要求
4	景观生态	素质目标：养成积极思考问题、主动学习的习惯；具有诚实敬业、吃苦耐劳的职业道德；具有关注行业动态和民生发展，为社会服务的奉献精神。 知识目标：掌握行业最新的景观生态知识和相关的理论应用；掌握景观生态的重要影响因素和评价体系的建立。 能力目标：通过对景观生态相关的设计理念和技术专项学习，掌握和城市环境景观设计相关的新概念、做法和相关技术指标。	景观生态相关的设计理念技术专项； 城市环境景观设计相关的新概念 景观生态设计专项的做法和相关技术指标； 景观生态的科学评价体系。	1. 教学方式：结合或理实一体化等教学设计。 2. 教学方法：运用讲授、实操、项目、案例、仿真、模拟等教学方法。 3. 教学模式：采用启发、探究、讨论、参与等教学组织形式。 4. 信息化教学：充分利用信息化教学平台进行翻转课堂、案例教学。 5. 考核评价：从过程考核和结果考核两个方面进行考核，过程考核占60%，结果考核占40%。 6. 开课学期、学分学时：第三学期；2学分；32课时学时。
5	景观工程招投标与概预算	素质目标：养成积极思考问题、主动学习的习惯；良好的心理素质和克服困难与挫折的能力；具有诚实敬业、吃苦耐劳的职业道德；培养学生敬业奉献精神，树立自强不息的民族气节；具有互助协作的团队精神；具有遵守纪律、钻研业务、精益求精的敬业精神，树立科技服务社会、服务人民的正确观念。 知识目标：学习并掌握景观工程招投标的流程和内容；熟悉景观工程招标的文件的制作流程和主要内容；掌握基本景观元素的工程量计算规则；熟练操作预算软件如（智多星计价软件）进行景观工程施工图预算；了解景观工程竣工决算的内容。了解景观工程常用材料的识别与规格型号的确定。 能力目标：能使用预算软件如（智多星计价软件）进行园路、花坛、花架及绿地喷灌等常见景观工程的施工图预算编制；能正确使用工程量清单及消耗量标准；能完成景观工程招标文件的编制；熟悉景观工程招投标全过程中各个环节的主要内容。	景观工程招投标概述、景观工程施工招标、景观工程施工投标、景观工程开标、评标与定标、景观工程施工合同管理、景观工程工程量清单的编制及定额、某花坛砌筑及绿化种植项目工程量清单编制及施工图预算、某广场、园路项目工程量清单编制及施工图预算、某花架项目工程量清单编制及施工图预算、某绿地喷灌及市政排水工程项目工程量清单编制及施工图预算、景观工程招标文件的编制	1. 教学方式：采用在"做中学、学中做"的教学模式中，将案例分析、示范演示、项目实操、技能比拼等教学方法充分融入课堂中。 2. 教学方法："教、练、实操"三合一的方式，运用课堂讲授、现场演示、练习、在规定时间完成相应景观项目预算等任务等教学方法，采用启发、讨论、参与等教学组织形式。 3. 教学模式：多媒体与仿真实训室授课，采用翻转课堂、以学生为主体、理实一体教学。 4. 信息化教学：课前通过信息化教学平台开展预习；课中在重要知识点处开展头脑风暴及抢答等活动；实训课以小组为单位在平台开展技能比拼，要求在规定时间内上传相关景观工程的工程量计算或计价成果，老师现场评分，充分调动学生学习积极性。 5. 考核评价：从过程考核和结果考核两个方面进行考核，过程考核占60%，结果考核占40%。汇总得出课程整体成绩。其中过程考核由学生课堂表现、完成作业情况、实训课评分3部分组成；结果考核为期末闭卷实操考试，其成绩占总成绩40%。 6. 开课学期、学分学时：第五学期；3学分；48课时。

（续表）

序号	专业拓展课名称	课程目标	主要内容	教学要求
6	景观后期制作与表现	知识目标：掌握sketchup、LUMION、CAD、Photoshop软件操作方法和综合应用；掌握各类设计图纸的绘制方法；了解相关插件的使用。技能目标：掌握庭院、居住区、园林小品的景观场景的构建；掌握局部效果和鸟瞰图的渲染方式，掌握景观场景的模型构建。素质目标：促进学生专业技术能力的提升，提升艺术素质水平；培育设计学习能力。	了解后期渲染的运用；掌握CAD与sketchup的景观场景构建；掌握sketchup模型导入LUMION软件的方法和操作；掌握LUMION和photoshop的效果图绘制；掌握LUMION软件的三维界面的制作方法；掌握其他视频剪辑软件和后期处理软件与LUMION软件的结合运用。	1.教学方式：项目教学、案例教学、模块化教学等。2.教学方法：运用讨论式、活动式、参与式、小组协作等多种教学引导学生自主思考，自主设计，在教师的指导下完成各类景观后期制作。3.教学模式：多媒体与设计教室授课，理实一体教学。4.信息化教学：充分利用信息化教学平台、信息化资源进行项目教学。5.考核评价：采取过程考核为主（60%）、结果考核为辅（40%）的考核方式，其中技能考核占比达60%以上。6.开课学期、学分学时：第五学期开设，2学分，32学时。
7	艺术设计概论	素质目标：具备艺术鉴赏和评价能力和作为一名设计师的基本素养；增强专业工作分析、判断、创新能力；具有爱岗敬业的道德观念以及团队合作能力。知识目标：了解设计的基本涵义、设计的本质与特征；掌握艺术的门类区划；掌握中外设计历史、设计思维、设计美学、设计批评等理论知识。能力目标：掌握艺术设计的概念与意义，较系统地了解设计历史发展过程，掌握各历史阶段出现的代表作品、设计流派、设计思潮；能以思想性与艺术性相统一的原则，对接触到的艺术作品做出恰当的评价；具备一定的审美及创新能力。	掌握设计及其意义；设计的发展历史；设计的类型、特征；设计的思维与创新以及设计师的素质与技能；设计批评。	1.教学方式：案例教学、项目教学等。2.教学方法：运用案例式、混合式、探究式等多种教学方法促进学生自主性学习、过程性学习和体验式学习。3.教学模式：多媒体教室授课，采用理实一体教学模式，由浅入深地引导学生掌握基础理论知识，进而激发创造力与解决问题的能力。4.信息化教学：充分利用信息化教学平台进行教学拓展。5.考核评价：采取过程考核为主（60%）、结果考核为辅（40%）的考核方式。6.开课学期、学分学时：第三学期开设，2学分，32学时。

4.集中实践课

包括钢笔淡彩写生、水彩写生、环境建筑文化创意专业考察实训、综合课题设计与制作、顶岗实习、毕业设计等集中实践教学内容，共6门必修集中实践课程。集中实践课在执行过程中需专门制订实施方案，明确具体的指导教师、授课班级、实施时间、教学内容、计划进度、考核评价等安排。

表 3-12　集中实践课设置及要求

序号	集中实践课名称	课程目标	主要内容	教学要求
1	钢笔淡彩写生	素质目标：追寻建筑之美，体验当地人文情怀，增强民族文化自信。 知识目标：掌握绘画基础知识、观察与写生技法，对后续手绘等课程产生一定的铺垫作用，对学生从事美术设计行业奠定良好的基础。 能力目标：能够运用钢笔速写和淡彩表现的能力和表现景物造型的能力。	1. 线条的训练（直线、斜线、曲线）； 2. 观察构图选景、景物黑白灰的素描处理； 3. 水彩的基础知识认识、钢笔淡彩写生技法、色彩的搭配处理； 4. 钢笔表现技法、线条的表现处理； 5. 淡彩的表现步骤、钢笔淡彩写生步骤。	1. 教学方式：教学示范、实训操作、情境式教学等。 2. 教学方法：根据学情运用作品欣赏、作业讲评、教学示范以及实训操作等教学方法，采用场地教学，讨论与学习。 3. 教学模式：实践与授课相结合的授课方式，边授课，边实践等教学组织形式。 4. 信息化教学：充分利用信息化教学平台进行翻转课堂、案例教学。 5. 考核评价：采取实践技能考核，其中过程考核为主（70%）、结果考核为辅（30%）。 6. 开课学期、学分学时：第一学期开设，3学分，72学时。
2	水彩写生	素质目标： 1. 学会审美和创造美，陶冶情操、磨炼意志。 2. 培养学生的家国情怀和艺术创作意识。 3. 培养学生的整体观察，局部分析，整体布局的做事方法。 4. 培养正确的人生观、价值观，富有强烈的社会责任感，培养良好的团队协作精神。 知识目标： 1. 了解色彩的基本理论和色彩规律。 2. 掌握正确的观察色彩的方法。 3. 理解色彩的表现语言。 4. 了解色彩观念在历史进程中的转变过程。 能力目标： 1. 掌握水彩画的基本技法。 2. 能够正确表现出色调的冷暖、色相与饱和度。 3. 具备一定的对客观物体的艺术观察力和表现能力。 4. 具有一定的对绘画作品的鉴赏能力。	钢笔画写生，钢笔淡彩写生，植物水彩写生，建筑水彩写生，风景水彩写生等	1. 教学方式：任务教学法、实践操作示范法等。 2. 教学方法：运用观察式、实地取景式、实景示范教学式、同学互帮互助式、教师学生优秀作品交流展览式、课后线上观摩式、线下临摹式等教学实践。 3. 教学模式：校外实训基地实景现场授课，采用线上观摩线下临摹相结合的混合式教学模式。 4. 信息化教学：充分利用各种信息化教学平台进行翻转课堂和实景实地示范操作式项目教学。 5. 考核评价：采取实践技能考核，其中过程考核为主（70%）、结果考核为辅（30%）。 6. 开课学期、学分学时：第二学期开设，3学分，72学时。

（续表）

序号	集中实践课名称	课程目标	主要内容	教学要求
3	环境建筑文化创意专业考察实训	素质目标： （1）培养学生谦虚、好学的能力，能利用各种信息媒体，获取新知识、新技术； （2）培养学生勤于思考、做事认真的良好作风，能立足专业规划自己未来的职业生涯； （3）培养学生分析问题、解决问题的能力； （8）培养学生爱国、爱家、爱行业的情怀。 知识目标： （1）掌握环境建筑文化创意的设计手法与原则； （2）对中国古典建筑、环境景观的认识与鉴赏； （3）对城市环境设计手法的把握； （4）对建筑文化的感知； （5）对现代环境设计的感受； （6）对建筑材料、景观材料的认知； 能力目标： （1）培养学生的沟通能力及团队协作精神； （2）培养学生良好的职业道德。 （3）培养学生勇于创新、敬业乐业的工作作风； （4）培养学生的质量意识、安全意识； （5）培养学生社会责任心、环保意识。	1. 城市山水景观—杭州（城市建筑文化的理解） 2. 中国古典园林景观—苏州（中国古典建筑的学习、文化的传承） 3. 现代城市景观—上海（现代城市建筑的学习、新材料、新技术的认识）	1. 教学方式：情景教学、实践教学等。 2. 教学方法：讲授式、启发式、探究式、讨论式、参与式等。 3. 教学模式：采用实践教学模式 4. 信息化教学：利用信息化教学平台进行翻转课堂和案例教学。 5. 考核评价：采用过程考核与结果考核相结合。过程考核为主（60%）、结果考核为辅（40%）的考核方式。 6. 开课学期、学分学时：第四学期开设，2学分，48学时。

序号	集中实践课名称	课程目标	主要内容	教学要求
4	综合课题设计与制作	素质目标：具有社会责任心、追求卓越的工匠精神。 知识目标：具有绘制居住小区景观设计能力：绘制总平面图、分析图（景观分析、交通分析、区块分析）、平面详图、剖面图、效果图、植物配置图的能力。 能力目标：能够独立完成居住小区或者城市广场或者公园、单位绿地景观规划设计	（一）封面：封面文字信息应包括设计课题、姓名、指导教师、所属专业、学号、设计制作时间等内容。 （二）目录：在设计报告目录中，应该列举各个部分的标题、子标题、页码，使阅读者能够根据目录方便地找到想要阅读的内容。 （三）设计说明（1000-1500字）设计说明全面地介绍设计者的构思、设计要点。 （四）总平面图：总平面图是表现规划范围内的各种造园要素（如地形、山石、水体、建筑及植物等）布局位置的水平投影图，它是反映园林工程总体设计意图的主要图纸。 （五）功能分区图：确定不同的分区，划出不同的空间 （六）局部平面图及说明：附局部效果图或意向图片 （七）园林建筑小品和植物意向或参考图片分析 （八）园林植物配置详图 （九）主要的施工图包括假山、园路广场、园林建筑小品、种植施工图等。	1.教学方式：项目教学、案例教学、模块化教学等。 2.教学方法：运用任务引领和项目化的教学方式引导学生自主思考，自主设计，在教师的指导下完成实训任务，强化学生的景观方案设计的能力。 3.教学模式：多媒体教室授课，采用理实一体教学，线上线下相结合的混合式教学模式。 4.信息化教学：充分利用信息化教学平台、信息化资源进行项目教学。 5.考核评价：采取过程考核为主（60%）、结果考核为辅（40%）的考核方式，其中技能考核占比达60%以上。 6.开课学期、学分学时：第五学期开设，2学分，48学时。

（续表）

序号	集中实践课名称	课程目标	主要内容	教学要求
5	毕业设计	知识目标：掌握整套设计文本流程；了解景观设计先进理念及设计方法；掌握各类景观设计理念及技巧。能力目标：掌握完整的文本设计能力及排版能力；掌握各类设计图纸绘制方法；能综合使用各类设计软件。素质目标：促进学生专业技术能力的提升，培育良好的职业素养，加强对以后工作能力的培养。	熟练掌握住宅小区、屋顶花园、别墅、办公行政区域、厂区、小游园景观设计、城市公共区域环境景观设计，了解设计文本绘制内容，掌握设计文本排版方式。	1.教学方式：项目教学、情景教学等。2.教学方法：运用启发式、探究式、讨论式、活动式、小组协作等多种教学方法，带领学生完成景观方案设计。3.教学模式：多媒体教室与室外授课，理实一体教学，采用线上线下相结合的混合式教学模式。4.信息化教学：充分利用信息化教学平台、信息化资源进行项目教学。5.考核评价：采取过程考核为主（60%）、结果考核为辅（40%）的考核方式，其中技能考核占比达60%以上。6.开课学期、学分学时：第五学期开设，2学分，48学时。
6	顶岗实习	素质目标：加强人文素质，树立法制观念，提升职业意识，规范职业行为，培养工匠精神和团队意识，养成良好的职业品质。知识目标：了解园林景观设计、建筑设计、项目工程管理和施工的相关企业的规章制度、岗位要求和工作规范，了解环境艺术设计行业的主要业务范围，熟悉环境艺术设计企业从方案初步设计到概预算到方案深入设计到施工组织等所需要的专业知识和职业技能。能力目标：具备专业工作基本职业素养，适应工作环境，善于沟通交流与合作，能够及时发现问题、分析问题和解决问题。具备一线的操作能力，养成团队协作、绿色安全生产、品质至上、爱岗敬业的职业道德和职业素养。	1.职业道德、企业文化和安全生产等方面的岗前培训教育；2.一线专业技能操作能力，设计师助理岗位或方案表现岗位或项目经理助理岗位等；3.顶岗实习企业证明材料、顶岗实习手册和顶岗实习总结报告；4.熟悉相关岗位工作内容与职业，完成相关实习岗位的主要工作任务。	1.教学方式：项目、现场讲授等。2.教学方法：以集中实践为主，采取行业企业技术能手、设计师或者主管、经理师带徒，学校专业教师辅助指导的教学实践形式。3.教学模式：校外实训场地及项目现场授课，采用师徒帮传带的教学模式。4.信息化教学：充分利用信息化教学平台进行翻转课堂、项目化教学。5.考核评价：学生提交盖有实习单位公章的实习合格鉴定和顶岗实习报告，其中过程考核占60%、结果考核占40%。6.开课学期、学分学时：第五、六学期开设，24学分，576学时。

七、教学进程总体安排

见附表：环境艺术设计专业课程学时学分分配表

八、实施保障

（一）师资队伍

1.师资结构要求

学生数与本专业专任教师数比例是 24∶1，双师素质教师占专业教师比是 82%，兼职教师比例为 35%，专任教师队伍职称、年龄分布均衡，形成合理的梯队结构。

2.专业带头人要求

专业带头人具有正高专业技术职称以及硕士研究生学历与硕士学位，能够较好地把握国内外行业及专业发展态势，能广泛联系行业、企业，了解行业、产业、企业对本专业人才的需求实际，教学开发设计、专业建设发展能力强，组织开展教科研工作能力强，在本区域本领域具有一定的专业影响力。

3. 专任教师要求

具有高校教师资格和本专业技术领域的职（执）业资格证书、职业技能等级证书、行业权威培训证书等专业水平证书；有理想信念、有道德情操、有扎实学识、有仁爱之心；具有建筑学、艺术设计学、风景园林、城乡规划等相关专业本科及以上学历；具有扎实的本专业相关理论功底和实践能力；具有较强的信息化教学能力，能够进行课程开发、教学改革和科学研究；有每年不少于1个月的企业实践经历。

4. 兼职教师要求

主要从本专业相关行业企业聘任，具备良好的思想政治素质、职业道德和工匠精神，具备具有扎实的专业知识和丰富的实际工作经验，具有中级及以上相关专业技术职务，能承担专业课程教学、实习实训指导和学生职业发展规划指导等教学任务。

（二）教学设施

主要包括能够满足正常的课程教学、实习实训所需的公共教室、专业教室、校内实训场所和校外实训场所等。

1. 专业教室要求

一般配备黑（白）板、多媒体计算机、投影设备、音响设备，互联网接入或 Wi-Fi 环境，并具备网络安全防护措施。安装应急照明装置并保持良好状态，符合紧急疏散要求，标志明显，保持逃生通道畅通无阻。

2. 校内实训场所要求

表 3-13　校内实训场所设施配置及教学项目

序号	校内实训场所	设施配置（面积、工位、仪器设备及数量）	教学项目
1	计算机景观设计实训室	电脑51台、一体化多媒体设备、系统管理软件、话筒音响功放设备。	技能基础2（PS）、技能基础1（AutoCAD）、技能基础3（SU）
2	计算机规划设计实训室	电脑64台、系统管理软件、话筒音响功放设备、三维创意设计软件。	景观施工图设计、综合课题设计与制作、毕业设计
3	计算机园林设计实训室	电脑64台、园林施工仿真软件、湖南智多星工程项目造价管理软件、系统管理软件、话筒音响功放设备。	景观工程招投标与概预算
4	环境设计综合实训室	电脑42台、投影设备2套、富士施乐560激光打样机、真空吸附系列电脑切割机RZCAM-0906A、一体化多媒体设备、摄像机、数位板、拷贝台、展柜等。	景观后期制作与表现、园林景观设计与施工技能竞赛
5	景观规划设计实训室	一体化多媒体设备、画板、绘图工具等。	环境景观文化创意主题策划与设计表现、公园景观文化创意设计、居住区景观文化创意设计、快题设计

（续表）

序号	校内实训场所	设施配置（面积、工位、仪器设备及数量）	教学项目
6	园林综合设计实训室	一体化多媒体设备、画板、绘图工具等。	建筑文化创意设计、景观建筑与小品文化创意设计
7	绘画实训室	图书馆和一教各3间专业画室，每间配备挂式投影设备、视频展台（实物投影仪）、画架等绘画工具35套。	素描、速写与效果表现
8	造型实训室	专业画室3间，每间配备挂式投影设备、视频展台（实物投影仪）、画架等绘画工具35套。	钢笔淡彩、水彩
9	园林制图实训室	专业绘图教室2间，配备挂式投影设备、画板、画架、绘图工具等。	环境艺术设计制图与识图
10	工程制图实训室	专业绘图教室2间，配备挂式投影设备、画板、画架、绘图工具等。	景观设计初步
11	园林植物实训基地	各类花卉上盆、修剪、繁殖等工具；花卉盆土、化肥等、草坪机、绿篱机。	园林绿化设计
12	园林施工实训基地	建筑材料样品陈列室1间，园林铺装施工工具、喷灌施工工具等；各类园林工程材料若干、各类建筑材料样本若干。	园林景观设计与施工技能竞赛、景观材料与施工

3. 校外实训实习场所要求

具有相对稳定、可靠的校外实训实习场所；能提供园林景观设计人员、园林景观施工图设计人员、园林景观设计效果图表现人员、园林施工技术人员、园林景观工程招投标与预算员等涵盖专业主流技术的相关实训实习岗位，设施条件齐备，指导教师相对稳定，管理及规章制度齐全，能够开展园林景观设计及表现、园林景观施工图设计、园林景观施工、园林景观工程招投标与预算等实训实习活动，有安全、保险等保障。

4. 信息化教学要求

具有可利用的园林景观设计及施工、园林景观项目管理和预算的数字化教学资源库、园林景观设计及施工、园林景观项目管理和预算的文献资料平台、园林景观设计及施工、园林景观项目管理和预算的常见问题解答途径等信息化条件；鼓励教师开发并利用信息化教学资源、教学平台，创新教学方法，引导学生利用信息化教学条件自主学习，提升教学效果。

（三）教学资源

主要包括课程标准，能够满足学生专业学习、教师专业教学研究和教学实施需要的教材、图书文献及数字资源等。

1. 课程标准要求

课程标准是落实人才培养方案的行动指南。应当根据专业人才培养要求，科学、规范地修订专业课程标准，明确课程目标，序化课程结构，优化课程内容，规范教学过程，及时将新知识、新技术、新工艺、新规范纳入课程标准，融入教学内容和过程。

2. 教材选用要求

开发或选用优质教材，禁止不合格的教材进入课堂。建立逐级分类管理的教材开发、选用机制，完善教材择优选用程序。

3. 图书文献配备要求

包含方便查阅的线上、线下图书文献，能满足人才培养、专业建设、教学科研等工作的需要。专业类图书文献包括：有关风景园林设计专业的法律法规、行业产业政策及发展态势、技术指南、技术标准、技术规范以及实务操作类图书等。

4. 数字资源配置要求

建设、配备与本专业有关的教学课件、音视频、项目案例、电子教材、VR 软件等数字化专业教学资源，有利于线上、线下混合运用，方便使用、动态更新，能持续满足教学需求。

（四）教学方法

1. 强化课程思政力度

积极构建"思政课程＋课程思政"大格局，推进全员全过程全方位"三全育人"，实现思想政治教育与技术技能培养的有机统一。结合学生特点创新思政课程教学模式。强化专业课教师立德树人意识，结合专业人才培养特点和专业能力素质要求，梳理、提炼每一门课程蕴含的思想政治教育元素，纳入课程标准，写进教案或教学课件，，作为教学内容进课堂，发挥专业课程承载的思想政治教育功能，推动专业课教学与思想政治理论课教学紧密结合、同向同行。

2. 推进课程标准运用

各专业课程标准应及时公开或发布，授课教师要熟知专业课程标准，准确把握课程教学要求，科学制订授课计划，规范编写、严格执行教案或教学课件，做好课程总体设计和单元设计，按程序选用教材或编写特色校本教材，合理运用各类教学资源，做好教学组织实施。

3. 深化"三教"改革措施。

将教师、教材、教法要求纳入课程标准内容，加强课程教学条件和教学实施的完善设计。建设符合项目化、模块化、碎片化、微慕化教学需要的教学创新团队，不断优化教师能力结构。健全教材选用制度，选用体现新技术、新工艺、新规范等的高质量教材，引入典型生产案例。贯彻"技术服务社会、实践融入教学"理念，总结推广现代学徒制试点经验，普及项目教学、案例教学、情境教学、模块化教学等教学方式，广泛运用启发式、探究式、讨论式、参与式等教学方法，推广翻转课堂、混合式教学、理实一体教学等新型教学模式，推动课堂教学革命。加强课堂教学管理，规范教学秩序，打造优质课堂。

4. 提高信息化教学水平。

适应"互联网＋职业教育"新要求，全面提升教师信息技术应用能力，推动大数据、人工智能、虚拟现实等现代信息技术在教育教学中的广泛应用，积极推动教师角色的转变和教育理念、教学观念、教学内容、教学方法以及教学评价等方面的改革，在课程标准中提出信息化教学设计内容。加快建设智能化教学支持环境，建设能够满足多样化需求的课程资源，创新服务供给模式，服务学生终身学习。

（五）教学评价

在课程标准中加强考核评价设计，加大过程考核、、实践技能考核成绩在课程总成绩中的比重，两项占比原则上分别不得低于30%、30%；结果考核原则上以理论知识测试与专业技能抽查相结合设计，占比不高于40%。构建家校、师生、行业企业、第三方等多元化考核评价机制，健全口试、笔试、答辩、鉴定、抽考等形式多样的考核评价体系，完善学生学习过程监测、评价与反馈机制，引导学生自我管理、主动学习，提高学习效率。专门制定计划方案，强化实习、实训、毕业设计等实践性教学环节的全过程管理与考核评价。

（六）质量管理

严格落实培养目标和培养规格要求，加大建立健全学分制、弹性学制、选课制、阶段学习、工学交替和教学过程调控管理机制力度。

1、建立教学诊断与改进机制，健全教学质量监控管理制度，完善全过程质量标准建设，通过规划设计、计划实施、过程管控、绩效考评和持续改进，达成目标规格。

2、完善教学管理与督导机制，加强日常教学组织运行与管理，有效实施巡课、听课、评课、课改等制度，定期开展教学竞赛、课程示范等教研活动，建立校企联动的教学管控办法。

3、专业教学团队、专业教研室、课程团队等充分利用管理、考评、质控结果

及时推进教学改革和机制创新，不断提高质量效益。

4、建立市场调研反馈评价机制，动态掌握生源、培养过程、毕业生与需求的适应性和匹配度，适时评价人才培养状况和培养目标达成情况。

九、毕业要求

在规定的修业年限内，完成专业规定的教学活动，修满专业人才培养方案规定的2734学时、150学分，达到与培养目标相匹配的规定知识、能力、素质等方面的要求。

十、附录

表3-14 专业课程学时学分分配表

序号	课程类别	课程性质	课程门数	总学分	学时分配			备注
					理论学时	实践学时	总学时	
1	公共基础课	必修	13	29	302	276	578	必修课37门，选修课13门。 总学时为2730学时。 公共基础课学时数为714，占总学时的比例为26%。 选修课的学时数为280，占总学时数的比例为10.3%。 实践学时数为1864学时，占总学时的比例为68.3%。 岗位实习为6个月（24周）。
2	公共基础课	选修	8	8	84	52	136	
3	专业基础课	必修	8	34	198	306	504	
4	专业核心课	必修	8	32	196	268	464	
5	专业拓展课	必修	2	4	32	24	56	
6	专业拓展课	选修	5	9	54	90	144	
7	集中实践课	必修	6	36	0	864	864	
总计			50	152	866	1864	2730	

（二）湖南艺术职业学院21年环境艺术设计专业人才培养方案

一、专业名称及代码

专业名称：环境艺术设计

专业代码：550106

二、入学要求

高中阶段教育毕业生或具有同等学力者。

三、修业年限

实行弹性学分制管理，一般修业年限为3年，弹性修业年限为3-6年。

四、职业面向

表3-15 职业面向表

所属专业大类（代码）	所属专业类（代码）	对应行业（代码）	主要职业类别（代码）	主要岗位类别（或技术领域）	职业资格证书或技能等级证书举例
文化艺术大类（55）	艺术设计类（5501）	建筑装饰、装修和其他建筑业（50）	室内装饰设计师（4-08-08-07）	室内创意设计岗位；室内设计方案图纸的绘制与表达岗位；软装设计岗位	暂无

五、培养目标与培养规格

（一）培养目标

本专业培养理想信念坚定，德、智、体、美、劳全面发展，适应室内设计方法与技术设备更新发展需要，具有一定的科学文化水平，良好的人文素养、职业道德和创新意识，精益求精的工匠精神，掌握建筑室内设计家装、工装、软装等专业知识、技术规范标准及住宅室内设计、公共建筑室内设计、家具设计与软装搭配等技术技能，面向建筑、环境、艺术和人文、餐旅和娱乐、市场和销售、私人服务行业、公共服务事业等室内设计职业群的高素质技术型技能型人才。职业发展前期能够从事家装顾问、施工图绘图员、效果图绘图员工作，3-5年后能够从事室内方案设计师、软装陈设设计师、项目驻场设计师、深化设计师、装饰成本核算及施工管理等方面工作。

（二）培养规格

1. 素质

表 3-16　素质目标表

分类		要求
素质	思想道德素质	（1）坚决拥护中国共产党领导，树立中国特色社会主义共同理想，践行社会主义核心价值观，具有深厚的爱国情感、国家认同感、中华民族自豪感； （2）崇尚宪法、遵守法律、遵规守纪； （3）具有较高的道德修养、社会责任感和参与意识。
	职业素质	（1）崇德向善、诚实守信、爱岗敬业，具有精益求精的工匠精神； （2）尊重劳动、热爱劳动，具有较强的实践能力； （3）具有质量意识、绿色环保意识、安全意识、信息素养、创新精神； （4）具有较强的集体意识和活动策划团队合作精神，较强的人际沟通和协作能力，公众至上的传播服务意识； （5）具有职业生涯规划意识。
	人文素质	（1）确立作为学生的基本品德； （2）具有一定的审美情趣与艺术精神的培养； （3）具有提出问题、发现问题和解决问题的能力； （4）对人生价值有一定的思考。
	身心素质	（1）拥有健康的体魄，养成良好的体育锻炼和卫生习惯，能够掌握基本运动知识和一两项运动技能； （2）具有健康的心理和健全的人格，良好的情绪管理和抗压能力，积极乐观，勇于奋斗。

2. 知识

表 3-17　知识目标表

分类		要求
知识	公共基础知识	（1）掌握思想政治理论知识； （2）熟悉中华优秀传统知识、文书写作知识； （3）了解英语基本知识； （4）掌握计算机基本知识及常用办公软件应用知识。
	专业基础知识	（1）熟悉与本专业相关的法律法规以及环境保护、安全消防、文明生产、支付与安全等知识； （2）了解室内设计发展的新动向，熟悉市场主流室内设计风格特征，系统掌握室内设计方面的基础理论和基础知识； （3）熟悉室内设计的艺术流派与风格。
	专业核心知识	（1）能把握室内空间及尺度，掌握室内设计人体工程学基本知识 （2）掌握室内空间设计、光环境设计、绿化设计、家具设计、色彩设计、室内陈设设计等专业知识； （3）掌握室内设计表现技法，掌握室内装修的做法； （4）了解室内设计的基本工程材料与工艺做法，掌握工程预决算的基本编制方法。

3. 能力

表 3-18 能力目标表

	分类	要求
能力	通用能力	（1）具有自主学习的能力； （2）具有较好的语言表达能力和文字表达能力； （3）具有一定的组织协调能力； （4）具有分析问题、解决问题的能力，开拓创新能力； （5）具有良好的英语听说读写能力和办公自动化操作能力。
	专业技术技能	（1）装饰材料的认知及应用能力：具有熟悉相关材料的种类特性、应用和及时了解市场新材料的能力； （2）绘图能力：具备手绘透视效果表现和快题手绘创意表现能力及计算机 AutoCAD、Sketchup、3DMAX、Photoshop 等软件应用能力； （3）设计创意能力：能根据客户要求，遵循科技、绿色、节能的原则，结合美学与设计原理进行设计创作的能力和创新思维能力； （4）室内空间设计规划能力：具备综合考虑建筑、空间及其他限制条件的影响对场地进行室内空间规划设计的能力； （5）室内设计工程管理能力：熟悉施工图纸、施工流程、管理文件；具备在室内装饰设计工程项目中从事工程施工技术、施工组织管理、工程造价等工作的能力； （6）现场应变和沟通技能：具备将设计方案与用户进行有效沟通并在项目施工过程中进行技术交底，协调方案与解决实际施工中所出现问题的能力。

六、课程设置及要求

本专业共开设公共基础必修课 15 门、限定选修课选 2 门以及任选课 2~4 门；专业（技能）必修课 21 门（含核心课 6 门）、限定选修课选 6 门。

（一）公共基础课

表 3-19 公共基础课

序号	课程类型	课程名称	课程代码	课程描述	
1	公共基础必修课	思想道德与法治	A000000G10	课程目标	素质目标：提升学生的思想道德素质和法治素养，使其成长为自觉担当民族复兴大任的时代新人。 知识目标：掌握马克思主义人生观、价值观、道德观、法治观，掌握社会主义核心价值观与社会主义法治建设的关系。 能力目标：帮助学生牢筑理想信念之基，领会和弘扬中国精神，加深对社会主义核心价值观的理解、认同并积极践行，尊重和维护宪法法律权威。
				主要内容	包括三大知识模块，一是思想教育；二是道德教育；三是法治教育。
				教学要求	本课程 48 学时，3 学分。本课程依据国家统编最新版教材和党中央最新的理论创新成果定期组织集体备课，以体现课程的思想性理论性时效性。本课程要求教师政治要强、情怀要深、思维要新、视野要广、自律要严、人格要正。本课程教学中强调以学生为中心，发挥教师的主导作用，调动学生积极性主动性。本课程采用理论实践统一、线上线下融合、校内校外结合的教学模式。课程考核包括过程性考核（平时成绩和实践成绩）和终结性考试，过程性考核成绩占 60%，终结性考试占 40%。

序号	课程类型	课程名称	课程代码	课程描述	
2	公共基础必修课	毛泽东思想和中国特色社会主义理论体系概论	A000000G11	课程目标	素质目标：通过讲授中国共产党把马克思主义基本原理同中国具体实际相结合产生的马克思主义中国化的两大理论成果，引导学生深刻理解中国共产党为什么能、马克思主义为什么行、中国特色社会主义为什么好，坚定"四个自信"，坚定不移走中国特色社会主义道路，为实现中华民族伟大复兴的中国梦而承担起历史使命。 知识目标：帮助学生理解毛泽东思想、邓小平理论、""三个代表"重要思想、科学发展观、习近平新时代中国特色社会主义思想是一脉相承又与时俱进的科学体系，从整体上把握马克思主义中国化的理论成果的时代背景、实践基础、科学内涵、精神实质和历史地位。 能力目标：紧密联系四史，联系学生的思想实际和专业知识，培养学生理论思维能力、创新能力、分析问题、解决问题的能力，引导学生全面、客观地认识和分析当今中国的实际、时代特征和当前世界格局。
				主要内容	本课程64学时，4学分。课程包括毛泽东思想及其历史地位、新民主主义革命理论、社会主义改造理论、社会主义建设道路初步探索的理论成果、邓小平理论、"三个代表"重要思想、科学发展观、习近平新时代中国特色社会主义思想及其历史地位、坚持和发展中国特色社会主义的总任务、"五位一体"总布局、"四个全面"战略布局、全面推进国防和军队现代化、中国特色大国外交、坚持和加强党的领导等主要内容。
				教学要求	本课程依据国家统编最新版教材和党中央最新的理论创新成果定期组织集体备课。课程要求教师政治要强、情怀要深、思维要新、视野要广、自律要严、人格要正。本课程课堂教学是以学生为主体，以教师为主导，加强师生互动，注重调动学生积极性主动性。课程以课堂讲授为主，辅以案例分析、多媒体演示法、分组讨论、网络学习平台等方法和手段。理论教学与实践教学紧密而有机的结合，通过利用校内外实践基地，进一步培养学生创新能力、独立思考和解决问题的能力。课程考核坚持形成性评价与终结性评价相结合。最终成绩包括平时成绩、社会实践成绩和期末考试成绩，其中平时成绩占40%、社会实践成绩占20%和期末考试成绩占40%。
3	公共基础必修课	形势与政策	A000000G12	课程目标	素质目标：引导大学生正确认识世界和中国发展大势，正确认识中国特色和国际比较，培养时代责任感和历史使命感。 知识目标：帮助学生准确理解当代中国马克思主义，了解新时代党在治国理政方面的路线方针政策，重点掌握新时代党在治党治国治军，内政外交国防等方面的重要内容。深刻领会党和国家事业取得的历史性成就、面临的历史性机遇和挑战。 能力目标：培养学生应对时政热点的理性思维，形成正确认识和分析当前国内外政治经济等形势变化的能力，树立全局观念，培养学生的职业适应能力和社会适应能力。
				主要内容	主要讲授党的理论创新最新成果，新时代坚持和发展中国特色社会主义的生动实践，马克思主义形势观政策观、党的路线方针政策、基本国情、国内外形势及其热点难点问题。
				教学要求	本课程24学时，1学分。采用专题化教学，依靠优秀师资力量，依托信息化教学平台，构建线上线下相结合的混合教学模式。采取过程考核与结果考核相结合，加大过程考核成绩在总成绩中的比重，注重学生素质的考查。

（续表）

序号	课程类型	课程名称	课程代码	课程描述	
4	公共基础必修课	写作与沟通	A000000G21	课程目标	素质目标 通过对企业文化和职场沟通方式的学习，引导学生适应写作与沟通由易而难、由熟而生的程序过程，提升逻辑思维能力和创新能力，形成较好的职业意识、职业情感、职业素养。 知识目标：掌握应用写作与沟通的特点和规律；了解应用文写作的基础理论、基础知识和基本技能；熟悉写作与沟通的聚财途径、运思方式和表达技巧；根据日常生活和工作的需要，撰写主题明确、材料准确翔实、结构完整恰当、表达通顺合理的实用文书。 能力目标：通过特定场景情境的能力训练和自主动手写作的能力训练，获得文字写作能力、文字分析与处理能力等职业核心能力；训练和强化学生基本的应用思维能力，使学生具备适应未来职业生涯的可持续发展能力。
				主要内容	课程选取与学生生活、职业等紧密联系的应用文文种，根据它们之间的内在联系以模块化的形式对教学内容进行了整合。根据学生生活与职业岗位的能力需求分绪论、日常文书写作、事务文书写作、行政公文写作、经济文书写作和职业文书写作等模块安排教学内容。共计2学分，32课时。
				教学要求	本课程30学时，2学分。本课程主要以项目教学法、启发式教学法、讨论法、情景模拟法为主要教学方法，注重知识学习与任务演练相融合；教学中要求教师具备扎实的专业技能和良好的人文素养；教材应充分体现任务引领、实践导向的课程设计思想；课程考核方式为考试，辅以论文或调查报告，与平时课堂表现共同构成期末成绩。
5	公共基础必修课	大学语文	A000000G22	课程目标	素质目标：以培养学生人文素养为核心目标，提高审美能力及品位，增强文化自信及民族自豪感，培养初步具备劳动精神、劳模精神、工匠精神的劳动者和技能人才。 知识目标：使学生掌握在实际生活和工作中阅读理解各种文体以及口头和书面表达所需要的知识。 能力目标：掌握阅读和理解各种文体的能力以及口头、书面表达能力，帮助学生学好专业知识与技能，提高就业创业能力和终身发展能力。
				主要内容	本课程内容包括以古今中外经典文学作品为主的基础模块，以书法、对联为主的必选实践项目和以歌词、演讲稿、辩论词、微型小说、剧本为主的可选的五个实践项目。
				教学要求	本课程32学时，2学分。本课程课堂教学要求以学生为本，以问题为导向，依托信息化平台，构建线上线下相结合的项目驱动混合教学模式。以课外活动为动力，开展原创歌词比赛、原创剧本征集、文学社作品征集比赛、传统文化知识竞赛等活动，为学生提供展示在实践中发现美、创造美的成果的平台。课程考核要求过程考核与结果考核相结合，注重学生第二课堂任务的积极参与度，加大过程考核成绩在总成绩中的比重。

（续表）

序号	课程类型	课程名称	课程代码	课程描述	
6	公共基础必修课	大学英语	A000000G30	课程目标	素质目标：学生具备一定的文化素质，如人品修养和跨文化交际意识，能有效沟通合作，解决问题；学生具备基本的职业道德操守以及人文素养。 知识目标：学生掌握基本的英语语言核心知识，即语音、词汇、语法以及基于此三方面的造句成篇的技能技巧；掌握基本的中外人文知识及跨文化交际知识。 能力目标：学生掌握听、说、读、写等英语综合能力，特别是听力与口语交际能力；具备一定的英语语言自主学习能力，逐渐养成语言运用的创造与创新能力；掌握在日常学习、生活与工作中能较熟练运用英语进行交际与沟通的能力。
				主要内容	本课程涵盖听说、阅读、语法、写作等四大板块，主题涉及红色旅游、中西方饮食文化、职业规划、婚恋观、生活方式、时尚潮流、商务礼仪、音乐、舞蹈、戏剧、电影、美术、摄影、演讲等日常交际及职场行业内容。
				教学要求	本课程128学时，8学分。课程目标设定遵循以学生为本的原则；以培养生活及职场英语技能为依据，确定课程内容；以培养能力为目标，设计教学活动；基于教学内容及学生专业特色，采用情景教学法、任务型教学法、项目式教学法、PBL教学法；注重课程思政、立德树人，培养跨文化交际中的文化自信；根据本课程特点和职业岗位需要，采用平时成绩、出勤、课堂表现等过程性考核和期末终结性考核、以证代考相结合的考核方式。
7	公共基础必修课	大学体育	A000000G40	课程目标	素质目标：使学生在体育锻炼中享受乐趣、增强体质、健全人格、锤炼意志，成为身心健康的技术人才。 知识目标：使学生掌握科学锻炼的基础知识、基本技能和有效方法；学会至少两项终身受益的体育锻炼项目；掌握与专项运动相关的力量、速度、耐力、柔韧、灵敏等体能训练。 能力目标：能运用体育理论知识，对体育项目有一定的赏析能力和评判能力；能运用体育项目的基本方法和技能，熟练进行体育锻炼；能运用体能训练，达到未来职业岗位所需求的运动素质。
				主要内容	以立德树人为根本，以健康第一的教育理念，形成以啦啦操、篮球、排球、武术、羽毛球、专项体能训练等核心教学内容，推动大学生文化学习和体育锻炼协调发展，挖掘学校体育在学生道德教育、智力发展、身心健康、审美素养和健康生活方式形成中的多元育人功能，共计108学时，其中理论课8学时。
				教学要求	本课程108学时，5学分。本课程以实践教学为主，教学场地包括田径场、排球场、篮球场、风雨操场以及健美操房等。要求教师具有良好的专业技能水平和课堂管理组织能力。本课程选用由上海交通大学出版社出版的《大学体育实践教程》，使用学习通平台、体育与健康教学资源网等网络资源丰富教学内容。课程考核为考试，以"过程评价"和"结果评价"相结合，其中"过程评价"包含有体育技能40%、体育品德10%、课堂表现10%、课外活动10%，"结果评价"期以赛代考占30%。

序号	课程类型	课程名称	课程代码	课程描述	
8	公共基础必修课	信息技术	A000000G50	课程目标	素质目标：培养学生具备良好的信息素养，具备知识产权保护等信息安全意识，养成遵守信息社会中道德规范及相关法律法规。培养学生良好沟通及团队协作能力。培养学生信息意识和信息敏感度。 知识目标：信息化社会基本常识，清晰说出计算机信息系统中操作系统及核心硬件功能，掌握信息化办公基本技能，具备信息网络基础知识，掌握基本的多媒体信息处理知识。 能力目标：具备运用现代信息技术手段进行专业学习的能力，熟练使用市场上主流软件进行高效信息化办公，具备各艺术专业软件学习所需的相关信息技术基本操作技能，能运用信息网络及相关信息技术手段进行信息资料的搜集与整理。
				主要内容	课程分基础模块和应用模块，基础模块主要包含信息素养概论和信息化办公两大核心内容。其中信息素养概论主要介绍信息素养的含义、信息安全与道德、信息分析及检索、信息管理及利用等方面的基础知识及技能；信息化办公部分对接全国计算机等级考试，主要学习如何运用现代信息化技术手段或工具进行日常办公所需的文字处理、演示文稿处理和电子表格处理等。应用模块主要介绍信息技术在大学生生活中以及在人工智能、虚拟现实等前沿领域的应用等。
				教学要求	本课程62学时，4学分。通过入学信息技术水平分层考试，根据成绩高低结合学生意愿进行分层教学；教学内容模块化，针对不同水平层次的学生，选用并组合相关教学内容，且内容的选取体现以就业为导向，以学生为本的原则，选取与学习、工作、生活相关的，响应国家大政方针且具有正能量的实际案例，注重实践技能的培养。教学上要求以学生信息感知和信息处理能力发展为中心，突出学习成果导向，以教学革命促进学习革命，适应艺术院校艺术专业及学生教与学现状，依托信息化工具及手段，打造师生参与型和体验式的信息化教学课堂，构建线上线下相结合，以翻转课堂思想理念为指导，采用项目情景导入下混合式教学模式。
9	公共基础必修课	心理健康教育	A000000G60	课程目标	素质目标：使学生主动关注和重视自身心理健康状态，树立主动维护自身心理健康的意识，能够在客观全面评估自己的基础上悦纳自我，树立正确的心理求助意识，建立对待内在自我及外部世界的合理信念和良好态度。 知识目标：使学生明确心理健康的概念、标准及意义，了解大学阶段人的心理发展特征，懂得区分正常与异常心理的表现，掌握自我心理调适的基本知识。 能力目标：使学生学会一定的自我觉察、自我探索、生活适应以及心理调适的技能。尤其是掌握基本的人际沟通、学习与发展、压力管理、挫折应对的方法和技巧等。
				主要内容	课程包括自我意识、人格发展、心理适应、挫折教育与压力管理、情绪管理、生命教育及心理危机预防、人际关系、学习心理、时间管理与规划、艺术与创新思维、525活动实践等内容。
				教学要求	本课程32学时，2学分，授课分上下两学期完成，每学期1学分；本课程教学场地以多媒体教室为主；任课教师要求具备相应教学资格、具备国家心理咨询师资格证书，且从心理健康教育专兼职教师队伍中择优选拔；教学方法要突出心理体验与行为训练的部分，多运用案例教学、情境教学、心理情景剧、团体辅导等互动实践教学形式；教学资源方面应围绕艺术职业教育需求，充分利用信息化手段，选用兼顾趣味性、严谨性及艺术性的素材及教材；课程考核以考查的方式进行，结合过程性评价与终结性评价，其中互动讨论、活动参与、平时作业等过程性评价占比不少于50%。

（续表）

序号	课程类型	课程名称	课程代码	课程描述	
10	公共基础必修课	军事理论	A000000G90	课程目标	素质目标：增强学生国防观念和国家安全意识，提高政治思想觉悟，激发学生的爱国热情，强化爱国主义、集体主义观念，加强组织纪律性，促进大学生综合素质的提高，为中国人民解放军训练后备兵员和培养预备役军官打下坚实的基础。 知识目标：通过本课程的学习，使广大学生掌握基本军事理论，了解我国国防历史和国防建设的现状及其发展趋势，熟悉国防法规的国防政策的基本内容；明确我军的性质和军队建设指导思想，掌握国防建设和国防动员的主要内容，增强依法建设国防的观念。 能力目标：以国防教育为主线，以军事理论教学为重点，按照强军目标要求，适应我国人才培养战略目标和加强国防后备力量建设的需要，为培养高素质社会主义事业的建设者和保卫者服务。
				主要内容	中国国防概述、中国国防的发展，国防建设，武装力量，国防法规，国防动员；军事思想概述；世界军事；国家安全安全概述，现代战争概述；军事高科技，高技术战争；信息化装备概述；中国人民解放军共同条例教育；射击与战术训练，防护技能与战时防护训练；战备基础与应用训练。
				教学要求	军事理论36学时，2学分；场地包括多媒体教室；教学形式：课堂理论教学、校内外爱国主义主题教育等；考核要求：严格考核，按照平时成绩40%，考试成绩60%计算总成绩，并将考核成绩（等级）录入教务管理系统。
11	公共基础必修课	军事技能（军训）	A000000G91	课程目标	素质目标：激发学生努力拼搏，增强国防观念和国家安全意识，强化爱国主义、集体主义观念，增强组织纪律性，培养吃苦耐劳精神，促进学生综合素质的全面提高。 知识目标：在组织军事技能训练时，以中国人民解放军的条令、条例为依据，严格训练，严格要求，培养学生良好的军事素质。重视学生队列、军体拳等项目的基本动作训练，教官教学中要充分展示技术动作要领，要求学生严格遵守纪律，加强内务管理和出勤考核。 能力目标：通过学习，达到和平时期学生能积极投身到国家的现代化建设中，战争时期是捍卫国家主权和领土完整的后备人才。
				主要内容	课程内容主要由《内务条令》、《队列条令》、《纪律条令》3个项目组成，培养学生良好的行为习惯和艰苦奋斗、坚定信念、爱国爱校的情怀。
				教学要求	军事技能训练时间为2周，实际训练时间不少于14天112学时，新生入学后立即组织开展，共2学分；场地包括多媒体教室；教学形式：教学理论与训练相结合，对学生进行严格训练；课堂理论教学、教官实地教学；考核要求：严格考核，并将考核成绩（等级）录入教务管理系统。
12	公共基础必修课	劳动教育	A000000G92	课程目标	素质目标：以专业实训、顶岗实习为劳动教育的主要载体，组织劳动精神、劳模精神、"工匠精神"、劳动安全法规等专题教育内容。 知识目标：认识劳动，学习劳动教育的基础知识，理解马克思主义劳动观。 能力目标：在劳动技术教育中既要利用传统技术培养学生的基本素质，又要使学生掌握一定的高新科技知识，具有科技意识和创新精神，更好地完成劳动技术教育的教学任务。
				主要内容	认识劳动：培养学生重视劳动教育；懂得劳动：培养学生的劳动价值观；热爱劳动：弘扬劳模精神，树立劳动观；勤奋劳动：教育学生怎么开展劳动。
				教学要求	理论学习8学时，第1-4学期，共1个学分，每学期0.25学分；场地包括多媒体教室；教学形式：专题教育、实践教育、校内外公益服务等；考核要求：严格考核，并将考核成绩（等级）录入教务管理系统。

（续表）

序号	课程类型	课程名称	课程代码	课程描述	
13	公共基础必修课	入学与安全健康教育	A000000G70	课程目标	素质目标: 通过学习让学生尽快完成从中学生到大学生的转变,适应大学的学习与生活、找准自己的定位,从各个方面做相应的改变,去掌握新的学习方法,调整新的人际关系,处理好学习、生活和个人发展所面临的各种问题,同时掌握一定的安全防范知识,避免受潜在校园内外不安全因素影响。增进学生卫生安全知识,使其进一步了解健康的价值和意义,增强维护自身健康的责任感和自觉性,提高自我保健和预防疾病的能力,帮助学生自觉选择健康的行为和生活方式,消除或减少危险因素的影响,从而促进身心健康,改进生活和学习质量。 知识目标: 旨在让学生通过学习和了解大学学习生活过程中应知应会的常识,进一步提升同学们的人文素养和安全常识,为将来立足社会打下深厚的根基。健康教育中帮助学生树立现代健康意识,使学生认识到现代健康不仅是躯体无病,而且要心理健康、社会适应能力良好以及道德健康;通过学习,使学生掌握必要的卫生防病知识和急救知识;使学生意识到健康是当代成才的重要基础,也是每一个公民拥有的权利。 能力目标: 充当学生的"参谋",使学生未雨绸缪,最大限度地缩短"预热期",少走弯路,减少成长的代价;当在适应和融入大学生活过程中出现某些问题和疑惑时,能够从学习中获得启迪,理清方向。通过学习本门课程,树立正确的世界观、人生观和价值观,树立学生安全发展理念,弘扬"生命至上、安全第一"的思想,强化红线意识,以崭新面貌迎接大学生活。通过学习让学生认识到不健康的行为和生活方式给自身健康带来的危害,帮助他们改变不健康的行为和不良的生活方式。
				主要内容	本课程围绕关爱大学生、服务大学生、引导大学生这个主题,其主要内容分为入学篇、安全篇、生活篇、学习篇、国防篇、实践篇、情感篇、交际篇、心理篇、制度篇、未来篇共十一个方面,系统阐述大学生认知教育的内容和要求。重点阐述国家安全、消防安全、交通安全、学生安全、心理安全、人身安全、财产安全、校外社会实践与教学实习实训安全、突发事件应对与急救常识、思想政治安全等。在健康教育方面主要课程包括:健康教育概论;青春期生理卫生健康教育;恋爱、婚姻及家庭健康教育;艾滋病防控专题教育;结核病、新冠病毒性肺炎及流感等传染病防控知识;常用安全急救知识;训练伤防治知识等。
				教学要求	本课程主要为新生入学教育,开设在第一学期入学阶段,16课时,1个学分,通过主题班会和自学相结合,以大型讲座为主,教室课堂教学为辅;用案例分析、分组讨论、网络学习平台等方法和手段。理论教学与实践教学紧密而有机的结合,培养学生独立思考和解决问题的能力。 课程考核包括平时成绩和考试成绩,其中平时成绩占40%、和期末考试成绩占60%。

序号	课程类型	课程名称	课程代码	课程描述	
14	公共基础必修课	大学生职业生涯规划与就业指导	A000000G81	课程目标	素质目标：通过本课程的教学，学生树立起职业生涯发展的自觉意识，树立积极正确职业态度和就业观念，把个人发展和国家需要、社会发展相结合，确立职业的概念和意识，愿意为实现个人的生涯发展和社会发展主动做出努力的积极态度。 知识目标：通过本课程的教学，使学生了解职业发展的阶段特点；清晰地了解自身角色特性、未来职业的特性以及社会环境；了解就业形势与政策法规；掌握基本的劳动力市场相关信息、相关的职业分类知识以及就业创业的基本知识。 能力目标：通过本课程的教学，大学生具备自我认识与分析技能、信息搜索与管理技能、生涯决策技能、求职技能等，提高学生的各种通用技能，比如沟通技能、问题解决技能、自我管理技能和人际交往技能等。
				主要内容	《大学生职业生涯规划与就业指导》是全院各专业的公共基础必修课。根据大学生成长规律和教育的关键期，课程分为两部分，在大一阶段第一学期开设"大学生职业生涯规划"部分，围绕如何探索人生理想、定位人生目标、度过充实而有意义的大学生活为主线，使学生学会用自己的智慧"发现、描述、运用、增强"自己的优势，较为科学合理的为自己定位、选择职业方向、发展职业和管理职业。在大三阶段第五学期开设"大学生就业指导"内容，围绕"大学生职业生涯规划"中的"知己"内容——性格探索、兴趣探索、能力探索和价值观探索结果，"知彼"——客观世界探索结果，对自己的求职有基本定位的情况下，依据就业形势和就业政策，想方设法把"发现、描述、应用、增强"的"思想品德、学生修养、能力才干"优势充分向招聘者展现，去寻找自己实现就业的机会。本课程的显著特点是学生在课堂上学习、了解职业生涯规划意义，掌握求职的技巧和方法等基础内容，大量的探索是在课程之后的实践活动中完成。
				教学要求	本课程32学时，2学分。按模块第1学期和第5学期分开授课，每学期16学时。课程分课堂理论教学和实践教育，需要依据教学实际，按不少于60人／间的标准配备具有多媒体设备的室内教学场所，以及实践教学所需的个人与团体结合的实训室；授课教师须最少具有一年及以上一线学生工作经历，具备相应的教师资格；教学方法采取讲授法、分组讨论法、实践练习法、任务驱动法、自主学习法等；教学组织采用选课班级授课制；教学模式采取讲授式、启发式、讨论式等；教学活动以观摩职业生涯类影视作品、职业生涯规划书或简历评选、模拟招聘为主开展；教学资源及教材采用教研室自行编写的校本教材，与课程同名；考核评价分为过程式考核、期末总结性考试相结合的办法。期末总评成绩＝过程性考核成绩（占70%）＋期末总结性考核成绩（占30%），平时考核成绩中课堂表现（占10%）、考勤情况（占20%）、就业技能（占20%）、实践（占20%）、期末综合测试方式（占30%）。

（续表）

序号	课程类型	课程名称	课程代码	课程描述	
15	公共基础必修课	创新创业基础	A000000G82	课程目标	素质目标：通过本课程的教学，培养学生具备主动的创新意识和创业潜质分析能力；能够进行创业机会甄别和分析；树立科学的创新创业观；激发学生的创新创业意识，提高学生的社会责任感和创业精神，促进学生创业、就业和全面发展。 知识目标：通过本课程的教学，培养学生熟悉掌握创新思维提升的基本方法；了解创业的基本概念、基本原理和基本方法；明确一般企业的产生与演变过程；掌握初创企业的组织管理设计；能对互联网经济趋势有较为全面的认识，主动适应互联网经济大趋势。 能力目标：通过本课程的教学，培养学生逐步形成创新创业者的科学思维，能对专业知识进行创新应用；懂得创业过程中成本与利润的计算与分配方式；能掌握在项目运营过程中团队组建、人脉关系积累、资金筹措的方法；通过加强社交能力，从而提升信息获取与利用能力，提高合作的能力；能够独立撰写创业计划书、职业生涯规划书等创业就业文件。
				主要内容	包括创新思维概论、创新思维方法、创业常识、企业机构设立与初创管理、大学生创业个人要素分析与职业规划、创业计划书的撰写、大学生创新创业赛事、大学生创新创业优惠政策。通过在校内组织开展创新创业项目设计、参与创新创业大赛以及参与创业社团活动，通过在校外组织开展创业者访谈、创业项目考察、创业园参观等活动，将课堂知识与创新创业实践紧密结合起来，培养学生在实践中运用所学知识发现问题和解决实际问题的创新能力和创业能力。
				教学要求	本课程32学时，2学分。第2学期授课，其中理论和实践教学分别为16学时。课程分课堂理论教学和实践教育，需要依据教学实际，按不少于60人/间的标准配备具有多媒体设备的室内教学场所，以及实践教学所需的个人与团体结合的实训室；授课教师须最少具有一年及以上一线学生工作经历，接受过创新创业类继续教育或相关培训，具备相应的教师资格；教学方法采取讲授法、分组讨论法、实践练习法、任务驱动法、自主学习法等；教学组织采用选课班级授课制；教学模式采取讲授式、启发式、讨论式等；教学活动以"互联网+""黄炎培职业教育奖"等创新创业规划大赛主开展；教学资源及教材采用教研室自行编写的校本教材与当年实际创新创业政策相结合；考核评价分为过程式考核、期末总结性考试相结合的办法。期末总评成绩=过程性考核成绩（占40%）+期末总结性考核成绩（占60%）。平时考核成绩中课堂表现（占10%）、作业与考勤情况（占10%）、实践（占20%）、撰写商业计划书的方式（占60%）。
16	公共基础限选课	艺术概论	A000000H23	课程目标	素质目标：提高学生审美趣味和艺术修养，帮助学生建立艺术与人生的密切关系，促使学生乐于学习艺术、享受艺术。 知识目标：了解各个艺术门类的基础理论知识，了解不同艺术门类的艺术规律，掌握不同艺术门类基本常识及审美特征。 能力目标：初步掌握鉴赏和分析艺术作品的能力，加深对艺术理论的理解，提高艺术创作能力和创新能力。
				主要内容	课程主要包括艺术的起源与发展、艺术的本质与特征、艺术的功能与教育；艺术的分类及其审美特征；艺术创作、艺术作品和艺术鉴赏等内容。
				教学要求	本课程16学时，1学分。本课程理论学习课时占35%，知识学习课时占65%。课程的教学方法采用以艺术专业的要求为导向，讲、练一体化的教学形式，在教学中尽可能结合目前学校已开设专业的新动向进行分析讲解，以培养学生分析问题和解决问题的能力。考核方式为考查。

（续表）

序号	课程类型	课程名称	课程代码	课程描述	
17	公共基础限选课	湖湘文化	A000000H24	课程目标	素质目标：湖湘文化是中华民族优秀传统文化中重要组成部分，通过学习加强学生对区域文化的认同感和使命感，提升他们思想道德素质和爱国情操，培养他们的文化自信与责任担当。 知识目标：掌握湖湘文化的概念和基本特征；了解湖湘文化的形成和发展脉络；熟知湖湘文化的基本构成和主要内容；把握湖湘文化与湖南现代化的关系等。 能力目标：准确掌握文化领域中出现的一系列基本概念、基本现象，学会有意识地吸收中华优秀传统文化成果，提高学生文化的适应力和传播力。
				主要内容	本课程从教育、哲学、文学、艺术、史学、科技、宗教、饮食、民俗风情、风物名胜等方面全面介绍湖湘文化，勾勒出湖湘文化形成与发展的历史轨迹，揭示湖湘文化的精神特质，分析并探讨湖湘文化与湖南现代化的关系，凸显文化在国家民族发展中的不可替代的作用。
				教学要求	本课程16学时，1学分。本课程以理论知识讲授为主，在课堂教学的同时组织学生实地考察湖南当地的一些文化场所。本课程要求教师具有良好的人文知识和人文素养。课程的特点是在教学中突出了湖南的地方特色，同时能运用大量的现实案例帮助学生理解文化的相关理论。课程考核为考查方式，以论文或调查报告为主，辅以平时课堂表现共同构成期末成绩。
18	公共基础限选课	中国共产党党史	A000000H25	课程目标	素质目标：引导学生继承和发扬党的优良传统和优良作风，自觉加强个人修养；引导学生学习英雄、铭记英雄，并以优秀共产党人为榜样，树立正确的世界观、人生观、价值观；深化学生对党的信赖，坚定学生对党的领导的信念，增强学生的中国特色社会主义道路自信、理论自信、制度自信、文化自信，引导学生立志肩负起民族复兴的时代重任。 知识目标：认识中国共产党产生、发展、执政的历史必然性；了解一代又一代优秀共产党人热爱祖国、忠于人民，为实现民族独立、人民解放、国家富强而不避险阻、英勇奋斗、开拓创新的英雄事迹；掌握中国共产党领导中国人民进行革命、建设和改革的历史过程中形成的系列伟大精神。 能力目标：能够运用所学知识，正确辨析关于相关历史事件各种评价的正确与否；能够运用历史唯物主义的观点，具体地、历史地评价党史事件和党史人物；能够运用马克思列宁主义的立场、观点和方法，观察问题、分析问题、解决问题。
				主要内容	围绕中国共产党为什么"能"、马克思主义为什么"行"、中国特色社会主义为什么"好"等重大问题，讲授中国共产党百年奋斗的光辉历程、中国共产党为国家和民族做出的伟大贡献、中国共产党始终不渝为人民的初心宗旨、中国共产党推进马克思主义中国化形成的重大理论成果、中国共产党在长期奋斗中铸就的伟大精神和中国共产党成功推进革命、建设、改革的宝贵经验等重要内容。
				教学要求	本课程16学时，1学分。采取理论与实践结合、线上与线下结合、教师讲授与学生读原著学原文悟原理结合等方式开展教学，结合实际和学生特点，运用科学、开放、创新的方式方法启智寓情励行。课程考核将根据学生的课堂参与程度、发表观点和看法的整体质量、考核作业完成水准等方面表现确定评价成绩，以百分制表示。

（续表）

序号	课程类型	课程名称	课程代码	课程描述	
19	公共基础限选课	新中国史	A000000H26	课程目标	素质目标：了解新中国七十多年的发展历程，树立大历史观，明确只有中国共产党才能发展中国，走中国特色社会主义发展道路是唯一正确选择，坚定社会主义道路自信、理论自信、制度自信、文化自信；做到知史爱党，知史爱国，知史爱军，知史爱民，增强历史担当和使命责任感。 知识目标：了解新中国七十年来不同发展阶段的不同历史，了解新中国成立七十年国家在政治、经济、文化、国防、外交等各领域艰难探索并取得的巨大成果。掌握中国特色社会主义制度的本质特征，明确走中国特色社会主义制度是历史和人民的选择。 能力目标：培养学生运用历史思维能力，培养学生历史眼光看问题和分析问题的能力，正确辨析关于相关历史事件各种评价的正确与否，自觉抵制历史虚无主义等错误思潮。能将新中国的奋斗精神激励自己运用到工作中。
				主要内容	围绕新中国成立后的新民主主义到社会主义转变、社会主义改造、社会主义探索中的曲折发展，文化大革命，拨乱反正以及社会主义改革开放，发展社会主义市场经济，发展中国特色社会主义等历史史实进行讲述。
				教学要求	教学学时为16学时，1学分。采取理论与实践结合、线上与线下结合、教师讲授与学生拓展学习相结合。课程考核将根据学生课堂参与程度，对课程内容的掌握程度以及小组合作解决问题的程度进行考核。考核将过程考核和结果考核相结合，凸出过程考核的比重。

（二）专业（技能）课

表3-20　专业（技能）课

序号	课程类型	课程名称	课程代码	课程描述	
1	专业（技能）必修课	★室内手绘表现	A550106I03	课程目标	素质目标：在训练学生观察分析能力、形象思维及设计表现能力的同时，提高其艺术修养和审美素养，最大限度地发掘学生的想象和创造潜能，激发创新意识。 知识目标：掌握手绘表现的基本原理，手绘过程中工具的使用方法、室内空间各要素绘图表达的技巧与流程等知识。 能力目标：将设计意图以手绘的方式表达，包括建构空间各要素造型、透视关系、质感与色彩表达的能力，通过此次课程的学习，能独立完成手绘效果图、准确表达设计方案以及图纸具有专业性、艺术性和创新性。
				主要内容	室内手绘表现技法概述；室内设计手绘表达中线条、单体、空间透视的表现技法；室内设计手绘表达中综合着色的表现技法；方案快题设计综合训练。
				教学要求	课程共64学时，4学分；本课程是必修课里的专业核心课。根据本课程的教学目标要求和课程特点，综合运用讲授法、示范法、情境教学法、兴趣导入法、任务驱动法、案例分析法等多种教学方法开展教学。，教师需具有良好的手绘表现能力的双师型教师。结合实训项目以及职业岗位能力要求，教学采取循序渐进的教学方式，依次讲解线条、构图、透视、色彩等方面的基础知识与技法，在实训中进一步讲解形体、空间的表达，各类材料色彩、质感的表达，让学生熟练掌握透视规律、线条表现技法以及马克笔、彩铅的着色技法，最终使学生能够熟练进行方案的设计构思，表达最终的设计效果。 课程考核包括过程考核和终期考核。过程考核占60%，终期考核占40%。过程考核包括考勤、课堂表现、课程小作业成绩等，终期考核为手绘快题设计。

2	专业（技能）必修课	★室内制图 CAD	A550106I05	课程目标	素质目标：引导学生养成严谨的工作作风、树立良好的工作态度；注重培养学生精益求精的制图精神。 知识目标：掌握 AutoCAD 软件的工具的基本操作；掌握 AutoCAD 软件的基础制图流程及方法；掌握室内施工图的绘图流程和绘图技巧。 能力目标：了解室内施工图的基本原理和规范；掌握阅读室内施工图设计图纸的能力；熟练操作软件制图的能力；运用软件进行室内空间施工图制图的能力；满足市场与社会发展所需求的设计制图人员的能力。
				主要内容	AutoCAD 软件的基本操作；AutoCAD 软件的基础制图；AutoCAD 软件的图形输出；AutoCAD 软件绘制室内施工图流程及方法。
				教学要求	课程共 48 学时、3 学分；本课程是必修课里的专业核心课。课程采用任务驱动法、项目教学法为主进行授课，教师需具有良好的施工图制图能力的双师型教师。以室内空间设计实际项目带入到课堂中，通过教师课堂讲解、示范与学生课堂、课后练习相结合的方式，使学生达到软件技能的学习、施工图识图与设计能力的提升。 课程考核包括过程考核和终期考核。过程考核占 60%，终期考核占 40%。过程考核包括考勤、课堂表现、课程小作业成绩等，终期考核为上机考试。
3	专业（技能）必修课	★Sketchup 室内辅助设计	A550106I06	课程目标	素质目标：引导学生养成严谨的工作作风、树立良好的工作态度；注重培养学生精益求精的制图精神。 知识目标：了解 SketchUp 软件的功能与特点，熟悉 SketchUp 的软件的基本操作方法，掌握 SketchUp 在构建室内空间效果图时的理论及流程，掌握室内空间表达中常用的 SketchUp 插件与渲染器的使用流程。 能力目标：具备使用 SketchUp 准确表达室内设计创意的能力；能够依据平面图方案深入创作空间方案；能够较好地表达出室内各种空间类型的设计构思与意图并完成良好的最终整体效果；
				主要内容	Sketchup 应用基础；Sketchup 室内常用模型处理；Sketchup 室内场景建模技巧实训；Sketchup 插件与渲染器基础。
				教学要求	课程共 32 学时、2 学分；本课程是必修课里的专业核心课。课程在理论教学上，采取课堂教学与多媒体教学相结合的方法；教师需具有丰富的行业企业软件绘图经历的双师型教师。在认知实践教学上，采取以工作过程为导向的任务驱动式教学方法。通过拆解工作任务，引导学生在一步步的任务指引下完成 Sketchup 的室内空间三维设计表现。 课程考核包括过程考核和终期考核。过程考核占 60%，终期考核占 40%。过程考核包括考勤、课堂表现、课程小作业成绩等，终期考核为上机考试。
4	专业（技能）必修课	★室内装饰材料与施工工艺	A550106I09	课程目标	素质目标：引导学生树立珍惜资源、绿色发展的先进设计理念，培养学生爱岗敬业、真诚服务的工作态度。 知识目标：熟悉常见建筑装饰材料的名称、特性与规格，掌握常用室内装饰施工工艺的流程与规范。 能力目标：具备辨别材料好坏的能力；能进行质量检测；具备准确选择建筑装饰材料和施工工艺进行室内设计项目实践的能力。
				主要内容	常见建筑（顶面、墙面、地面）装饰材料的特性；常用室内装饰施工工艺的流程与规范；室内装饰设计项目中常见装饰构造的施工图表达。
				教学要求	课程共 48 学时、3 学分；本课程是必修课的专业核心课。课程在理论教学上，采取课堂教学与多媒体教学相结合的方法；教师需具有丰富的行业企业工地监理经历的双师型教师；在认知实践教学上，采取装饰材料工作室材料及构造观摩与讲解的方法。通过建筑装饰材料市场线上、线下调研与装饰工程项目实地考察调研两个教学环节的设置，强化学生对于材料与工艺的直观、真实感受；通过对真实室内装饰设计项目中常见装饰构造进行剖面图的绘制实训，提升学生在设计项目中材料、结构、工艺的表达和设计能力。 课程考核包括过程考核和终期考核。过程考核占 60%，终期考核占 40%。过程考核包括考勤、课堂表现、课程小作业成绩等，终期考核为课程综合作业。

（续表）

5	专 业（技能）必修课	★居室空间设计	A550106I11	课程目标	素质目标：培养学生沟通交流与团队合作的职业素养，培养学生踏实奋斗的劳动意识和精益求精的工匠精神。懂得色彩搭配，空间布局，对于实际设计案例具备一定的理解和鉴赏素养 知识目标：了解家居空间的基本概念，掌握空间的设计思维和程序，熟悉家居空间设计中不同功能空间的处理要点，掌握针对家居空间进行设计的常用手法和技巧。 能力目标：具备结合客户对风格的需求合理运用设计元素进行空间设计的能力；协调处理家居空间中界面设计、陈设、功能设施之间关系的能力；创造性地进行家居空间施工流程与工艺设计的能力。
				主要内容	家居空间设计的基本概念；居室空间中风格概念由提出到深化的思维过程；家居空间的室内设计程序；家居空间的空间特征和整体布局；主题家居装饰设计中不同功能空间的设计要点；材料、施工工艺及室内陈设等因素对于主题家居空间的影响。
				教学要求	课程共 64 学时、4 学分；本课程是必修课里的专业核心课。课程注重家居空间设计中创意思维的训练，突出设计创意的重要性。教师需具有丰富的行业企业从业经历的双师型教师；该课程采用任务驱动法为主进行授课，以完整的家居空间设计实训任务为课程主线，通过讲练结合的方式，引导学生掌握家居空间设计的相关理论，根据相关风格选取设计元素，再合理运用设计元素进行空间设计。实训过程中明确各阶段实训任务及其重点、难点，学生在老师的指导下完成相关实训任务并进行设计方案汇报，切实提升学生的设计能力和水平。理论与实践有机结合，主要采以下几种教学方法：项目导向教学模式、项目现场讲学的教学模式。通过项目导向教学，使学生在具体实训任务中，了解室内装饰工程预决算的方法，从而引导学生应用适当的方法进行预决算；通过现场讲学的教学模式，使学生置身真实的施工现场，了解各分项项目中材料、人工以及其他各项费用的构成，熟悉具体分项工程量的计算方法。通过综合性室内预算编制项目实践，检验学习效果。 课程考核包括过程考核和终期考核。过程考核占 60%，终期考核占 40%。过程考核包括考勤、课堂表现、课程小作业成绩等，终期考核为家居空间方案设计。

6	专业（技能）必修课	★室内软装设计	A550106I12	课程目标	素质目标：培养学生良好的设计工作习惯，使其具备较高的创作水平和陈设艺术修养。 知识目标：要求使学生了解室内软装设计的概念、范畴、基本原则及发展历程、现状及发展趋势；熟悉各种品牌的家具、配饰等，掌握市场各类家具、配饰的风格。 能力目标：能对家具产品的选择与设计有较全面的认识，能够更好地把握"以人为本"的软装选择与设计原则；能树立正确科学的软装设计观念，培养合理运用不同软装搭配的专业能力，做到合理搭配不同风格的空间；能以更高的审美装点自己的生活空间，让生活更美好。
				主要内容	室内陈设艺术的发展沿革；室内陈设艺术内容和种类；室内陈设艺术目的与任务；室内陈设的风格；室内陈设的材料及其安装（家具、灯饰、布艺、陈设品等）；室内陈设的美学要求；室内陈设设计的表现技法等。
				教学要求	课程共48学时、3学分；本课程是必修课里的专业核心课。教师需具有丰富的行业企业从业经历的双师型教师。在教学过程中，融入行业标准和实际案例的工作过程，激发学生对本课程的兴趣。教师选择采用形象教学法、案例分析教学法、情景模拟法等多种教学方法，对陈设设计入门的各个知识点进行详尽的阐述，并引导学生进行设计实践，使学生掌握陈设设计的工作流程，以及陈设设计构成要素与设计方法等内容，同时培养学生的审美鉴赏与选择能力和良好的项目洽谈与沟通、表达能力，培养学生踏实求真、勇于探索的奋斗精神，为后续的设计课程奠定基础。 课程考核包括过程考核和终期考核。过程考核占60%，终期考核占40%。过程考核包括考勤、课堂表现、课程小作业成绩等，终期考核为课程综合作业。
7	专业（技能）必修课	设计素描	A550106I01	课程目标	素质目标：培养学生养成在规定时间内自主完成实训任务的自觉性，具备自主学习和可持续发展的能力，培养学生吃苦耐劳、精益求精的工匠精神和职业素质，对于设计的造型具备一定的理解和鉴赏素养，有较好的专业视野。 知识目标：了解设计素描的基本理论知识，理解透视的基本概念及画法，掌握设计素描表现的基本手法。 能力目标：培养学生的素描造型能力，运用设计素描表现手段开发思维，培养想象力和创造力。具备一定的对于物体的审美、造型及表现能力。为进一步的专业学习提供形体的基础技能。
				主要内容	空间几何体组合素描；室内空间表现素描；从具象到抽象素描
				教学要求	课程共48学时、3学分；本课程是必修课里的专业基础课。教师需具有扎实的绘画水平的双师型教师；教师引导学生以理性、科学的方法和技巧描绘对象，准确表现物体的形体结构与质感，提升学生的造型能力、表现能力，培养学生的设计思维能力、分析观察能力、审美能力。在实训教学中，以专业性素描练习（室内场景、几何造型、室内立面等）来提高学生对有关物像的表现能力和构想能力，为进一步学习专业知识打下基础。 本课程在考查过程中，坚持过程评价与结果评价相结合。在"课程思政"教学理念的指导下，综合运用讲授法、榜样示范法、演讲法、网络教学法和实地参观法等多种教学方法，充分发挥课程的思政育人功能。 课程考核包括过程考核和终期考核。过程考核占60%，终期考核占40%。过程考核包括考勤、课堂表现、课程小作业成绩等，终期考核为课程综合作业。

8	专 业 （技能） 必修课	设计色彩	A550106I02	课程 目标	素质目标：培养学生养成在规定时间内自主完成实训任务的自觉性，具备自主学习和可持续发展的能力，培养学生吃苦耐劳、精益求精的工匠精神和职业素质，对于设计的造型具备一定的理解和鉴赏素养，有较好的专业视野。 知识目标：了解设计素描的基本理论知识，理解透视的基本概念及画法，掌握设计素描表现的基本手法。 能力目标：培养学生的素描造型能力，运用设计素描表现手段开发思维，培养想象力和创造力。具备一定的对于物体的审美、造型及表现能力。为进一步的专业学习提供形体的基础技能。
				主要 内容	研究自然色彩的客观规律·光与色；研究自然色彩的客观规律·空间色彩；应用色彩规律，设计整合自然色彩；从具象到抽象
				教学 要求	课程共36学时、3学分；本课程是必修课里的专业基础课。教师需具有扎实的绘画水平的双师型教师；教师引导学生以理性、科学的方法和技巧描绘对象，准确表现物体的形体色彩与质感，提升学生的空间色彩表现能力，培养学生的设计思维能力、分析观察能力、色彩审美能力。在实训教学中以专业性色静物练习（光与色静物色彩、空间色彩、从具象到抽象等）来提高学生对有关物像的表现能力和构想能力，为进一步学习专业知识打下基础。 本课程在考查过程中，坚持过程评价与结果评价相结合。在"课程思政"教学理念的指导下，综合运用讲授法、榜样示范法、演讲法、网络教学法和实地参观法等多种教学方法，充分发挥课程的思政育人功能。 课程考核包括过程考核和终期考核。过程考核占60%，终期考核占40%。过程考核包括考勤、课堂表现、课程小作业成绩等，终期考核为课程综合作业。
9	专 业 （技能） 必修课	三大构成	A550106I03	课程 目标	素质目标：提高学生的艺术修为及审美素养，最大限度地发掘学生的想象和创造潜能，培养其追求完美的匠人精神。 知识目标：掌握平面构成设计的概念及基本要素、形式与构图、审美法则；色彩构成的概述、特性、运用；立体构成的概述、要素、表现与空间探索。 能力目标：能够综合掌握设计构成的基本原理、基本方法与思维方式；能够综合运用设计构成所学知识进行设计表达与创意的能力。
				主要 内容	本课程的主要内容包括：平面构成的概述、基本要素、形式与构图、形式美法则；色彩构成的概述、基本属性、运用与混合、特性、情感与心理效应；立体构成的概述、基本要素、空间组合探索、比例与尺度的规范、材料与工艺、情感表达；三大构成在设计中的综合运用。
				教学 要求	课程共80学时、5学分；本课程是必修课里的专业基础课。教师需具有丰富的行业企业从业经历的双师型教师。根据本课程的教学目标要求和课程特点，综合运用讲授法、示范法、情境教学法、兴趣导入法、任务驱动法、案例分析法等多种教学方法开展教学。从设计构成的概念讲解导入课程，分别对平面构成、色彩构成及立体构成的内容进行理论讲授、范例赏析、作品创作与课程讲评，在过程中使学生达到综合运用的设计构成进行创作的能力。 课程考核包括过程考核和终期考核。过程考核占60%，终期考核占40%。过程考核包括考勤、课堂表现、课程小作业成绩等，终期考核为综合作业练习。

				课程目标	素质目标：在训练学生观察分析能力、形象思维及设计制图能力的同时，提高其艺术修养和审美素养，最大限度地发掘学生的想象潜能，激发空间意识。 知识目标：学生通过本课程的学习，可获得有关建筑工程制图方面的知识，学习各种投影法（主要是正投影法）的基本理论及其应和建筑测绘的基本知识。 能力目标：培养绘制和阅读工程图纸的能力、空间几何问题的图解能力以及建筑制图和室内制图的能力。
10	专业（技能）必修课	室内装饰工程制图	A550106I04	主要内容	室内工程制图介绍及制图基本知识；投影图的识读与绘制；施工图的识读；建筑施工图临摹；建筑测绘。
				教学要求	课程共64学时、4学分；本课程是必修课里的专业基础课。教师需具有丰富的行业企业从业经历的双师型教师。课程采用任务驱动法、项目教学法为主进行授课，教师需具有良好的制图与识图能力的双师型教师。以建筑设计制图实训任务为课程主线，通过讲练结合的方式，引导学生掌握建筑装饰识图的相关理论和制图技能。通过明确和掌握各阶段实训任务及其重点、难点，在老师的操作演示和巡回辅导下完成相关实训任务并进行互动讲评，促进学生识图与制图能力水平提高的同时，培养其良好的职业素质以及热爱劳动，踏实工作，积极奋斗的工作态度。 课程考核包括过程考核和终期考核。过程考核占60%，终期考核占40%。过程考核包括考勤、课堂表现、课程小作业成绩等，终期考核为课程综合作业。
11	专业（技能）必修课	3dsMax室内效果图建模及表现	A550106I07	课程目标	素质目标：提高学生的艺术修为及审美素养，最大限度地发掘学生的想象和创造潜能，培养其追求完美的匠人精神。 知识目标：了解3dsmax软件的功能与特点，掌握3dsmax软件的基本操作命令，理解室内效果图制作过程中模型创建、材质编辑、灯光布置以及渲染设置等软件操作的基本原理。 能力目标：具备通过3dsmax电脑效果图的形式准确表达空间造型、材料质感、色彩搭配、艺术风格等方面设计意图的能力。
				主要内容	3dsmax软件的基础认知、3dsmax软件基础操作命令、3dsmax软件中制作室内效果图的原理与流程；3dsmax软件中创建室内场景模型、材质、灯光的常用技法；利用Vray软件进行效果图渲染的基本技法；室内效果图的综合调整与后期处理技法。
				教学要求	课程共64学时、4学分；本课程是必修课里的专业基础课。教师需具有良好的企业行业绘图能力的双师型教师。课程采用任务驱动法、项目教学法为主进行授课，以家居空间效果图制作实训任务为课程主线，通过讲练结合的方式，引导学生掌握3dsmax效果图制作的相关理论和软件操作技能。通过典型空间效果图的制作示范解决学生各阶段实操中的疑惑和难点，采取分组讲解和巡回辅导的方式督促学生完成相关实训任务并进行互动讲评，促进学生建模、材质、灯光、渲染等方面制图能力水平提高的同时，培养其良好的职业素质和审美品位，以及热爱劳动，踏实工作，积极奋斗的工作态度。 课程考核包括过程考核和终期考核。过程考核占60%，终期考核占40%。过程考核包括考勤、课堂表现、课程小作业成绩等，终期考核为课程综合作业。

12	专业（技能）必修课	小型建筑设计	A550106I08	课程目标	素质目标：提高学生的建筑艺术修为及审美素养，最大限度地发掘学生的空间想象和创造潜能，培养其追求完美的匠人精神。知识目标：了解建筑的基础知识；掌握小型建筑的基本设计能力，基地分析、建筑空间体块生成、空间结构、建筑材料、色彩搭配、艺术风格等。能力目标：培养学生的空间感、空间设计能力及空间创新能力等；能与企业对接，满足市场对于小型建筑（别墅）设计人员的要求。
				主要内容	小型建筑设计概述；小型建筑设计方法与流程；小型建筑设计实例分析及设计展望；小型建筑设计实训。
				教学要求	课程共48学时、3学分；本课程是必修课里的专业基础课。教师需具有良好的企业行业从业经历的双师型教师。课程采用案例教学法、任务驱动法、项目教学法等方法进行授课。通过运用典型案例分类讲述小建筑空间，使学生从具体案例中获取设计信息、设计技能与表现方法；以小型建筑空间设计实际项目带入到课堂中，通过教师课堂讲解、示范与学生课堂、课后练习相结合的方式，使学生设计能力的提升。课程考核包括过程考核和终期考核。过程考核占60%，终期考核占40%。过程考核包括考勤、课堂表现、课程小作业成绩等，终期考核为小型建筑方案设计。
13	专业（技能）必修课	室内装饰工程概预算	A550106I10	课程目标	素质目标：培养学生严谨细致的预算编制作风，促进学生养成考虑周全、计算准确的预算编制习惯。知识目标：了解室内装饰工程预决算原理，掌握进行室内装饰工程预决算的流程以及方法。能力目标：具备中小型室内装饰工程预决算编制能力以及成本控制能力。
				主要内容	室内装饰工程预决算的相关概念、室内装饰工程预决算编制的依据、内容及程序、室内装饰工程预决算定额、室内装饰工程施工图预算的编制、室内装饰工程工程量清单报价的编制。
				教学要求	课程共32学时、2学分；本课程是必修课里的专业基础课。教师需具有丰富的行业企业从业经历的双师型教师。课程在教学过程中，针对课程特点以及基于工程造价的形成过程和工作任务，理论与实践有机结合，主要采以下几种教学方法：项目导向教学模式、项目现场讲学的教学模式。通过项目导向教学，使学生在具体实训任务中，了解室内装饰工程预决算的方法，从而引导学生应用适当的方法进行预决算；通过现场讲学的教学模式，使学生置身真实的施工现场，了解各分项项目中材料、人工以及其他各项费用的构成，熟悉具体分项工程量的计算方法。通过综合性室内预算编制项目实践，检验学习效果。课程考核包括过程考核和终期考核。过程考核占60%，终期考核占40%。过程考核包括考勤、课堂表现、课程小作业成绩等，终期考核为课程综合作业。

14	专业（技能）必修课	别墅空间设计	A550106I13	课程目标	素质目标：具备认真、严谨、精益求精的敬业能力；培养学生的自主学习能力、创新意识以及解决实际问题的能力；团结协作能力、创新能力和专业表达能力。 知识目标：了解别墅空间的基本概念，掌握空间的设计思维和程序，熟悉别墅空间设计中不同功能空间的处理要点，掌握针对别墅空间进行设计的常用手法和技巧。 能力目标：使学生具备独立完成别墅空间项目设计、制图、施工等能力。
				主要内容	别墅空间设计的概述；别墅空间设计内外部设计要点；别墅空间设计风格与原则；别墅空间专项设计；别墅空间实例分析及设计展望；6.别墅空间设计方法与流程。
				教学要求	课程共 64 学时、4 学分；本课程是必修课里的专业基础课。教师需具有丰富的行业企业从业经历的双师型教师。课程采用案例教学法、任务驱动法、项目教学法等方法进行授课。教师运用典型设计案例讲解的别墅空间理论知识，使学生从具体案例中获取设计信息、设计技能与设计方法；以别墅空间设计实际项目带入到课堂中，通过实际场地考察与学生课堂、课后设计实践相结合的方式，使学生提升了设计实践的能力。 课程考核包括过程考核和终期考核。过程考核占 60%，终期考核占 40%。过程考核包括考勤、课堂表现、课程小作业成绩等，终期考核为别墅空间方案设计。
15	专业（技能）必修课	Photoshop图文编排设计	A550106I14	课程目标	素质目标：培养学生的识图与表达图纸的能力、创新与审美意识、一丝不苟的敬业精神以及勇于克服困难的进取精神。 知识目标：了解 Photoshop 软件的功能，熟悉软件的特点，掌握 Photoshop 软件操作的基础知识，理解编排设计的基本原理和方法。 能力目标：具备对文字、图片与图形进行编排设计的能力以及利用 Photoshop 软件进行室内设计创意方案展板制作的能力。
				主要内容	构图的基本原则、编排设计的基本原理、方法；Photoshop 基本操作、室内设计作品编排展示所用到的 Photoshop 命令；版式编排设计的案例分析、室内设计方案展板的编排设计实践。
				教学要求	课程共 32 学时、2 学分；本课程是必修课里的专业基础课。教师需具有丰富的行业企业从业经历的双师型教师。以版式编排设计项目为基本任务，以典型版式构成方法和技巧的运用为主要教学内容，着重采取案例分析法，通过对优秀编排设计作品的剖析和模仿，引导学生建立版式设计的整体概念并逐渐提升其综合版式设计能力。通过组织和指导学生完成各种学习情境的训练，促进学生掌握版式构成的方法以及与色彩、文字、图形重组的专业知识并提升审美能力。 课程考核包括过程考核和终期考核。过程考核占 60%，终期考核占 40%。过程考核包括考勤、课堂表现、课程小作业成绩等，终期考核为课程综合作业。

（续表）

16	专业（技能）必修课	全屋定制家具设计	A550106I15	课程目标	素质目标：培养学生精益求精的工匠精神、严谨务实的科学态度，把握时代特征及全屋定制家具专业发展规律。 知识目标：了解全屋定制家具设计技术标准、规则等有关知识和软件应用等技能、具备现代科技技术和心理学、人体工程学等相关学科知识。 能力目标：运用室内设计基本原理指导全屋定制方案设计的能力，利用室内设计原理开展定制设计鉴赏与设计研发的能力。
				主要内容	家具设计学前基础；家具设计简史与发展趋势；家具设计常用材料；家具设计制作工艺；定制家具设计；全屋定制家具设计综合实训。
				教学要求	课程共48学时、3学分；本课程是必修课里的专业基础课。教师需具有丰富的行业企业从业经历的双师型教师。根据本课程的教学目标要求和课程特点，综合运用讲授法、兴趣导入法、案例教学法和综合调研法等多种教学方法开展理论教学。运用任务驱动法、示范法，结合实训项目以及职业岗位能力要求，采取以赛代练的实训教学方式，通过参加定制家具设计培训，提升学生的定制家具设计创意能力以及定制家具设计表达能力。 课程考核包括过程考核和终期考核。过程考核占60%，终期考核占40%。过程考核包括考勤、课堂表现、课程小作业成绩等，终期考核为家居空间定制家具方案设计。
17	专业（技能）必修课	办公空间设计	A550106I16	课程目标	素质目标：培养学生有效的沟通交流方式与团队合作精神，培养学生踏实奋斗的劳动意识和精益求精的工匠精神。 知识目标：了解办公空间的基本概念和特点；掌握办公空间的调研方法和设计思维及程序，掌握办公空间的常用手法和技巧。 能力目标：具备结合主题概念合理运用设计元素进行办公空间设计的能力；协调处理办公空间界面设计、陈设、功能设施之间关系的能力，创造性地进行办公空间施工流程与工艺设计的能力。
				主要内容	办公类型公共空间的设计原则、设计要求与设计方法；办公类公共空间的设计调研、功能分析、各类空间设计的不同要求；人流走向、人均占有空间面积、材料使用的消防性能以及与空调安装、消防设施等不同工种的协调。
				教学要求	课程共64学时、4学分；本课程是必修课里的专业基础课。教师需具有丰富的行业企业从业经历的双师型教师。通过运用典型案例分类讲述办公空间的形式，使学生从具体案例中感受办办公空间的设计差别，同时获取设计信息与设计技能、表现手段；采用递进式与分项式的教学方式，突出各类办公空间的设计重点与关键元素，提出注意的要点，指导学生边做边学；在学生设计过程中，老师除了个别辅导外，每一阶段进行归纳总结，对比较突出的综合性问题进行解决；每周进行设计进度讲评，讲评方式可以采用学生互评或老师讲评，实行方案优胜劣汰的淘汰制。 课程考核包括过程考核和终期考核。过程考核占60%，终期考核占40%。过程考核包括考勤、课堂表现、课程小作业成绩等，终期考核为办公空间方案设计。

（续表）

				课程目标	素质目标：培养学生有效的沟通交流方式与团队合作精神，培养学生踏实奋斗的劳动意识和精益求精的工匠精神。 知识目标：了解休闲娱乐空间的基本概念和特点；掌握休闲娱乐空间的调研方法和设计思维及程序，掌握休闲娱乐空间的常用手法和技巧。 能力目标：具备结合主题概念合理运用设计元素进行休闲娱乐空间设计的能力；协调处理休闲娱乐空间界面设计、陈设、功能设施之间关系的能力，创造性地进行休闲娱乐空间施工流程与工艺设计的能力。
18	专业（技能）必修课	休闲娱乐空间设计	A550106I17	主要内容	休闲娱乐类型空间的设计原则、设计要求与设计方法；休闲娱乐类公共空间的设计调研、功能分析、各类空间设计的不同要求；人流走向、人均占有空间面积、材料使用的消防性能以及与空调安装、消防设施等不同工种的协调。
				教学要求	课程共64学时、4学分；本课程是专业必修课里的专业基础课。教师需具有丰富的行业企业从业经历的双师型教师。通过运用典型案例分类讲述休闲娱乐空间的形式，使学生从具体案例中感受休闲娱乐空间的设计差别，同时获取设计信息与设计技能、表现手段；采用递进式与分项式的教学方式，突出各类休闲娱乐空间的设计重点与关键元素，提出注意的要点，指导学生边做边学；在学生设计过程中，老师除了个别辅导外，每一阶段进行归纳总结，对比较突出的综合性问题进行解决；每周进行设计进度讲评，讲评方式可以采用学生互评或老师讲评，实行方案优胜劣汰的淘汰制。 课程考核包括过程考核和终期考核。过程考核占60%，终期考核占40%。过程考核包括考勤、课堂表现、课程小作业成绩等，终期考核为休闲娱乐空间方案设计。
19	专业（技能）必修课	餐饮空间设计	A550106I18	课程目标	素质目标：培养学生有效的沟通交流方式与团队合作精神，培养学生踏实奋斗的劳动意识和精益求精的工匠精神。 知识目标：了解餐饮空间的基本概念和特点；掌握餐饮空间的调研方法和设计思维及程序，掌握餐饮空间的常用手法和技巧。 能力目标：具备结合主题概念合理运用设计元素进行餐饮空间设计的能力；协调处理餐饮空间界面设计、陈设、功能设施之间关系的能力，创造性地进行餐饮空间施工流程与工艺设计的能力。
				主要内容	餐饮类型空间的设计原则、设计要求与设计方法；餐饮类公共空间的设计调研、功能分析、各类空间设计的不同要求；人流走向、人均占有空间面积、材料使用的消防性能以及与空调安装、消防设施等不同工种的协调。
				教学要求	课程共64学时、4学分；本课程是专业必修课里的专业基础课。教师需具有丰富的行业企业从业经历的双师型教师。通过运用典型案例分类讲述餐饮空间的形式，使学生从具体案例中感受餐饮空间的设计差别，同时获取设计信息与设计技能、表现手段；采用递进式与分项式的教学方式，突出各类餐饮空间的设计重点与关键元素，提出注意的要点，指导学生边做边学；在学生设计过程中，老师除了个别辅导外，每一阶段进行归纳总结，对比较突出的综合性问题进行解决；每周进行设计进度讲评，讲评方式可以采用学生互评或老师讲评，实行方案优胜劣汰的淘汰制。 课程考核包括过程考核和终期考核。过程考核占60%，终期考核占40%。过程考核包括考勤、课堂表现、课程小作业成绩等，终期考核为餐饮空间方案设计。

（续表）

20	专 业 （技能） 必修课	专业考察	A550106I19	**课程目标** 素质目标：具备职业道德，职业意志品质要求，吃苦耐劳、钻研新技术、工匠精神；培养调研现场、资料收集和专业观察意识。 知识目标：了解各城市历史文化遗产和特色建筑风貌，了解各城市具有特色代表性的商业空间设计模式。 能力目标：具有采集素材和画面构图的基本能力；具有使用绘画工具描绘考察对象的测绘仿真的基本技能。；具备运用专业知识，掌握室内空间工艺材料问题的初步认识能力；具有一定的想象力和审美能力。
				主要内容 建筑速写；设计图案采集重构；考察摄影；考察调研报告。
				教学要求 课程共22学时、1学分；本课程是专业必修课里的专业基础课。教师需具有丰富的行业企业从业经历的双师型教师。教学采用视频、图片、模型结合任务驱动等多种方式开展。课程为第五学期进行，为期一周时间。省外考察主要围绕一线设计优秀成品展示、教学体验，包括交流与座谈，了解时下趋势与发展状况。省内考察则主要针对相关企业行业，了解流程与现状，为创作与实习打好基础。 课程考核包括过程考核和终期考核。过程考核占60%，终期考核占40%。过程考核包括考勤、课堂表现、课程小作业成绩等，终期考核为调研报告。
21	专 业 （技能） 必修课	毕业设计	A550106I20	**课程目标** 素质目标：培养学生沟通交流能力与团队合作能力，培养学生踏实奋斗的劳动意识和精益求精的工匠精神。 知识目标：了解和掌握毕业设计的选题方法与技巧，理解毕业设计中设计创意的获取途径和应用原则；掌握毕业设计的实施方法与流程。 能力目标：具备进行毕业设计选题的能力、毕业设计方案的实施与执行能力、按要求完成毕业设计的能力。
				主要内容 本课程依据室内设计师职位的能力需求而设置，要求学生综合运用三年所学的基础理论和专业知识，掌握居室空间和公共空间设计原理与建筑设计基础，深入理解课题任务书，对选用的设计课题进行深入调研分析，按照课题阶段规定的计划进行课题拓展，最终达到毕业实践的相关要求。
				教学要求 课程共112学时、7学分；本课程是专业必修课里的专业基础课程。教师需具有丰富的行业企业从业经历的双师型教师。通过在校课堂授课的方式，运用典型的案例讲解教学法，使学生从具体案例中了解毕业设计选题的思路和方法，同时掌握毕业设计的基本流程和成果要求。通过校外顶岗实习专业导师现场授课，采取做中学的学习方式，在实践中解决毕业设计选题项目中的相关问题。 课程考核包括过程考核和终期考核。过程考核占60%，终期考核占40%。过程考核包括考勤、课堂表现等，终期考核为毕业设计方案。

22	专业（技能）必修课	顶岗实习	A550106I21	课程目标	素质目标：通过实践性教学形式养成良好的职业习惯；通过顶岗实践，培养学生爱岗敬业、热爱劳动的职业意识，同时培养学生敢于担当、不懈奋斗的精神。 知识目标：了解实习岗位的工作流程以及职业能力与素养要求；了解实习岗位的综合素质要求。 能力目标：运用本专业所学知识和技能解决实习岗位中实践项目相关问题的能力。
				主要内容	顶岗实习过程中职业能力与素养的提升。
				教学要求	课程共 572 学时、26 学分；本课程是专业必修课里的专业基础课。采取"双导师制"，在顶岗实习过程中，完成岗位生产实践。校内导师负责学生毕业设计的创作、引导，以及顶岗实习过程中的心理建设，工作与就业咨询；校外导师负责顶岗实习岗位职业素养的提升与指导，并结合自身经验从行业实践的角度为学生的毕业设计提供创作建议与指导。双导师通力合作，指导学生顺利完成顶岗实习。 课程考核包括过程考核和终期考核。过程考核占 60%，终期考核占 40%。过程考核包括考勤、课堂表现、课程小作业成绩等，终期考核为实习综合考核。
23	专业（技能）限选课	设计概论	A550106J04	课程目标	素质目标：培养审美能力；具备独立创作的能力；具备设计的系统理论知识； 知识目标：何为设计；设计的本质与特征；设计的形态、思维与美学；设计风格学；设计与科学技术；设计心理学；设计的历史； 能力目标：逻辑思维能力；想象力、创造性的思维；对设计艺术理论的认知与思考力。
				主要内容	本课程为专业基础理论课，教学内容主要分为 8 个板块设计的本质，以及各组成要素；设计的形式要素，经济要素。介绍世界设计的发展史；设计的产生过程；设计从开始到最后成熟的过程设计与美学；设计美的性质；中国设计美学思想；西方设计美学思想设计思维的特征；设计思维的类型；设计思维的模式；设计思维的方法；设计过程早期的设计教育；现代设计教育体系的形成；中国的设计教育；面向未来的设计教育设计师应具备的基本素质以及社会职责；设计师的专业素质，团队精神以及对社会应有的贡献设计批评的概念、含义、设计批评的特征、标注、现状设计定位，整体与布局的和谐统一，设计的程序；方案设计阶段，设计实施阶段设计与心理的关系；设计与知识、情感之间的联系；设计思维的特征、类型、模式、方法、过程设计营销与管理的关系、设计与营销，设计与管理。
				教学要求	课程共 32 学时 2 学分。本课程是广告设计与制作专业限选课。教学条件：本课程授课全部内容可在基础多媒体教室完成。教学方法：本课程主要采用讲授法、案例教学法以及项目实践的方法。考核方法：课程考核为平时成绩（考勤＋作业）、期末考试的综合。其中平时成绩 40%，期末考试为笔试，期末评分占总成绩 60%。

（续表）

24	专业（技能）限选课	风景写生与建筑速写	A550106J01	课程目标	素质目标：具有良好的思想政治素质和职业道德；具有较好的学习新知识的素养；具有团队意识及妥善处理人际关系的素养；具有严肃认真的工作态度和耐心细致、一丝不苟的工作作风。 知识目标：掌握风景写生的基本知识及概念；掌握常用风景写生的常用手法和技巧；掌握建筑速写的常用手法和技巧。 能力目标：具备结合水彩、水粉、钢笔等材料合理进行室外建筑风景写生创作的能力；协调处理风景技法、构图、光影处理的能力，创造性地进行建筑空间结构和周边环境处理的能力。
				主要内容	水粉风景写生；建筑速写写生。
				教学要求	本课程是专业必修课里的专业基础课。教师需具有扎实绘画功底的专业型教师。教学采用视频、图片、模型结合任务驱动等多种方式开展。课程为第二学期进行，为期二周时间，分省外写生与省内写生。主要围绕具有民族特色的建筑写生为主，包括一周的水粉色彩写生和一周的建筑钢笔速写两部分内容，要求学生能够协调处理技法、构图、光影、结构之间的关系并创造性发挥自己的主观意识解决建筑与景观之间的关系问题。 课程共32学时、2学分；课程考核包括过程考核和终期考核。过程考核占60%，终期考核占40%。过程考核包括考勤、课堂表现、课程小作业成绩等，终期考核为课程综合作业。
25	专业（技能）限选课	中外建筑史	A550106J02	课程目标	素质目标：通过中外建筑史知识的学习，激发学生对悠久历史文化的珍爱，强化文化自信，培育爱国情怀，提升创新意识大国文化精神素养。 知识目标：了解和掌握中外不同历史时期建筑发展的特点和规律，了解建筑文化和美学方面的基本知识，了解当代建筑技术发展现状，掌握中外不同的建筑设计思想与风格特征。 能力目标：能够鉴赏中外建筑艺术作品；具备对建筑行业进行调研和策划的能力，能够运用中外优秀的建筑文化成果进行现代设计的创意与创新，能够提炼各个时期的建筑艺术元素，将其运用到设计实践中，提升设计能力、设计鉴赏能力、设计创新能力、设计表述能力、设计检索能力和专业行业调研。
				主要内容	原始社会建筑；奴隶社会建筑；封建社会建筑；中国近、现代建筑；外国古代建筑；中世纪至18世纪建筑；欧美资产阶级革命时期建筑；国外近、现代建筑
				教学要求	课程共32学时、2学分；本课程为专业限选课。教师需具有丰富的相关理论储备知识的专业型教师。课程基于设计师所需要基础理论知识及综合素养的培养，满足设计实践的要求，关注设计行业中的发展趋向为总体思路，全面提高学生解决设计问题的综合能力和综合素养。 课程采用线上＋线下的交互教学模式；情景法、讲授法、案例法、项目教学法、参观法、分组讨论法、信息化教学法等教学方法。 为了全面考核学生的学习情况，课程考核包括过程考核和期末考核。具体考核成绩评定办法如下：过程考核占60%，期末考核占40%。过程考核包括出勤、课堂表现、教学平台后台数据等部分。终期考核为课程考试。

（续表）

26	专业（技能）限选课	透视学	A550106J03	课程目标	素质目标：培养学生良好的职业素养和职业能力，严谨的工作作风，锤炼学生勤学苦练、吃苦耐劳的精神，兼容并蓄，坚定文化自信，走德艺双馨发展之路。 知识目标：了解透视基础的含义、特征、分类；掌握平行透视、成角透视、倾斜透视等透视方法；熟悉透视在绘画创作中的应用；熟悉透视在艺术设计创作中的应用。 能力目标：掌握透视的基本原理和画法，并把它运用于绘画习作和设计创作，以适应设计制图和创作的需要。
				主要内容	透视基本概述及原理、运用领域，平行透视的画法及应用，成角透视的画法及应用，倾斜透视的画法及应用，弧形透视的画法及应用。
				教学要求	本课程是专业限选课程，课程共32学时、2学分。 1. 教学条件：本课程授课全部内容可在多媒体教室完成。 2. 教学方法：本课程主要采用讲授法、案例教学法以及项目驱动教学。 3. 考核方法：课程考核为平时成绩20%（考勤＋互动）、基础技能考核50%、综合应用考核30%共同组成。
27	专业（技能）限选课	空间设计思维与方法	A550106J05	课程目标	素质目标：具备初步的专业认知素养，启发和培养设计思维，提高室内空间审美素养。 知识目标：了解室内设计的设计步骤，掌握空间设计思维理论框架与基本步骤。 能力目标：掌握设计思维的理念、方法，培养学生的思维能力，提升学生创新实践的能力，提升学生的科学素养。
				主要内容	本门课程主要讲授空间设计思维和空间设计创新实践。重点包括：设计的定义；设计思维及其多维认识；设计思维的方法；设计思维所需的T型人才及需求；设计思维需要的创造力自信及其提升方法以及如何运用设计思维进行实际案例设计。
				教学要求	课程共32学时、2学分；本课程为专业限选课。教师需具有丰富的相关理论储备知识的专业型教师。课程按照理论讲授、设计案例赏析两个环节开展教学活动，运用理论与实践相结合的教学方法，结合设计案例分析，开展课堂讨论，并采取线上、线下相结合的教学方法，在学生学习空间设计创新思维的基础上，培养学生的设计信息搜集、语言表达、团结协作等能力，提高学生创新求实的综合素质。课程考核包括过程考核和终期考核。过程考核占60%，终期考核占40%。过程考核包括考勤、课堂表现、课程小作业成绩等，终期考核为课程考试。

28	专业（技能）限选课	商业摄影	A550106J06	**课程目标** 素质目标：热爱摄影艺术，对待工作精益求精，能吃苦耐劳，具有较好的团队合作意识。能紧跟专业技术发展的最新动态不断更新新知。具备利用数字媒体技术传播新知识、宣传正能量的社会责任感和家国情怀的社会担当。 知识目标：通过本课程学习，使学生初步了解有关摄影方面的专业基础理论知识，数码摄影的技术技巧，摄影创作的基本流程、创作规律。了解和掌握画面的造型元素、造型规律，造型理念，对画面影调、色调的视觉调控等方面有一定的认知、理解，为专业设计的视觉体现做好基础性的铺垫。 能力目标：通过学习，使学生基本掌握有关摄影方面的摄影技术技巧，基本能独立完成产品体现、素材采集等方面的拍摄、制作任务。基本能简单的进行光线、影调、色调等方面的视觉处理。利用所学的造型技巧和画面造型的创作理念，可根据不同视觉传达项目的表现要求，基本能完成项目的视觉体现。
				主要内容 摄影技术技巧：数码摄影技术、摄影创作的基本规律、画面的造型元素。画面构图的基本规律：画面构成的基本素质、画面取景的基本常识、画面构图的造型技巧。画面基调的控制技巧：光线的合理运用、影调的控制、色调的控制。
				教学要求 课程共32学时、2学分；本课程为专业限选课。教师需具有丰富的相关专业技能知识的专业型教师。本课程利用高清数字媒体教室、摄影实训室结合室外操作实训完成。本课程内容突出对学生职业技能的训练和专业理论的引导，将摄影的技巧、画面构成的视觉表现、商业摄影的创作理念紧紧围绕项目任务完成的需要来进行专业基础知识的传授，采取理论与实践相结合的综合教学模式。 为了全面考核学生的学习情况，课程考核包括过程考核和期末考核。具体考核成绩评定办法如下：过程考核占60%，期末考核占40%。过程考核包括出勤、课堂表现、教学平台后台数据等部分。终期考核为课程考试。
29	专业（技能）限选课	别墅庭院景观设计	A550106J07	**课程目标** 素质目标：培养学生能够清晰准确的阐述自己的庭院景观设计思路；树立纪律意识、规范意识、创新意识，养成尊重宽容、团结协作和平等互助的合作意识，形成良好的职业道德和职业素养；培养学生实践创新意识、艺术修养，培养景观设计相关审美意识与工匠精神。 知识目标：掌握景观设计所必需的理论知识，了解中西方庭院设计的风格以及最新动态；具备学习庭院景观设计的理念；具备创新思维的理论知识并能结合专业学习熟练应用；掌握庭院景观设计的流程、步骤；掌握庭院景观设计所必需的原理、方法。 能力目标：具备较强的徒手方案表达能力；具备独立进行庭院景观设计和效果表现的能力；具备庭院规划整体协调能力。
				主要内容 中式庭院与日式庭院设计、西方现代庭院设计、居住区绿地设计、室内中庭立体绿化、屋顶花园设计的理论知识、案例分析以及别墅庭院设计方案实训等。
				教学要求 课程共32学时、2学分；课程为专业限选课。教师需具有丰富的行业企业从业经历的双师型教师。教学采用视频、图片、模型结合任务驱动等多种方式开展。采用递进式与分项式的教学方式，通过理论讲授，使学生了解中西方现代庭院的规模及功能、设计原则、设计内容及步骤、功能分区、布局形式及设计方法；欣赏优秀作品。在学生设计过程中，老师除了个别辅导外，每一阶段进行归纳总结，对比较突出的综合性问题进行解决；每周进行设计进度讲评，讲评方式可以采用学生互评或老师讲评，实行方案优胜劣汰的淘汰制。 课程考核包括过程考核和终期考核。过程考核占60%，终期考核占40%。过程考核包括考勤、课堂表现、课程小作业成绩等，终期考核为庭院景观设计方案。

注：★标记的为专业（技能）核心

七、实施保障

（一）师资队伍

1. 队伍结构

专业生师比不高于 25：1；师资队伍的年龄结构合理，老中青比例为 2：4：4；师资职称学历结构合理，其中副高以上职称教师占比不低于 40%，研究生学位以上占比不低于 80%。在教学团队中，具有双师素质的教师占比 60% 以上，鼓励教师参与科研项目研发、到企业实习，并获取相关职业资格证书，逐步提高双师型教师比例。

专兼比结构要求：聘请行业企业专家、技术骨干担任兼职教师，兼职教师比例不低于 30%。

2. 专业带头人要求

专业应配置双带头人，校外应聘请行业企业资深专家作为专业带头人，校内选拔有影响力的高级专业技术职务者为专业带头人。校企专业带头人具有敬业精神、创新能力，在专业领域内有丰富的专业实践能力和经历；对专业有深刻的认识，能够准确把握专业发展方向，熟悉行业发展的最新动态，对专业的发展具有统筹设计与管理能力；主持本专业人才培养模式改革和课程体系的构建，具有带领专业教学团队的能力；具有主持教学、培训和实训基地建设项目能力；能够指导青年教师进行教学和社会服务。

3. 专任教师要求

具有高等学校教师资格和本科以上学历，原则上具有两年以上本专业相关的企业工作经历并取得相应资格证书；道德高尚、治学严谨，掌握现代职业教育理念和教学方法，能够主讲 1 门以上专业课程，参与实践教学，并取得良好的教学效果；与行业及相关企业联系密切，主持或参与校企合作或相关专业技术服务项目；能够参与教研教改课题和专业技术课题的研究。

4. 兼职教师要求

具备高级职业资格或中级及以上专业技术资格，原则上应具有 5 年以上企业一线工作经历，能够解决生产过程中的技术问题；具有较强的语言表达能力，掌握一定的职业教育方法，具有一定的教学能力，能够承担教学任务；具有参与人才培养方案的制定、课程开发与建设、相关教学文件的编写能力。

（二）教学设施

根据专业教学要求建设校内实习实训基地和校外实习实训基地。校内实习实训基地数量、条件、功能、工位数能满足实践教学要求。校内实训室面积、设施设备必须达到教育部职业院校专业实训教学条件建设标准的基本要求，具有良好的信息化条件和设施设备，能满足专业建设、教学管理、信息化教学和学生自主学习需要。

表 3-21　校内实习实训基地情况一览表

序号	教室名称	主要教学设施设备	开设课程（项目）	数量
1	绘画工作室	大工作台　　1 张 /3 人 大长方桌　　1 张 / 人 小长方桌　　1 张 / 人 写生用石膏像　若干 工业产品类静物若干　　若干	设计素描 设计色彩	2 间
2	电脑设计实训室	电脑桌　　1 套 / 人 投影仪　　1 套 电脑　　1 台 / 人（每间 40 台） 打印机　　1 套 /30 人 扫描仪　　1 套 /30 人 桌椅　　60 套	计算机辅助设计一：AutoCAD 计算机辅助设计二：sketchup 计算机辅助设计一：3dsMax 计算机辅助设计一：Photoshop	2 间
3	教师工作室	电脑 1 套 / 人；书架 2 个；茶几 1 个；沙发 2 张；桌椅 8 套；置物柜 1 个；书柜 4 个	毕业设计 实习实训	2 间
4	设计表现工作室	大、小长方桌　　1 张 / 人 工作室休闲椅　　1 张 / 人 绘图桌椅 1 套 /30 人 显示投影仪　　1 台 A3 扫描仪　　1 台 马克笔　　3 套	室内手绘表现	1 间
5	制图工作室工作室	多媒体设备投影仪 1 套 专业制图桌 1 套 /30 人	室内装饰工程制图	2 间
6	模型制作工作室	电脑　　1 台 杰克雕刻机 1325　　1 台 皮卡雕刻机 8090　　1 台 双人电脑桌　　1 张 /2 人 精雕软件　　2 套 文件柜　　1 个	小型建筑设计、毕业设计	1 间
7	建筑装饰材料展示厅	九大类建筑装饰材料陈列展示：吊顶材料、门窗材料、五金材料、墙面材料、地面材料、胶粘材料、油漆材料、水电材料、其他材料。	室内装饰材料与施工工艺、室内装饰工程概预算	1 间
8	教学工作室	电脑、投影仪　　1 套 桌椅　　1 套 / 人	居室空间设计、别墅空间设计、办公空间设计、餐饮空间设计、休闲娱乐空间设计	6 间

表 3-22　校外实习实训基地情况一览表

序号	名称	实习实训岗位	接纳人数
1	湖南名匠装饰工程有限公司	实习设计师、设计助理	10
2	长沙峰上大宅装饰有限公司	设计助理、家装顾问	10
3	湖南点石家装	设计助理、家装顾问、效果图表现师	10
4	湖南华浔品味装饰有限公司	实习设计师、设计助理	5
5	湖南千思装饰有限责任公司	设计助理、家装顾问、施工图绘图员	8
6	湖南美迪装饰设计工程有限公司	设计助理、家装顾问、效果图表现师	10
7	东易日盛家居装饰集团股份有限公司	设计助理、家装顾问	6
8	TCDI 创思国际建筑师事务所	设计助理、效果图表现师、深化设计师	10
9	东莞品匠设计事务所	实习设计师、设计助理	4
10	深圳居众装饰厦门设计院	设计助理、施工图绘图员	8

（三）教学资源

教学资源主要包括能够满足学生专业学习、教师专业教学研究和教学实施、社会服务所需的教材、图书文献及数字教学资源。

表 3-23　教学资源表

序号	资源类型	要求
1	教材	按照国家规定选用优质教材，禁止不合格的教材进入课堂。完善教材选用制度，按照规范程序择优选用教材。根据专业要求和课程特点，选用体现新技术、新工艺、新规范等的高质量教材，优先选用国家"十三五"规划教材、重点建设教材、校企合作双元开发教材，选用教材符合课程教学内容要求，引入典型生产案例。严格遵守校本教材选用制度，按照课程要求、企业行业要求和学生特点组织编写相关活页式校本教材。
2	图书文献	图书文献配备能满足人才培养、专业建设、教科研等工作的需要，方便师生查询、借阅。专业图书资料不少于 1000 册。
3	数字资源	建设、配备与本专业有关的音视频素材、教学课件、数字化教学案例库、虚拟仿真软件、数字教材等专业教学资源库；数字资源应种类丰富、形式多样、使用便捷、动态更新，能满足教学要求。

（四）教学方法

在教学中，积极推进"三教改革"。教学过程中不断探索，将劳动教育、社会服务意识引导融入教学各个环节。以学生为中心，多种教学方法结合。环境艺术设计（室内设计方向）专业相关课程（不包括公共文化课）主要采用以下教学方法。

启发式教学：在教学过程中要以学生为主体，而教师作为引导者，通过启发性教学方式，通过课堂的互动和介绍社会上生动的真实案件，增强学生学习的主动性和积极性，提高教学效果。

情景教学法：教师在课堂上根据主题要求设定一个明确的情景任务，要求学生利用所学的知识，就这一主题情景任务各自独立或分组进行方案设计，制定工作计划或解决方案，让学生充分发挥他们的创造力和想象力，它不但对学生具有较强的挑战性和趣味性，也是一种具有创意性的教学方法。

项目导向教学法：室内设计专业课程以面向市场，来自企业的真实设计项目为载体，通过校企共同考核、遴选学生项目作品，推广项目成果，细分来自企业的真实设计项目的各个设计任务，采用先工作室实训，再企业实践，让真实设计项目的各个设计任务来驱动教学，通过各个设计任务的解决实现学生必备知识技能的学习与训练，将"教、学、做"贯穿始终，理论与实践融为一体。培养具备较高创意水平和扎实专业能力的高素质技能型专门人才。

行为导向法：在教师指导下共同实施某个项目，教师向学生讲明项目的目的和要求，由学生自由分组、自由合作，小组成员共同团结协作完成，教师通过对学生的指导、协调、激励、促进、辅导、全面考查学生对知识的综合应用能力和掌握程度，使学生在整个教学活动过程中都是处于积极主动参与的状态，学生设法完成项目活动安排的内容，可以做到让学生清晰每个环节的知识点，使他们开口说得清、动手做得对，又给了学生有充足的表现、探索、实践活动的机会。

翻转课堂模式：将学习的决定权从教师转移给学生，让学生更专注于基础知识的学习。中外建筑史、室内设计原理等理论性较强的专业课程较适合这种方法。学生课前完成自主学习，课堂上自己用多种方式规划学习内容、学习节奏、风格和呈现知识的方式，教师进行协助和补充讲授，灵活的教学方法可以让学生的参与度更强。

除了这几种主要的教学方式，还采用线上、线下混合式教学，充分利用信息化教学手段，结合实际条件请专家、名家进行集中讲座。多种方式自然融合，根据不同课程内容进行教学设计和教学方法的选择。

（五）学习评价

1. 专业教学质量评价与考核

针对专业特点，制定专业教学质量评价与考核方案和细则，广泛邀请行业、企业特别是用人单位参与评价与考核，逐步建立第三方评价专业教学质量机制；把课程评价与考核作为专业教学质量评价与考核的重要内容，建立健全人才培养方案动态调整机制，推动课程体系不断更新和完善。

（1）评价方法多样

改革考核手段和方法，加强实践性教学环节的考核，注重学生自评、互评以及过程考核和结果考核相结合；结合课堂提问、学生作业、平时测验、实习实训、技能竞赛及考试情况，综合评定学生的学习成效；注重学生分析问题、解决实际问题能力的考核，对在学习和应用上有创新的学生应特别给予鼓励，综合评价学生能力。

（2）评价主体多元

教学评价主体主要为学校主管部门、企业技术专家、学校教师、学生、家长、社会民众等。

（3）建立以学生作品为核心的评价方法

课程考核以学生作品为核心进行考核，包括作品设计过程与职业素养考核、作品考核、理论考试 3 个方面，其中作品设计过程与职业素养考核约占课程考核总分的 10—15%，作品考核占课程考核总分的 80—70%，理论考试占课程考核总分的 10—15%（具体比例视每门课程的具体情况而定）。

2.对学生的评价与考核

（1）评价与考核主体

以教师评价与考核为主，广泛邀请就业单位、合作企业、社区、家长参与学生质量评价与考核，建立多方共同参与评价的开放式综合评价与考核制度。

（2）评价与考核方法

采取过程评价与结果评价相结合，单项评价与综合评价相结合，总结性评价与发展性评价相结合的多种评价与考核方式。把学习态度、平时作业、单项项目完成情况作为学生学习质量评价与考核的重要组成部分。不断改革评价与考核方法，完善以学生作品为主体的质量评价与考核制度。

（3）评价与考核内容

思想品德与职业素养：依据学校制定的学生日常行为规范，制定思想品德评价与考核方案和细则；依据行业规范与职业岗位要求，结合湖南省高等职业院校学生室内设计技术专业技能抽查考试标准的要求，制定职业素养评价与考核方案和细则，把职业素养评价与考核贯穿到教育教学全过程。

专业知识与技能：根据湖南省高等职业院校学生室内设计技术专业技能抽查考试标准的要求，针对室内设计技术专业教学特点，结合课程标准具体教学内容，制定每门课程具体的专业知识与技能评价与考核细则。

科学文化知识与人文素养：依据教育部颁布的相关文件要求，制定基本素质模块课程的教学质量评价细则，积极探索人文素质综合测试的内容和方法。

3.人才培养质量评价

建立人才培养质量考核评价制度，实施"行业、企业、学校、学生"四方共同参与的人才培养质量评价机制，接受社会、行业企业、用人单位、学生家长和新闻媒体的评价。采取单项评价与综合评价结合、主体评价与客体评价结合、内部评价与外部评价结合、学校评价与社会评价结合的评价程序，以就业率、就业岗位对口率、就业质量和社会满意度等为人才培养质量的核心指标，构建评价指标体系，对人才培养质量进行全方位的评价。

（六）质量管理

1. 教学质量管理组织

建立学院教学执行组织与监督评估组织双线运行的组织框架。建设教学质量管理和监控组织机构，突出持续性、全程性监控特点，实现教学质量管理的经常化、规范化。实施"社会、学院、系部、学生"四方监控，"学院、系部、学生"三级评价，"用人单位、教师、家长、学生"多向反馈的教学质量管理与监控体系。

加强课堂教学质量，制定督导室和督导员的主要职责及日常工作、评课要求、评课流程等相关制度和细则。督导室相继开展了随机听课、公开课和说课等一系列教学活动。深入工学部、深入课堂和各个教学环节，获得了大量的教师教学、学生学习、质量保障等方面的重要信息，加强了教学管理和课程建设，对于稳定教学秩序、提高教学质量起到了积极的促进作用。

2. 实践环节质量管理

制订和完善各实践环节的课程标准、指导书、任务书、评价标准等教学资料；制定和完善实践教学管理文件，加强校内生产性实训、校内外顶岗实习的管理，同时规范校外实训基地的运行；依托教学督导室、学生信息员、顶岗实习检查小组等机构，对实践教学过程和教学效果实施质量监督，对信息进行收集分析和有效利用，及时纠偏，不断提高实践环节教学质量。

毕业要求：

本专业学生在规定修业年限内，修满专业人才培养方案规定的全部课程，考核全部合格，完成定岗实习任务，毕业设计取得合格以上成绩，综合素质考核合格，取得规定学分158分，符合学籍管理规定的毕业条件，准予毕业。

（三）湖南城市学院21年环境艺术设计专业人才培养方案

专业代码：130503

一、培养目标

本专业旨在培养适应时代发展及社会需求，德、智、体、美、劳全面发展，掌握环境设计专业基础理论、基本知识和技能，具备良好的创造性思维能力、广博的理论素养；能在相关设计公司、设计院、企事业单位设计部门或行业，从事艺术设计教育、研究、设计和管理等工作的高素质应用型人才。

二、毕业基本要求

毕业要求1：拥护中国共产党领导，热爱社会主义祖国，掌握马列主义、毛泽东思想和中国特色社会主义理论体系，具有正确的世界观、人生观、价值观和高尚的道德品质，遵纪守法，团结合作，爱岗敬业，乐于奉献。

毕业要求2：通过教育部规定的《国家学生体质健康标准》测试，具有较好的心理素质、敏锐的判断能力，积极向上的生活态度。

毕业要求 3：具备良好的审美能力和美术鉴赏能力，熟悉和运用审美法则，将审美与课程设计紧密结合，能将这环境设计课程的技术与艺术，功能与审美相结合。

毕业要求 4：熟悉国家教育方针、政策，系统掌握环境设计专业的核心知识体系和相关人文社会科学以及自然科学的基本知识，了解环境设计研究对象的基本特征和开展专业研究的基本方法，了解国内外建筑与景观，空间与环境，景观技术与方法的研究动态及前沿课题；掌握基础教育阶段的环境设计理论知识和基本技能，了解并掌握一定的国内外有代表性的环境设计理论与方法；初步了解相关的自然科学、建筑装饰材料学、建筑物理学，装饰构造学，人体工程学，包括造型、色彩、工艺、技术等面的基础知识，熟悉各种装饰材料性能与施工工艺的相关知识。

毕业要求 5：通过本专业知识理论的学习，使学生具备灵活应用装饰材料，熟悉施工工艺，具有中小型空间的设计能力和实践能力；应用科学的方法解决工作中和生活中的实际问题；通过组织与引导、培养学生创新创业意识，积极培养学生学习兴趣，通过各种讲座、行业参与的竞赛活动、教师工作室等，激发学生自主学习，不断创新的能力，大学期间要求每位同学至少参与一至两项创新或实践活动；具备相关语言表述和文字表述的能力；应初步具备专业设计、组织和决策的基本管理能力；应具有相关的自然科学知识，初步具有跨学科的视野和实践能力。

毕业要求 6：具有快速表现、计算机辅助设计、包括 CAD、3DMAX、SKETCHYP、BIM、VR 等设计软件的应用能力，可以通过设计软件辅助分析设计案例，具有工程概预算及招投标能力，具备相应的技术应用及施工与工程管理能力等。

毕业要求 7：通过专业能力的培养能运用设计理论处理建筑景观与室内设计过程中各种问题，熟悉设计方法及相应的技术指标。

毕业要求 8：通过理论和实践教学熟悉工程进度、施工流程，各种极具、材料的应用于加工，对施工过程进行质量控制。

毕业要求 9：掌握工程项目研发，能理应科技前沿成果，了解多学科交叉理论，具备相应成果转化能力。

毕业要求 10：具有自主学习和终身学习的意识，具备创新创业能力和较强的社会适应能力。

三、专业特色

1.明确"1个方向，2条思路、3个结合，4种发展"与2+2实践体系"，强化知识和能力培养。

以本土文化为切入点，实现"校企融合、校内互动、学训一体、协同发展"，加强与本校建规院专业合作与优势互补。

四、主干学科

设计学、美术学、建筑学

五、专业核心课程

主要包括：建筑与景观、材料与工艺、空间与环境、技术与方法。

室内方向包括：建筑设计初步，装饰材料与构造、居住空间设计、办公空间设计、餐饮空间设计、建筑方案设计与表现、照明设计、酒店设计、博展室内空间设计、室内软装设计。

景观方向包括：居住空间设计、建筑设计初步、装饰材料与构造、景观绿化设计、住宅区景观设计、建筑方案设计与表现、城市规划原理（详规）、海绵城市设计、景观生态学、城市空间景观设计。

六、主要实践性教学环节

美术实习、专业认识实习、课程设计、生产实习、专业实习、毕业实习、毕业设计综合训练

七、学制和授予学位

标准学制：4年，学习年限3-6年；符合《湖南城市学院授予学士学位实施细则》规定者，授予设计艺术学学士学位。

毕业学分要求和总学时分布

表3-24 毕业学分要求和总学时分布

本专业学生毕业要求最低学分为159.5学分，毕业综合训练 要求：合格		
理论教学共120.5学分（75.5）%；共1986学时（60.8）%。	必修100.5学分（83.4）%；1666学时（83.9）%	
	选修20学分（16.6）%；320学时（16.1）%	
实践教学共39学分（24.5）%；共1280学时（39.2）%。		

九、人才培养方案安排表

表 3-25 教学计划安排表

序号	课程类型	课程类别	课程代码	课程名称	学分	学时	理论学时	实践学时	考核方式	周学时	开课学期	备注	开课单位
1	必修	通识教育	9123311031	思想道德修养与法律基础	3	48	40	8	考试	3	二		马克思主义学院
2	必修	通识教育	9124311041	中国近现代史纲要	3	48	40	8	考试	3	一		马克思主义学院
3	必修	通识教育	9121311011	马克思主义基本原理	3	48	40	8	考试	3	四		马克思主义学院
4	必修	通识教育	9122311021	毛泽东思想和中国特色社会主义理论体系概论	5	80	72	8	考试	5	三		马克思主义学院
5	必修	通识教育	9125111050	形势与政策	2	32	32		考查	2	三		马克思主义学院
6	必修	通识教育	9054311011	大学英语（1）	3	48	48		考试	4	一		人文学院/大学英语教学部
7	必修	通识教育	9054311021	大学英语（2）	3	48	48		考试	4	二		人文学院/大学英语教学部
8	必修	通识教育	9051111050	应用文写作	1.0	16	16		考查	2	二		人文学院/大学英语教学部
9	必修	通识教育	9131311010	大学生心理健康教育	1	32	12	20	考查	2	一-二		学生工作部/武装部/学生工作处
10	必修	通识教育	915131100	大学生职业发展和就业指导（1）	0.5	20	8	12	考查		四		招生就业处
11	必修	通识教育	9151311020	大学生职业发展和就业指导（2）	0.5	18	4	14	考查		六		招生就业处
12	必修	通识教育	9163311010	创新创业基础	1	32	8	24	考查	2	二		工程训练中心/应用与创新创业学院
13	必修	通识教育	9132311020	大学生军事理论	2	36	12	24	考查		二		学生工作部/武装部/学生工作处
14	必修	通识教育	9063311011	大学生计算机基础	1.5	32	16	16	考试	4	一		信息与电子工程学院

（续表）

序号	课程类型	课程类别	课程代码	课程名称	学分	学时	理论学时	实践学时	考核方式	周学时	开课学期	备注	开课单位
15	必修	通识教育	9103811010	大学体育与健康（1）	1.0	32	20	12	考查	2	一		体育学院/大学体育教学部
16	必修	通识教育	9103811020	大学体育与健康（2）	1.0	32	20	12	考查	2	二		体育学院/大学体育教学部
17	必修	通识教育	9103811030	大学体育与健康（3）	0.5	20	20		考查	2	三		体育学院/大学体育教学部
18	必修	通识教育	9103811040	大学体育与健康（4）	0.5	20	20		考查	2	四		体育学院/大学体育教学部
			小计		32.5	642	476	166					
19	必修	学科基础	9071312010	设计素描与色彩	4	64	40	24	考查	8	一		艺术学院/国际学院
20	必修	学科基础	9071312020	三大构成	3	48	32	16	考查	8	一		艺术学院/国际学院
21	必修	学科基础	9071312030	CAD制图	4	64	40	24	考查	8	二		艺术学院/国际学院
22	必修	学科基础	9071312041	人体工程学	2	32	24	8	考试	8	二		艺术学院/国际学院
23	必修	学科基础	9071312051	中外建筑史	3	48	40	8	考试	8	三		艺术学院/国际学院
24	必修	学科基础	9071312060	3DSMAX	4	64	40	24	考查	8	三		艺术学院/国际学院
25	必修	学科基础	9071312080	公共艺术设计	3	48	32	16	考查	8	五		艺术学院/国际学院
26	必修	学科基础	9071312090	装饰概预算	2	32	24	8	考查	8	五		艺术学院/国际学院
27	必修	专业基础	9071312100	景观设计基础	4	64	40	24	考查	8	三		艺术学院/国际学院
28	必修	专业基础	9071312070	表现技法	4	64	40	24	考查	8	二		艺术学院/国际学院
			小计		33	528	352	176					
29	必修	专业核心	9071313010	居住空间设计	4	64	40	24	考查	8	三	室内设计方向	艺术学院/国际学院
30	必修	专业核心	9071313020	建筑设计初步	4	64	40	24	考查	8	三	室内设计方向	艺术学院/国际学院

（续表）

序号	课程类型	课程类别	课程代码	课程名称	学分	学时	理论学时	实践学时	考核方式	周学时	开课学期	备注	开课单位
31	必修	专业核心	9071313030	装饰材料与构造	4	64	40	24	考查	8	四	室内设计方向	艺术学院/国际学院
32	必修	专业核心	9071313040	办公空间设计	4	64	40	24	考查	8	四	室内设计方向	艺术学院/国际学院
33	必修	专业核心	9071313050	餐饮空间设计	4	64	40	24	考查	8	五	室内设计方向	艺术学院/国际学院
34	必修	专业核心	9071313060	建筑方案设计与表现	4	64	40	24	考查	8	五	室内设计方向	艺术学院/国际学院
35	必修	专业核心	9071313070	照明设计	2	32	24	8	考查	8	六	室内设计方向	艺术学院/国际学院
36	必修	专业核心	9071313080	酒店设计	4	64	40	24	考查	8	六	室内设计方向	艺术学院/国际学院
37	必修	专业核心	9071313090	博展室内空间设计	4	64	40	24	考查	8	七	室内设计方向	艺术学院/国际学院
38	必修	专业核心	9071313100	室内软装设计	3	48	32	16	考查	8	七	室内设计方向	艺术学院/国际学院
		（室内方向）小计			37	592	376	216					
39	必修	专业核心	9071313010	居住空间设计	4	64	44	20	考查	8	三	景观设计方向	艺术学院/国际学院
40	必修	专业核心	9071313020	建筑设计初步	4	64	48	16	考查	8	三	景观设计方向	艺术学院/国际学院
41	必修	专业核心	9071313030	装饰材料与构造	4	64	44	20	考查	8	四	景观设计方向	艺术学院/国际学院
42	必修	专业核心	9071313110	景观绿化设计	4	64	44	20	考查	8	四	景观设计方向	艺术学院/国际学院
43	必修	专业核心	9071313060	建筑方案设计与表现	4	64	44	20	考查	8	五	景观设计方向	艺术学院/国际学院
44	必修	专业核心	9071313120	住宅区景观设计	4	64	44	20	考查	8	五	景观设计方向	艺术学院/国际学院

（续表）

序号	课程类型	课程类别	课程代码	课程名称	学分	学时	理论学时	实践学时	考核方式	周学时	开课学期	备注	开课单位
45	必修	专业核心	9071313131	城市规划原理（详规）	3	48	40	8	考试	8	六	景观设计方向	艺术学院/国际学院
46	必修	专业核心	9071313140	海绵城市设计	3	48	36	12	考查	8	六	景观设计方向	艺术学院/国际学院
47	必修	专业核心	9071313150	景观生态学	3	48	40	8	考查	8	七	景观设计方向	艺术学院/国际学院
48	必修	专业核心	9071313160	城市空间景观设计	4	64	44	20	考查	8	七	景观设计方向	艺术学院/国际学院
			（景观方向）小计		37	592	376	216					
49	选修	自主发展	9071324010	建筑模型制作与工艺	2	32	24	8	考查	8	三		艺术学院/国际学院
50	选修	自主发展	9071324020	摄影	2	32	24	8	考查	8	三		艺术学院/国际学院
51	选修	自主发展	9071324030	中国传统装饰	2	32	24	8	考查	8	四		艺术学院/国际学院
52	选修	自主发展	9071324041	书法	2	32	24	8	考试	8	四		艺术学院/国际学院
53	选修	自主发展	9071324050	版式设计	2	32	24	8	考查	8	五		艺术学院/国际学院
54	选修	自主发展	9071324060	家具设计与创意	2	32	24	8	考查	8	五		艺术学院/国际学院
55	选修	自主发展	9071324070	空间美学	2	32	24	8	考查	8	六		艺术学院/国际学院
56	选修	自主发展	9071324080	智能家居设计	2	32	24	8	考查	8	六		艺术学院/国际学院
57	选修	自主发展	9071324091	艺术概论	3	48	32	16	考试	8	四		艺术学院/国际学院
58	选修	自主发展	9071324100	工程管理	3	48	32	16	考查	8	六		艺术学院/国际学院
59	选修	自主发展	9071324110	文艺欣赏	1.5	24	8	16	考查	4	三		艺术学院
60	选修	自主发展	9054311031	大学英语拓展系列课程（1）	1.5	24	8	16	考试	4	三	2选1	人文学院/大学英语部

（续表）

序号	课程类型	课程类别	课程代码	课程名称	学分	学时	理论学时	实践学时	考核方式	周学时	开课学期	备注	开课单位
61	选修	自主发展	9071324120	中国民间美术欣赏	1.5	24	8	16	考查	4	四		艺术学院
62	选修	自主发展	9054311041	大学英语拓展系列课程（2）	1.5	24	8	16	考试	4	四	2选1	人文学院/大学英语部
63	选修	自主发展	9163311020	创新创业类	2	32		32	考查				工程训练中心/应用与创新创业学院
64	选修	自主发展	9171824010	自然科学类	2	32	32		考查			4选3	教务处
65	选修	自主发展	9171824020	人文社科类	2	32	32		考查				教务处
66	选修	自主发展	9171824030	艺体类	2	32	32		考查				教务处
				小计	9	144	144						
67	必修	集中实践	9132311030	入学教育及军训	2	3周		3周	考查		一		学生工作部/武装部/学生工作处
68	必修	集中实践	9133315010	公益劳动	1	1周		1周	考查		一一二		学生工作部/武装部/学生工作处
69	必修	集中实践	9141315010	社会实践与志愿者服务	1	1周		1周	考查				团委
70	必修	集中实践	9071615010	美术实习	3	3周		3周	考查		二		艺术学院/国际学院
71	必修	集中实践	9071415010	课程设计	2	2周		2周	考查		五		艺术学院/国际学院
72	必修	集中实践	9071615020	专业认识实习	2	2周		2周	考查		五		艺术学院/国际学院
73	必修	集中实践	9071615030	生产实习	4	4周		4周	考查		六		艺术学院/国际学院
74	必修	分散实习	9071615040	专业实习	6	6周		6周	考查		七		艺术学院/国际学院
75	必修	分散实习	9071615050	毕业实习	4	4周		4周	考查		八		艺术学院/国际学院
76	必修	集中实践	9071515010	毕业综合训练	14	14周	2周	12周	考查		七-八		艺术学院/国际学院
				小计	37	37	2	35					
				合计	159.5								

十、人才培养标准实现矩阵备注：课程体系与毕业要求的支撑分别用"H（高支撑度）、M（中支撑度）、L（低支撑度）"表示。其中H代表直接支撑，M代表间接支撑，L代表关

联支撑。

表 3-26　人才培养标准实现矩阵

课程	毕业要求 1	毕业要求 2	毕业要求 3	毕业要求 4	毕业要求 5	毕业要求 6	毕业要求 7	毕业要求 8	毕业要求 9	毕业要求 10
思想道德修养与法律基础	H	L	M	L	L	L	L	L	L	M
中国近现代史纲要	M	L	L	L	L	L	L	L	L	M
马克思主义基本原理	H	L	M	L	L	L	L	L	L	M
毛泽东思想和中国特色社会主义理论体系概论	H	L	M	L	L	L	L	L	L	M
形势与政策	M	L	M	L	L	L	L	L	L	M
大学英语	L	L	L	L	L	L	L	L	M	L
大学体育与健康	M	H	L	L	L	L	L	L	L	M
设计素描与色彩	L	L	H	L	M	M	M	M	M	L
三大构成	L	L	M	L	L	M	M	L	M	L
CAD 制图	L	L	M	M	M	H	M	M	M	L
人体工程学	L	L	M	M	M	M	M	M	M	L
中外建筑史	M	L	M	L	L	L	L	L	M	L
3DSMAX	L	L	M	M	M	H	M	M	M	L
艺术概论	M	L	M	M	L	L	L	L	M	L
公共艺术设计	M	L	H	M	M	M	M	M	M	M
装饰概预算	M	L	M	M	M	M	M	M	M	M
工程管理	M	L	M	M	M	L	M	M	M	M
居住空间设计	M	L	H	H	M	M	M	H	M	M
建筑设计初步	L	L	M	M	M	M	M	H	M	M
景观设计基础	L	L	M	M	M	M	M	M	M	M
装饰材料与构造	M	L	H	H	M	M	M	H	M	
办公空间设计	M	L	H	M	M	M	H	H	M	M
餐饮空间设计	M	L	M	M	M	M	M	H	M	M
建筑方案设计与表现	M	L	H	M	M	M	M	H	H	M
表现技法	L	L	H	M	M	M	M	M	M	M
照明设计	L	L	H	H	M	M	M	M	M	M
酒店设计	M	L	M	M	M	M	M	M	M	M
博展室内空间设计	M	L	M	M	M	M	M	M	M	M
室内软装设计	M	L	H	M	H	M	M	M	M	M
景观绿化设计	M	H	H	M	M	M	M	M	M	M
住宅区景观设计	M	L	H	M	M	M	M	M	M	M
城市规划原理（详规）	L	L	L	M	M	M	M	M	H	L
海绵城市设计	M	L	H	M	M	M	M	M	H	M
景观生态学	M	L	H	M	M	M	M	M	H	M
城市空间景观设计	M	L	H	H	M	M	M	M	M	M
建筑模型制作与工艺	M	M	M	M	M	M	H	H	M	L
摄影	L	L	M	L	L	L	L	L	M	M
中国传统装饰	M	L	M	L	L	L	L	M	M	L
书法	M	L	M	L	L	L	L	L	M	L
版式设计	M	L	M	L	L	L	L	L	M	L
家具设计与创意	M	L	H	M	M	M	H	M	M	H
空间美学	M	L	H	L	M	L	L	L	M	M
智能家居设计	M	L	M	M	M	M	M	M	M	H
文艺欣赏	M	L	M	L	L	L	L	L	M	M

（续表）

课程	毕业要求 1	毕业要求 2	毕业要求 3	毕业要求 4	毕业要求 5	毕业要求 6	毕业要求 7	毕业要求 8	毕业要求 9	毕业要求 10
中国民间美术欣赏	M	L	M	L	L	L	L	L	L	M
美术实习	M	M	H	L	L	L	L	L	L	M
课程设计	M	M	H	M	M	M	M	H	M	M
专业认识实习	M	M	M	M	L	L	L	L	M	M
生产实习	M	M	H	M	M	M	H	H	M	M
专业实习	M	M	H	M	M	M	M	M	M	M
毕业实习	M	M	H	M	M	M	M	H	M	M
毕业综合训练	M	L	H	H	H	H	H	H	M	M

（四）湖南信息学院 21 年环境艺术设计专业人才培养方案

一、培养目标

本专业适应环境设计行业、区域经济和社会发展需求，立足湖南，面向全国，坚持立德树人，培养具有良好的政治思想素质、道德文化素养、社会责任感、创新精神和创业意识，德智体美劳全面发展，系统掌握环境设计专业的基础理论、设计原则等知识，在专业实践中具有独立分析问题、解决问题的能力，能够在本专业设计领域、企事业单位、传播机构等从事居住空间、公共空间、城市环境景观与社区环境景观的策划、设计、施工、管理等相关工作的高素质应用型人才。

本专业学生毕业五年左右应达到以下目标：

目标 1：树立正确的世界观、人生观、价值观，自觉践行社会主义核心价值观，熟悉国家相关产业的政策，熟悉国内外相关知识产权等方面的法律法规，人格健全、身心健康，具有强烈的社会责任感、生态意识、主人翁意识以及良好的职业道德。

目标 2：熟练掌握环境设计相关的学科知识，具有较宽知识面和发展能力；具备项目策划、设计、经营管理应用能力；适应环境设计行业发展，具备解决本专业复杂问题的综合能力。

目标 3：能够就本专业的复杂问题与各方进行有效沟通、深入交流；能熟练应用信息技术进行方案设计与管理，同时具有较强的设计创新思维能力。

目标 4：适应多学科团队和跨文化工作环境，能跨界进行联合研究项目，进行具有计划、组织、管理、实施不同类型项目的能力。具备一定的国际视野，全球化意识和跨文化合作能力。

目标 5：树立主动学习、终生学习观念，坚持不懈地吸取新知识，能应对行业新理念、新材料与新技术的发展。

二、毕业要求

根据上述培养目标，本专业毕业生必须满足如下 9 条毕业要求：

毕业要求 1：品德素养。具有人文底蕴、科学精神、职业素养和社会责任感，了解国情社情民情，树立正确的世界观、人生观、价值观，践行社会主义核心价值观，人格健全、身心健康，遵守职业道德规范，具有社会责任感。

毕业要求 2 ：学科知识。具有从事环境设计专业所需的环境设计原理与方法、环境设计与建筑、室内空间设计与创意、计算机应用技术等专业知识。

毕业要求 3 ：应用能力。掌握环境设计专业基本理论和方法，具有方案设计、工程预算、施工工艺、项目管理的能力；具有一定的发现、分析和解决项目运行中问题的能力。

毕业要求 4 ：创新能力。具有一定的批判性思维和创新能力。掌握创新方法，把握意识形态、不同文化形式对本专业设计产生的影响，能就本专业相关问题发表个人观点和见解。

毕业要求 5 ：信息应用。具有信息技术应用能力。具备运用现代工具进行环境设计项目分析；能运用绘图软件完成设计项目的能力；能够运用信息化、智能化手段呈现设计方案、项目汇报等。

毕业要求 6 ：沟通表达。在工作中能与团队、客户、施工方等进行有效沟通和交流，包括撰写报告、设计方案、陈述发言、清晰表达或回应指令等。

毕业要求 7 ：团队合作。能够在多学科背景下的团队中承担个体、团队成员以及负责人的角色。能够独立完成团队协作中任务，适应团队工作模式，有团队和责任意识。

毕业要求 8 ：国际视野。具有国际意识、国际视野和国际理解能力，了解环境设计专业领域的发展前景和动态，了解国际动态，尊重世界不同文化的差异性和多祥性，在设计作品中学习吸收优秀的外来文化。

毕业要求 9 ：学习发展。具有自主学习和终身学习的意识，能够针对个人自身特点和职业发展需求，采用合适方法，自主学习，适应设计行业和个人可持续发展。

三、学制与授予学位

实行弹性学制，一般为 4 年。学生依据《湖南信息学院学籍管

理规定》的要求可在 3-6 年内完成学业。完成培养方案规定的各教学环节的学习，修满 160 学分，符合学位授予条件者，经校学位委员会审核通过，授予艺术学学士学位。

四、主干学科与核心课程

主干学科：设计学

核心课程：室内设计原理、景观设计原理、项目综合设计实践、照明设计、室内外效果图表达、人机工程学、工程识图与制图、模型制作与工艺、展示设计。

五、基本学分及分布

表 3-27　本专业基本学分

课程类别		学分	占总学分比例	学时	所含实践教学学分	选修课所占学分比例	实践教学所占比例
通识课程	通识必修课	46	28.8%	826	6.5		
	通识选修课	10	6.3%	160	0		
学科基础课程		28	17.5%	576	8		
专业课程	专业必修课	22	13.7%	384	3	21%	31.4%
	专业限选课	13.5	8.4%	312	6		
	专业任选课	10	6.3%	164	0.3		
集中实践环节		26.5	16.5%	708	26.5		
素质拓展与创新创业教育项目		4	2.5%				
合计		160	100%	3130	50.3		

（注：保留到小数点后一位）

教学计划进程表

表 3-28　教学计划进程表

课程类别	课程编码	课程名称	学分	总学时	学时分配		各学期学分分配								备注
					理论	实践	一	二	三	四	五	六	七	八	
通识教育必修课	G220060011	思政课实践（1）	0.5	8		8	0.5								
	F220071016	通用英语 C（1）	3	48	48	0	3								
	A220010013	计算机基础	1.5	32	16	16	1.5								
	G220140014	军事理论与国家安全教育	2	36	36	0	2								
	F220140012	大学体育 (1)	1	32	4	28	1								
	G220020014	中国近现代史纲要	2	32	32	0	2								
	G220010014	思想道德与法治	2	32	32	0		2							
	G220100011	形势与政策 (1)	0.5	8	8	0		0.5							
	G220070011	思政课实践（2）	0.5	8		8		0.5							
	F220081016	通用英语 C(2)	3	48	48	0		3							
	F220150012	大学体育 (2)	1	32	4	28		1							
	F220200014	大学生心理健康教育	2	32	32	0		2							
	I220010012	职业发展与就业指导(1)	1	16	16	0		1							
	F220190014	应用写作	2	32	32	0		2							
	A220020013	人工智能与大数据导论	1.5	32	26	6		1.5							

（续表）

课程代码	课程名称	学分	总学时	讲课	实践		一	二	三	四	五	六
G220080011	思政课实践（3）	0.5	8		8		0.5					
F220091014	通用英语C(3)	2	32	32	0		2					
F220160012	大学体育（3）	1	32	4	28		1					
G220040014	毛泽东思想和中国特色社会主义理论体系概论	2	32	32	0		2					
G220110011	形势与政策（2）	0.5	8	8	0			0.5				
G220090011	思政课实践（4）	0.5	8		8			0.5				
F220121014	专门用途英语C	2	32	32	0			2				
F220170012	大学体育（4）	1	32	4	28			1				
G220030016	马克思主义基本原理	3	48	48	0			3				
F220131014	中国文化概论	2	32	32	0				2			
G220050016	习近平新时代中国特色社会主义思想概论	3	48	48	0				3			
I220030014	创业基础	2	32	32	0				2			
G220120011	形势与政策（3）	0.5	8	8	0					0.5		
I220020012	职业发展与就业指导(2)	1	22	16	6					1		
A220030012	文献检索与论文写作	1	16	12	4					1		
G220130011	形势与政策（4）	0.5	8	8	0						0.5	
	小计	46	826	650	176	10	13.5	5.5	7	7	2.5	0.5

（注：各类别课程按开课学期有序填写）

七、毕业要求与培养目标关系矩阵

表3-29 毕业要求与培养目标关系

	培养目标1	培养目标2	培养目标3	培养目标4	培养目标5
毕业要求1	√				
毕业要求2		√			
毕业要求3		√			
毕业要求4			√		
毕业要求5			√		
毕业要求6			√		
毕业要求7				√	
毕业要求8				√	
毕业要求9					√

注：用符号√进行标注。（对应关系据前"培养目标""毕业要求"顺序相应调整）

八、课程体系与毕业要求关系矩阵

表3-30　课程体系与毕业要求关系

课程名称	毕业要求								
	（1）	（2）	（3）	（4）	（5）	（6）	（7）	（8）	（9）
思想道德与法律	H						M	L	
中国近现代史纲要	H						M	L	H
马克思主义基本原理	H			H			M	M	
毛泽东思想和中国特色社会主义理论体系概论	H						M	M	
习近平新时代中国特色社会主义思想概论	H			H			M	H	H
思政课实践	H			M			H		H
形势与政策	H						H		
劳动教育	M						M		
通用英语C	M				L		H		
专门用途英语C	M	L		L	L		H		
中国文化概论	M			L					L
计算机基础			M	L	H				H
人工智能与大数据导论			M	L	H				M
文献检索与论文写作				L	H	M			M
军事理论与国家安全教育	M						M	M	
大学体育	L						L		
大学生心理健康教育	L			L		M	L		L
职业发展与就业指导	H					M	H		M
创业基础	M		M	H			M		
应用写作	L				H				L
造型基础（一）		H	L	M					M
造型基础（二）		H	L	M					M
现代设计史A	M	M				M		H	L
风景写生		M		L					H
构成艺术（一）		H	M	L					M
艺术学概论	M	M						H	L
构成艺术（二）		H	M	L					M
图形图像处理		M		M	H				L
计算机辅助设计（一）		M		M	H				
设计思维与表达		M	H	M		M			
计算机辅助设计（二）		M		M	H				L

（续表）

课程名称	毕业要求								
	（1）	（2）	（3）	（4）	（5）	（6）	（7）	（8）	（9）
室内外手绘表现技法		H	M	L		L			
装饰材料与工艺		H	M	L				M	M
工程识图与制图	M	M	L	M	H				
人机工程学		H	L	M					
室内外效果图表达		M		M	H				
展示设计A		H	M	M					
景观设计原理	M	H		M					
室内设计原理	M	H	M	M					
模型制作与工艺		M		M		L	L		
照明设计		H	M	M				M	
公共空间设计（一）	L	M	H	M	M		L	M	
公共空间设计（二）	L	M	H	M	M		L	M	
陈设设计		M	H	M	M	L		M	
智慧家居方案与设计		M	M	M	H	L	L		H
项目综合设计实践（一）			M	H	M	M	L		H
植物造景		M	H	M			L		
景观规划设计（一）		M	M	H	M		L		
景观规划设计（二）		M	M	H	M		L		
园林工程	M	H		M			M		
项目综合设计实践（二）		M	M	H	M	M	L		H
摄影		L	M	M	M				
风水学	M	M	M						
传统图案	M	M	M						
沙画		L	M	M					
中外美术史	L	M						M	
书法	M								L
非线性编辑					M			L	M
建筑基础	M	M		M					
版式基础		L	L	M	M				
大师作品分析	L	L	M	M				M	
空间数据		L	L	M	M				
口语表达B			M			M			L
环境公共设施设计		L	M						
园林生态学		L	M					M	
古典园林	L	L	L	M					
建筑场景制作		M	L	M	M				
民俗艺术	L	M	L	M					
版画	M	L		M					

（续表）

课程名称	毕业要求								
	（1）	（2）	（3）	（4）	（5）	（6）	（7）	（8）	（9）
家具设计		M	M	M				M	
装饰工程概预算		M		M					
Python 应用基础 B		M			M				
建筑场景制作		M	L	M	M				
设计心理学	M	M	M					L	
人机交互与用户研究		M		M	M			L	
民俗艺术		M	L	M					
家具设计		M	M	M				M	
装饰工程概预算		M		M					
园林植物学		M		M		L			
参数化辅助设计		M		M	M			L	
物联网基础		M		M	M			L	
军事技能训练	H							L	
外出写生（环境设计）	M			M		L			L
外出考察（环境设计）	H	M	L					M	M
设计竞赛专题（公共类）		M	M	H	L	H	M		
设计竞赛专题（景观类）		M	M	H	M	H	M		
毕业实习				M	L	H	H		M
毕业设计		M	H	M	L	L			M
设计调研与实践						M	H		

注：用符号 H、M、L 标注，H 表示强支撑，M 表示中支撑，L 表示弱支撑。（对应关系据前"培养目标""毕业要求"顺序相应调整）

3.2.3 案例分析

（1）系统设计了分层递进的一体化人才培养目标

人才培养方案制订严格遵循了贯通性原则、可操作性原则、课程适度原则、可持续性原则和规范性原则。双方院校在充分调研探讨的基础上，联合企业多方共同制订食品加工技术"3+2"专业人才培养方案，前后贯通，无缝衔接，系统设计分层递进的一体化培养目标。

学校前三年的人才培养目标是培养掌握化学、生物、食品加工等基本理论知识和食品生产、检验分析等核心技能，具备从事水产品、粮油制品、焙烤食品、果蔬饮料、畜产品、发酵制品等各类食品基层生产管理、检验检测、品质控制岗位职业能力，适应食品行业生产、检测、销售一线岗位需求，具有良好的职业道德和敬业精神的高素质技术技能型人才；后两年系统培养掌握食品工程原理、食品工厂设计、产品研发等专业理论，进一步提升新产品、新工艺、新技术的研发能力，具备食品工程师职业素养，适应生产管理、工程设计、技术开发等岗位工作的高素质应用型工程技术人才。

学校的最终培养目标定位在具有食品化学、生物学、食品工程学等基本理论和食品检验检测、品质控制、加工工艺等核心技能与技术，能够从事产品研发、工程设计、生产管理等岗位工作的高素质应用型工程技术人才。与高职培养目标相比，理论培养进行了系统提升、创新能力有所侧重，培养具有一定的解决生产实际问题能力的技能型人才；与本科培养目标相比，高职培养注重了技能训练强化、实践应用能力进一步提升，体现了食品加工技专业术"3+2"人才培养的特点。

（2）构建"技能训练—理论系统提升—再实践应用"的校企合作、工学结合的一体化人才培养模式。

在食品加工技术"3+2"专业规划中，五年为一个培养周期，从2013年招生到现在，基本完成了一轮"三二分段培养，五年专本贯通"的对接、磨合过程。双方院校对首批2013级学生按照"贯通设计、分段实施、分工合作"的原则进行培养。前三年中，第一学期至第五学期，是理论知识储备及技能培养阶段；第六学期为企业顶岗实习、职业素养养成阶段。后两年中，第七至第九学期，是理论提升、能力再提升阶段；第十学期为毕业设计、职业能力再提升阶段。

（3）对应职业岗位能力和素质需求，系统构建"五域一体"的课程体系

从培养学生应具备的基本素质、专业基本能力和职业综合能力三方面出发，从课程设置的基础性、全面性、实用性、前沿性、超前性等方面入手，按照"厚基础、宽口径、强实践、重创新"的培养理念，重新设计整合课程，构建了由职场认知领域、素质学习领域、专业学习领域、拓展学习领域、岗位实践领域组成的"五域一体"的食品加工技术专业全新课程体系，对应思想政治素质、文化基础素、身体心理素质、通用职业能力、产品生产能力、产品检测能力、质量管理能力、工程设计能力与专业拓展素质的培养。

前三年在保证实践技能的前提下，加大专业理论课的授课力度，加大专业基础课教学力度，为学生打下专业发展应具备的理论及实践基础；后两年打破传统本科学科体系课程模式，调整课程设置和教学要求，注重学生理论联系实际能力的培养，注重与工程实践相结合，突出课程体系的贯通性。

（4）打通壁垒，制订统一的专业课程标准，使高职与本科课程标准实现有机贯通

在课程标准制定中，双方院校联合食品行业企业专家，深入商讨，确保课程内容的贯通衔接，以职业能力为基础，注重实践能力的养成，培养学生的创新创业能力和终身学习能力，双方制订统一的专业课程标准，解决专本一体化分段培养中专业课程重复设置问题。根据食品加工技术"3+2"专业的人才培养方案，其中笔者学校开设课程42门，各门课程均制定了完整的课程标准。课程标准的制定严格按照职业能力培养主线，遵循学生职业能力培养的基本规律，围绕职业能力目标的实现来展开，以真实工作任务及其工作过程为依据整合、序化教学内容，科学设计学习性工作任务项目，突出基本职业能力和关键能力的培养要求。

（5）依据岗位知识、能力和素质目标的要求，按照能力递进的规律选取高职与本科的

教学内容，实现课程内容的有效衔接

专本分段培养中最容易出现的问题是课程内容的重复，双方院校联合行业企业，根据职业岗位需求确定合理的教学实施顺序和路线，避免教学内容的重复，拓宽和加深课程内容，实现课程内容衔接的逻辑性、有序性和连续性。通识教育课程、基础课程及专业课程注意高职和本科层次知识点的有机融合，以适应学生渐进性学习、终身学习和持续发展的需要。高职阶段注重基本知识和基本职业能力和创新创业能力的养成，本科阶段注重学生专业技能和职业素养的全面培养，满足学生职业提升和可持续发展的需要。

（6）发挥高职与本科院校的各自资源优势，教学过程与生产过程对接，实现教学模式的衔接

前3年在高职阶段采用"工学结合""工学交替""工作室"等教学模式，在部分专业课程教学中采取基于"教、学、做"一体化的教学方法。转段进入本科院校的后续人才培养过程中继续推进基于校企合作的、灵活多样的"工学交替""工学结合""双导师制"等模式，实现了转本阶段的教学模式的有效衔接，有针对性地进行教学应用型人才培养。积极探讨符合高职教育规律和特点的方法，并体现食品加工技术专业的特色和优势，推进教学方法、教学手段的改革。针对课程不同特点，围绕技能培养，尝试使用任务驱动教学法、项目教学法、分组讨论、启发引导、引导文法、分组合作式教学法等多种教学方法，突出了学生的主体地位和教师的主导作用，满足职业性的要求，注重学生职业能力的培养，极大地激发了学生的学习主动性和积极性，提高了教学质量。强化信息技术与教育教学的深度融合，尝试线上线下混合教学模式，充分利用已有数字化教学资源，有效地培养了学生的实践能力、创新能力及自我学习能力，满足了学生学习的个性化需要。

（7）以培养学生的职业能力和综合素质为核心，建立有层次的贯通课程评价体系

双方院校共同制定一体化的评价考核方案及转段考核方案，实现食品加工技术专业"3+2"课程评价体系的有效贯通。高职阶段重点突出学生实践能力的培养，专业课程采用企业、行业导师、授课教师三方联合评价机制，部分课程采取线上和线下混合教学模式，并尝试线上线下学习综合评价。在后续2年本科的人才培养中，选取部分课程重点进行过程考核，把学生平时学习情况及效果纳入考核。

3.2.4 生源情况保障措施

为保证生源质量，湖南省在试点之初对院校和试点专业都进行了一定条件的约束。从试点的院校来看，高职院校基本上为国家或省级示范性高职院校，或其他高职院校的国家级品牌建设专业，本科院校为高考录取在第二批次的院校。从试点的专业来看，试点高职专业必须为省级以上重点专业，近三年省内普通高考录取平均分均超过当年省划定的3A最低控制分数线25分以上。从衔接的方式来看，试点专业的学生读完三年高职学段课程，取得高职学段毕业证书的同时参加省里统一组织的转段考核，考核合格的学生进入对口本

科院校试点专业继续两年的课程学习。各种条件的约束从一定程度上保证了试点生源的质量，有利于衔接工作的顺利进行。据统计数据显示，高职各院校试点专业的学生综合素质普遍高于非试点专业学生。

对于高职教育来说，高职教育所培养的学生主要是以就业为导向的学生，这些学生在教育和教学当中一直注重的是专业技能和社会实践，所以很多的学生刚来到本科院校会感觉到很不适应，因为长期的就业教育导致了很多的学生在学术领域的探究能力普遍较低，同时专业知识的差异导致他们在接下来的本科学习当中遇到多方面的困难。这也就给本科教育的教学带来了很大程度上的困难，所以很多的职业院校的学生无法和本科生的专业素质达成一致，生源差异明显。

高职院校在发展的过程当中逐步地开展了"工学结合，校企合作"的人才培养模式，在课程的教育当中主要锻炼学生们的专业技能和实践能力，体现出了以就业为导向的课程体系建设，在人才的教育当中完全符合现代职业教育培养的精神和理念。高职教育在一定程度上打破了传统的教育体系的束缚，基本上满足了企业对技术人才的需求。但是现阶段我国的高等教育还是以学术体系为主的教育模式，即便是将人才培养定位视为应用型的本科院校，在现实的教学当中也未必能将职业教育对学生们实践技能的培养，融入日常的本科教学当中。培养目标的差异性直接影响了培养方法的差异，学生所接受的理念也存在差异。

总之，高职本科3+2分段培养为高职学生打通了升学通道，从开展以来，便受到了学生家长的青睐，先后已有三届学生通过转段考核进入本科院校学习，开阔了学生的视野，满足了国家对高技能人才的需求。

3.3 环境艺术设计专业高职与本科"3+2"人才培养课程设置衔接研究

本节通过对湖南省环境艺术设计专业参与"3+2"高职与本科贯通培养院校的人才培养方案分析和对学生以及教师的调查访谈，从中了解"3+2"高职与本科贯通培养课程衔接体系现状，分析和总结存在的问题以及原因，为优化该现状的提出提供依据。

3.3.1 课程设置衔接现状调查

近年来，国内对于高本衔接模式的研究虽逐渐呈现多样化，总体规模也在逐步扩大，衔接工作的实际操作也有了一定的广度和深度，但大多数衔接集中在课程衔接和人才培养目标衔接方面，而忽视了实践体系衔接、师资队伍建设衔接、教育理念衔接、教学平台及学情分析系统等方面的重要性，因此高职院校人才培养工作较难与传统本科相对应。

从衔接内容来看，高本衔接的研究多数集中在高职院校和本科院校如何进行衔接的层面，而没有再进行更深一步的延伸和扩展。高本衔接人才培养目标定位虽逐渐合理，但由于两个阶段的侧重点不同，在制定人才培养方案时，普遍存在人才培养目标不对接、知识系统和岗位技能点有重复甚至疏漏的现象，出现课程体系衔接深度不够，及双方未能合作制定人才培养方案，而是各自根据其培养目标设计课程体系的情况，使部分课程出现高度重叠或衔接断层的状况。

从衔接主体来看，在我国当前的高本衔接过程中，参与衔接的主体依然仅仅是高职院校和本科院校，极少联合企业共同办学，未能把高本衔接与企业培养紧密结合起来，在一定程度上无法充分了解社会和企业对专业人才的岗位需求。而且，本科阶段教育大多按照传统的理论教学为主，未能将实训及实践环节充分融入教学中去。因此，大部分学生完成本科教育之后，实训实操能力并未得到明显提升。

从衔接标准来看，我国当前高本衔接初步形成的教学体系在衔接目标、内容和考核方面尚未具有清晰的标准和界定。首先，衔接体系的人才目标未具有一致性。大部分专业在衔接过程中的高职阶段和本科阶段对应多个职业岗位，具有多种就业方向，如服务外包专业对应着客服话务员和国际服务外包高端管理人才，岗位技能体系要求相差较大，也使得所设置的专业课程内容也不甚相同。因此，衔接过程需要界定专业方向，聚焦相同职业岗位的专业方向才能确定统一的课程目标。其次，一些专业之间的岗位要求界限模糊，如国际贸易专业与电子商务专业，专业名称虽不同，但却对应了相似的职业岗位，例如营销人员、市场策划人员等。另外，高职、本科对应的职业岗位层次不同，所要求的岗位能力水平也有所差异；相应的，要求完成的职业岗位工作任务也不尽相同，这决定了课程衔接的节点和内容。

从衔接效果来看，由于在高职和本科阶段招收的院校生源水平差异较大，课程教学难以达成个人关注而未能满足学生个体发展；同时，由于高职院校的人才培养层次和水平也参差不齐，高本衔接过程中的人才培养质量受到直接影响。而且，调查显示，高本衔接发展动力不足，下位学校积极而上位院校较被动。很多上位院校实施高本衔接是由于来上级部门或政府的压力和要求，从而产生动力不足的现象，影响工作过程中双方的合作深度和最终的衔接效果。在衔接实施过程中，约20%的衔接培养学生与非衔接培养学生混合编班学习，采用完全相同的人才培养方案，实施相同的教学模式和实训课程操作，并未能体现出衔接的优势，使衔接效果大打折扣。

由于国家教育资源的倾斜，高职院校和本科院校培养人才侧重点的不同，高本衔接体制受各种因素影响导致双方合作程度不够深入，在过程中未能充分重视高本衔接工作在职业教育体系中实施的必要性，导致衔接效果不够理想。最重大的问题莫过于由于双方对培养目标的定位不一致，导致课程的衔接体系存在一定的隐患。由于执教老师水平的不同，教育层次的不同，导致培养目标和培养过程存在一定的差别。高职院校注重学生专业实践能力的培养，而本科院校侧重于专业理论知识的培养。由于双方均已形成了属于自己的教学体系，双方在进行联合培养时会出现许多目标差异，从而出现课程设置的重复或者不连贯，使学生在进入高层次学习时缺乏递增性、层次性和连贯性，不能形成完整的教学体系，致使学生的理论体系可能存在混乱现象，不能很好由浅入深，系统化学习。在进入本科部分学习，由于教师对学生具体状况缺乏一定的了解，只是简单地进行了知识拓展以及职业技能的延伸，造成了教育资源很大程度上的浪费。

而国外学术界在进行高本衔接人才培养方案的设计时，把人才培养目标导向定位为学生未来的就业岗位需求，在衔接过程中注重岗位技能知识点体系的对接，强调课程框架体系的连贯性和完整性，旨在培养具有较高知识和技能水平的专业人才。相比国内研究现状而言，国外研究更加全面和完善，也有利于学生更快更好地融入工作环境，其优点和长处值得我国职业教育发展借鉴。

通过以上的调查与分析，我们具体了解到了高等职业院校与应用型本科课程目标、课程开发、课程内容、课时设置等实施现况。需要进行进一步的归纳，将课程衔接出现的问题进行表征性地描述。

一、课程衔接问题的表征性描述

（一）课程目标衔接性和一致性程度低

课程目标是课程衔接的起点。就功能来说，高职院校课程应该至少包括两种目标：即就业目标或者升学目标。一般来说，职业院校课程目标体现了以就业为本的价值取向或者以学生自我发展需要为取向的升学目标，如果仅仅作为习得一门技艺为目标，那么职业教育的课程内容就是封闭而又完整的。如果作为以升学取向的课程目标，那么就要求职业教育的课程内容具有良好的延展性、开放性，所以这两种目标在一定的程度上会发生冲突，就会影响到高职课程目标与本科课程目标的衔接性。

再则，课程目标决定学校培养目标。根据高等职业院校的培养目标，我们可以知道，其课程目标是培养从事一线生产的高素质社会劳动者和中级职业技能人才，一方面必须注重综合的职业能力培养，另一方面要求注重综合的素质能力培养。根据应用型本科教育课程目标，其目的是为生产和服务第一线输送实用型和应用型的高技能人才或者高级专门人才，是高等职业教育的更高层次，课程侧重职业导向与高等性，强调专门学科，强调实用型和应用。高职与本科阶段课程目标的差异性必然会给分段培养大的目标的一致性造成困难。从对具体的课程目标的理解上来看，我们很容易就发现，高职院校与本科院校对课程目标有着自己的一套理解。

只注重某一方面的知识或技能的教学。调查来看，高职院校与本科院校的教师对理论教学和实践教学的目标是大相径庭的。"3+2"分段培养模式是一种新型的转本衔接培养模式，课程的衔接关乎培养出的人才的质量。不论是高等职业教育还是应用型本科都没有很好地从自己的办学惯性中跳出来，继续以以往的教学目标、教学经验进行分段培养。忽视了实践教学和理论教学的联系，"偏科"严重，不利于两个阶段课程的衔接。

（二）课程开发主体协协同性差，开发主体地位不平等

高等职业教育是以职业为导向的教育，必须紧密围绕产业行业的发展对岗位工作的要求，在所有高等职业课程开发的主体里面，行业企业是不可或缺的，又由于"3+2"分段培养的特殊性，高等职业教育与应用型本科双主体进行学生培养工作，需要在课程开发上三方相互配合才可以使课程开发满足既符合企业岗位的工作要求，又满足高等职业教育与应用型本科的教学要求，还需要满足高等职业教育与应用型本科课程衔接的要求，所以课程程开发主体协同配合至关重要。在调查中我们可以发现：第一，存在着主体协同开发性较弱，表现在进行课程开发时没有充分沟通商榷，还表现在机械地将三方的要求、目的结合在一起而不能有机融合进行课程内容的开发。第二，主体在课程开发的地位上是不平等的，通过访谈，一般应用型本科院校起主导性的地位，而高等职业教育缺少话语权，处于被动接受的位置；第三，教材选用不合理，调查了解到教师在选用教材上存在着比较大的随意性，说明学校方面没有足够重视课程开发的成果，对选用教材的规定上没有严格的标准和要求；第四，对教材的选用上还存在着高职院校与本科院校间没充分进行信息沟通和交流等。

（三）课程内容价值取向不同，编排不合理

从课程内容的调查上来看，存在着高等职业院校与应用型本科课程内容价值取向上的不同和编排的不合理。高等职业院校偏向以职业技能为本位的课程内容价值取向，突出实践教学，要求学生掌握技能为主，而有意忽略理论课程的教学，认为理论课程的教学主要集中在应用型本科阶段中，使得学生发展偏科。应用型本科对课程持知识本位的课程观，在本科阶段注重理论知识的学习，不再重视学生实践能力的提升，同样忽视了理论知识和实践技能是相互联系的这一事实。

在课程内容的编排上，没有以学生的角度出发，过量的课程不仅会加大学生学习压力，又不利于学生对所学知识和技能的掌握，造成过犹不及的后果。其次课程组织上出现了内容的重复和脱节现象，严重影响了学生学习效果，使后续的课程衔接难以畅通进行。第三，高职与本科培养阶段衔接课程的内容联系松散，体现不出知识和能力的层层递进，不利于有效发挥本科院校的教学资源优势，可能难以实现学生从高职阶段能力向本科阶段跨越的提升和质变。

（四）课程结构差异大，理论与实践结合性差

通过对课时的统计分析可以看到，高等职业教育与应用型本科的课程结构差异性很大。主要表现在两个阶段的理论学习和实践性学习严重失衡。可以预见，学生所学的理论知识与实践知识匹配程度低下。而"3+2"分段培养的目标，是要培养既有丰富的理论知识有具有扎实的实践能力的高素质人才，这就要求实践性学习和理论性知识的学习是并重的。参照阶段课程课时数据，高等职业教育阶段似乎只承担了技能学习，应用型本科阶段只承担了理论知识的学习，没有满足实践与理论相结合的课程设置。

（1）高职：重实践，轻理论，知识储备不足

高职教育经过多年的教学改革，注重学生实践技能的培养，实践课时比重占 60% 以上，这就无形中对理论知识的学习相对比较欠缺，知识储备不够。目前实践课程主要为专业课程的课内实验，针对动手能力的实训项目，技能层次相对较低，只能满足技术工人的层次，与当前产业结构调整所需求的高端技能型人才，在智能层次上还存在一定的差距，此类人才不仅需要较强的动手能力还要在项目的改造提升上有所作为，迫切需要在提升学生的知识与高端技能储备上下功夫。

（2）本科：重理论，轻实践，理论系统性强但实践创新力不足

普通本科院校的实践课程特点主要还是专业课程中的理论验证性实验居多，将理论进行具体工程项目拓展较少，再者大部分课程设计只停留在纸面上的设计，动手实践创新设计较少，导致学生的实践创新力不足，使学生在学完理论后不知在具体任务中如何应用，延长了将知识转变为生产力的进程。

（3）实训设备与学生能力的矛盾

我院作为国家骨干高职院校近几年得到国家对职业教育的大力扶植，实训设备配备较完善，新上了很多紧密对接当前产业需要的实训设备，例如：先进的自动化生产线，桥吊、轮胎吊、卸船机、恒压供水等综合性模拟实训系统，但由于学生层次较低，探索精神不足，学制较短加之需要进行转段考试，使一些提高综合素质的实训设备有效利用不足，没有充分发挥其应有的实践价值；而目前本科段学生时间充足，有欲望提升其综合素质但本科院校综合实训设备相对匮乏，造成学生的职业能力在本科段提升减缓，院校间跨区域优势互补，相互协作成为关键。

（4）课程衔接松散，知识技能的递进性差

从课程的设计初衷来看，高职院校与本科院校既要承担各自的课程任务，又要完成学习者从技术性人才到应用型人才的一个提升。所以"3+2"分段培养不是两个学习过程阶段的叠加，而应该是知识和能力的贯通与提升。从调查结果发现，高职院校与本科院校课衔接整体比较松散，前后连贯性弱，课程主线不突出，没有真正实现高职层次教育转向本科层次教育人才培养的知识水平和技能要求的实质性转变，课程衔接的目标不仅是课程的内容的承接，也应该包含水平层次的一个递进，这实现人才培养质量质的改变的关键。

3.3.2 课程设置衔接存在的问题

高本"3+2"分段培养项目解决了我国职业教育"断头路"问题，为职业院校学生继续深造提供了机会和条件。由于分段培养项目目前处于试点阶段，在课程设置衔接及运行过程中还有众多的问题需要解决。在课程设置衔接中也存在很多问题，我们需要找出原因，在科学的理论指导下进行优化。我们就分段培养课程设置衔接中出现的问题进行了理论探讨，以期用分工理论、系统优化理论、学习迁移理论、结构主义课程理论为指导，优化分段培养课程设置衔接方法和过程。

一、分工理论

分工的英文表示为 division of labor，翻译成中文表述为"劳动分割"或是"劳动分配"的意思。分工理论的形成基于当时社会的分工现象，诸多思想家曾经对社会分工现象的出现进行过系统的思考和研究。古希腊著名思想家柏拉图在其著作《理想国》中论述正义时就提到"木匠做木匠的事，鞋匠做鞋匠的事，其他的人也都是这样，各起各的天然作用，不起别种人的作用，这种正确的分工乃是正义的影子——这也的确是它之所以可用的原因。"从这段话中可以看出，柏拉图认为每个人都有每个人的特长，让每个人做其擅长的事情，能够调动人的积极性，使人的作用得到更大的发挥，提高做事的效率。解决高本"3+2"课程设置衔接中出现的问题的关键是能够进行一体化课程设置。进行一体化课程设置需要考虑行业企业需求、学生认知发展、师资水平、实训条件等各方面因素，这就需要政府部门、行业企业、学生家长、教师等主体分工配合，从自己擅长的角度提供真实的需求建议，共同做好一体化课程设置工作。柏拉图认为："只要每个人干适合其性格的工作，放弃其他的事情，专搞一行，这样就会使每种生产的东西又多又好。""不让鞋匠去当农夫，或织工，或瓦工。同样，选拔其他的人，按其天赋安排职业，弃其所短，用其所长，使他们集中毕生精力专搞一门，精益求精，不失时机。"高等教育经过多年的发展，高职教育与本科教育特色分明，因而在高本"3+2"分段培养中应充分考虑两个层次的特点，进行合理分工，不能将任何不科学或不可能的事情强加给某一层次。比如在师资方面，高职阶段大多数教师擅长于实践教学，本科阶段大多数教师擅长于理论教学，为了两方面的衔接顺畅，强行让高职阶段教师教授超出自己能力范围的理论课程，或者让本科阶段教授超出自己能力范围的实践课程，这样不仅不能达到人才培养的目的，还会本末倒置，出现众多问题。当出现这种情况的时候，我们就应该用分工理论指导我们，利用现代信息化手段使每个人做每个人擅长的事情，让课程设置的衔接不仅形式上而且过程衔接顺畅。

英国"经济学之父"亚当.斯密的分工思想主要体现在其代表作《国富论》之中，他认为分工可以提高劳动生产力。"劳动生产力的改进，以及在它指向或应用的任何地方所体现的技能、熟练性和判断力，似乎都是分工的结果。"他认为分工能够提高劳动的熟练程度，能够节省时间而且能够促进技术的发明与运用。目前高本"3+2"分段培养在课程设置衔接上存在高职阶段与本科阶段课程重复设置的现象，不仅造成时间、资源等的浪费，而且对人才培养目标的达成也会产生消极影响。要运用分工理论对两个阶段的课程进行合理划分，体现人才培养的阶段性、科学性，避免出现课程重复、缺项、断层等问题。管理理论中的分工管理思想受到了亚当.斯密的分工理论影响。分工管理思想认为在生产管理过程中分工不是无限进行的，应该有其合理的限度。违背适度分工原则会影响生产效率的提高。高本"3+2"课程设置需要政府、行业企业、学生家长、教师等各主体之间共同参与，然而长期以来，各主体之间缺乏有效的沟通交流，政府、企业很少参与课程设置，高职院校与本科院校之间的交流也仅限于人才培养方案的整体构建，缺乏持续跟踪改进，出现高职院校与本科院校开设的课程互不了解的情况，而学生自始至终只是在被动的接受中。人才培养课程设置的全部工作转嫁到高职与本科院校里面，这种情况违背了合理分工原则，会造成资源的浪费和人才培养目标的偏移，影响人才培养质量。因而，在分段培养课程设置中应运用适度分工原则，发挥各主体的独特作用，共同做好高本课程衔接工作。

二、系统优化理论

"系统"一词创成于英文 s y s t e m 的音译，是指将零散的东西进行有序的整理编排形成的具有整体性的整体。系统优化原理中的系统指的是由相互作用和相互依赖的若干（两个以上）有区别的子系统组合而成，并具有特定功能和共同目的的有机集合体。系统优化原理一般应用于人力资源系统之中，指的是人力资源系统经过组织、协调、运行、控制，使其整体动能获得最有绩效的过程。高本"3+2"分段培养中课程设置时需要对行业企业、学生、家长、教师等各方面主体进行组织协调，使各主体都能够发挥各自的作用，为课程内容的确定、课程体系的建立、课程结构的分配出谋划策，通过比较、研讨，选择合理的衔接方案并不断进行充实和系统优化，最终设置出科学合理的课程。

从类型上划分，优化分为局部优化与全局优化、静态优化和动态优化、单目标优化和多S标优化、确定条件下的优化和模糊条件下的优化、最优化和次优化。课程设置并不是一过性的，而是需要经过一个持续改进的过程。课程设置完成之初，需要从整体上进行讨论优化，在课程实施的过程中需要针对出现的问题进行局部优化，最主要的是课程设置需要根据周围环境的变化而变化。经济结构的转变、人才需求的变化等都需要对课程设置进行调整优化，这就需要准确把握系统优化原理，运用系统优化原理进行调节课程设置，保持课程设置的科学性。

运用系统优化原理并不是随心所欲的进行的，是有一定的限制条件的，因此，在进行优化前首先需要弄清限制条件，只有在条件允许的范围内和相关因素协调平衡的基础上，优化的结果才可能是现实可行的和可接受的。在进行高本"3+2"课程设置优化时，要对各项限制条件进行整体把握，在允许调整的范围内以科学理论为指导，借鉴国内外成功经验，在定量分析和定性分析相结合的基础上不断进行优化。

三、学习迁移理论

学习迁移（Transfer of Learning）是一种普遍的心理现象，是指一种学习对另一种学习的影响或习得的经验对完成其他活动的影响，既包括原有的学习对后继学习的影响，也包括新的学习对已有学习的影响。其影响可能是正迁移、负迁移，也可能是零迁移。正迁移也称积极迁移，它指的是一种经验的习得对另一种学习产生的积极促进作用；负迁移也称消极迁移，它是指一种经验的习得对另一种学习产生的消极的干扰或阻碍作用；零迁移也叫中性迁移，它是指一种经验的习得对于另一学习不起作用即两种学习之间没有影响，迁移的效果是零。目前高本"3+2"课程设置存在众多问题，如课程的重复、断层、缺项等，这些问题的出现都有可能使学生的学习出现负迁移或者零迁移的现象，影响了学生学习目标的达成。

影响迁移的因素包括学习材料的共同因素、对学习材料的概括水平、教材组织结构与学生认知结构、学习指导、定势等。在进行高本"3+2"课程设置的衔接时应充分考虑到影响迁移的因素，扬长避短，使得课程设置衔接朝着学生正常发展的方向进行正向迁移。

在现代认知迁移理论中，奥苏泊尔的认知结构迁移理论具有代表性，在课程设置衔接方面具有重要的指导作用。奥苏伯尔认为，学习是有意义的学习，一切学习都是在原有学习的基础上产生的，不受学习者原有认知结构影响的学习是不存在的。在有意义的学习中，学生原有认知结构的特征始终是影响迁移的最关键因素，这些特征不是指前后两个学习课题在刺激和反应方面的相似性，更重要的是贮存在个人长时记忆中的认知结构变量，其中认知结构是迁移得以产生的重要中介，原有认知结构的可利用性、可辨别性、清晰性、稳定性、概括性、包容性和连贯性等组织特性都始终影响着新的学习的获得与保持。高职阶段与本科阶段的顺利衔接对于提升人才培养质量，构建现代职业教育体系意义重大。课程衔接是两个阶段衔接的核心，而课程设置则起着关键性作用。要实现二者的顺利衔接，在课程设置上要遵循学生的认知结构、身心发展规律等，充分考虑课程的难易层次、先后顺序和衔接方式。运用认知结构迁移理论指导分段课程设置，能够使课程设置更多地考虑学生的发展，使学生容易在旧经验的基础上学习新经验，同时使学生当前的学习成为将来进一步学习的基础，如此设置的课程才更具科学性。

四、结构主义课程理论

美国著名心理学家、教育学家罗杰姆.布鲁纳是结构主义课程理论的代表人物，他通过多年的实践研究，提出了结构课程论。根据对不同学生的调研和分析结合其教学实践，布鲁纳主张任何学科都有一个基本结构，学科的基本结构是由学科知识的基本概念、基本原理所构成的，无论我们教什么学科，务必使学生理解学科的基本结构。掌握学科的基本结构有利于实现知识的迁移，能够使学科更容易理解。罗杰姆.布鲁纳强调学生学习的主动性和学生认知结构的重要性，认为学生在不同的阶段要选择适合不同阶段学习的知识。在设置分段培养课程时应充分考虑学生的认知结构，合理分配高职阶段与本科阶段的课程内容，使知识的掌握超积极方向迁移。在进行课程编制时，罗杰姆.布鲁纳主张以螺旋式方式来编制课程，即依据和学习者的思维方式相符合的方式，尽可能早的将学科的基本结构置于课程中心，随着年级的提升使学科的基本结构不断地拓宽和加深。为避免高本分段培养课程设置的衔接出现课程的缺失、断层等问题，在进行课程编制时应以布鲁纳的结构课程论为指导，课程的组织上采用螺旋式课程组织形式，形成不断递进延伸，不断拓展提升的课程结构体系，使学生能够循序渐进地掌握知识和技能。

在高职阶段，室内设计专业的学生多接触的是简单的重复性练习，如手绘效果图、CAD制图、建筑室内制图与识图等练习，创造性训练偏少，学习的重点更偏重基础训练和就业技能。而进入本科阶段，课程中加入了更广泛、更细化、更深入的课程，教学面宽而深，这就要求中职学生既具有设计基础，还要具有较强的接受和吸收能力。衔接双方院校对高职、本科阶段的教育目标、任务的理解不一致，容易造成重复教学、有效利用率低等问题。

（一）人才培养目标衔接缺乏层次性，与课程设置相矛盾

1、目标衔接缺乏层次性，未能真正融合

人才培养目标是人才培养的总原则和总方向，是对教育的质的规定，是开展教育教学的基本依据。高职院校以培养技能型人才为主，工作岗位面向生产建设、服务、管理一线，对学生的动手能力和岗位适应能力有较高要求，因而高职院校培养的人才的特点是动手能力强，对岗位的适应性快，但与此同时，他们在自学能力、知识的更新应用上相对较弱。本科院校培养的人才要求有较深厚的理论基础与专业知识，既能很快适应岗位发展又能进行一定的技术研发，能将所学知识融会贯通，转换运用，能够适应社会发展需求。高本分段培养的目的是建立和完善与现代产业体系相适应的职业教育体系，满足经济社会发展和产业转型升级对技能型人才的需求。高职与本科能否有效的衔接贯通，关键因素是高职与本科的人才培养目标能否相衔接统一。

理论上高职与本科分段培养人才在培养目标上应该是紧密联系、循序渐进、层层上升的关系，但目前高职阶段和本科阶段的人才培养目标制定存在各自路径问题。高职院校经过多年的实践，已经探索出一条与地方经济相适应，对接行业产业的培养模式，培养的人才实践能力强，对工作适应程度高，上手快。人才培养目标与人才培养特点相适应，定位准确。本科院校虽有部分院校转型为应用型本科，但是其实质并未真正转向职业教育，培养目标还倾向于学术型。因此二者在培养目标上存在着很大差异，联系并不紧密，二者的衔接缺乏层次性，并未体现出分段培养的初衷。

2、培养目标与课程设置相矛盾

人才培养目标对人才的培养具有指导作用，决定了人才培养的标准和人才的能力、素质等，是构建课程体系的前提和基础。高职与本科分段培养是一种特殊的培养方式，既不同于单独的高职教育也不同于单纯的本科教育，其应自成体系方能体现特色。

从目前试点院校的培养目标与课程设置来看，二者之间存在着很大的矛盾。（1）从高职阶段"3+2"专业与非"3+2"专业人才培养目标与课程设置的对比来看，高职阶段"3+2"专业与非"3+2"专业人才培养目标相同，也意味着课程的设置应基本相似，但从调查来看，两个专业的课程设置并不完全相同，存在着 20% — 40% 的差异。从中可以看出人才培养定位出现偏差或者是课程设置出现偏差，培养目标与课程设置之间出现矛盾。（2）从本科阶段"3+2"专业与非"3+2"专业的人才培养目标与课程设置来看，培养目标不同，有很大的区分，但两个专业从课程设置上却基本相似，缺乏区分。培养目标不同，课程相似，课程与目标之间存在矛盾。两方面的对比发现，分段培养的特色并未凸显，人才培养目标与课程设置之间矛盾突出。

（二）课程结构模块划分不统一，没有一致的标准

各院校在进行课程设置时，一般从整体出发将课程先划分为几个模块（如校级平台课、专业基础课等），然后根据课程内容将所有课程依据一定的规律分配进各模块之中，最后根据学生接受水平安排学期学时。如此设计可以保持课程内容的完整性，学生学习的渐进性。在进行人才培养方案文本分析时发现，各个院校在进行课程设置时课程结构模块的划分不统一，主要表现为数量的不统一、称谓的不统一，定义不统一。有些学校将课程设置为素质教育课、专业群平台课、专业能力课、综合能力课，有些设置为通识基础课程、专业基础课程、专业核心课程、岗位综合课程、专业限选课程、专业选修课程、通识拓展课程，有些设置为专业基础课程模块、专业方向与拓展课程模块、专业与技能模块、集中实践模块（见表3—8）。不同的学校和专业在课程结构模块的设置上并没有形成一个统一的标准，大多是根据学校自身的发展需求来进行设置的。课程模块的不统一为各个院校之间的沟通交流和学习借鉴带来了困难。

（三）课程内容重复、断层，重要课程缺失

1、课程的重复或雷同

根据前面对人才培养方案的文本分析及对学生、教师的调查发现高职、本科分段培养在课程设置上存在重复设置的情况。有些课程在高职阶段已经开设，本科阶段又有所开设。有些是两个阶段课程名称与课程内容基本相同，有些是课程名称有差异但课程内容基本相同。课程的重复或雷同，造成了资源和学生时间的浪费，影响人才培养效果。

2、课程的断层

高职与本科分段培养打通了人才上升通道，为国家培养高级应用型人才提供了条件。两个不同的层次要实现顺利对接除了专业的对口以外，在课程方面需要开设接口课程，这样才能保障学生在进入本科阶段后能快速适应本科阶段的学习生活，在有限的时间成长为一名理论知识过硬，实践能力过强的复合型应用型人才。

从目前双方的课程开设情况来看，在课程的设置上缺乏接口课程，课程内容存在断层。学生在高职阶段学习基础知识、锻炼实践技能，进入本科院校后发现本科学习内容与学习方式与高职阶段截然不同，很多东西自己都不曾接触，这就使得学生进入本科院校后很难适应。为了适应本科院校的学习，他们不得不利用课余时间去额外学习知识，增加了学生的学习负担。有些高职院校将英语、数学定为接口课程，增加了课时量，但是在课程的内容和深度上并未下足功夫，对于学习本科课程并未起到很大的作用。接口课程不仅仅是英语数学课程，还有一些专业基础课程也应该列入接口课程中，在课程内容和课程深度上应与本科院校进行沟通交流，确保课程开设的有效性。

3、重要课程缺失

调查发现，无论是教师还是学生都一致认为在两个阶段开设的课程中存在重要课程缺失的情况。一种情况是在高职阶段应该开设却没有开设的，如：复合函数、线性代数、大学物理等课程，一种课程是应该开设的课程结果两个阶段都没有开设，如：高频电子、信

号与系统、ＪＡＶＡ编程、数据结构等课程。重要课程的缺失导致知识掌握的不完整性，对人才培养目标的达成产生消极影响。

（四）课程体系存在差异，知识分配不均匀

1、通识课程整体课时不足，阶段性划分不均匀

在知识经济时代，知识总量成倍增加，新旧知识更替不断加速，学生在校学习的知识，在以后的职业生涯中需要不断地更新。这就要求学生在大学里不仅要学会知识，还要学会获取知识的能力。学校开设通识课程的目的在于增强学生的推理能力和创造性思维能力，为学生的持续发展做铺垫。高职阶段通识课程的开设是根据高职阶段学生的发展水平确定开设，在知识的深度和广度上更容易。本科阶段开设的通识课程则是根据本科阶段学生的身心发展水平及对知识的理解程度开设，深度更深，广度更广一些。分段培养的学生有 3 年的高职学习经历又有 2 年的本科学习提高经历，在通识课程的设置上，两个阶段理应都有所涉及，但目前分段培养通识课程的设置并不均匀，大部分在高职阶段，本科阶段只有部分学校开设通识课程，大多数学校并未开设，高职阶段开设的通识课程并不能满足本科阶段学生发展的需要。从通识课程开设的总体比例来说，占整个学时的 20% 不到，按照一体化设计，通识课程的比例应不少于总学时 26%，课时量相对偏少，影响学生的整体发展。

2、理论课与实践课、必修课与选修课比重存在差异

经过多年发展，高职教育的职业性已被社会各界广泛接受，其探索的"校企合作、工学结合"的培养模式以及实践导向的项目化课程改革使得高职院校突破了学科体系的束缚，课程体系以技术技能型为主，培养的人才职业性明显，本科教育还未突破学科化体系，培养的人才以知识理论型为主。这就使得在理论课与实践课比例方面，两个阶段存在很大差异，高职阶段实践课比例占 50% 以上，而本科阶段实践课比例不到 30%。两个阶段人才培养的侧重点不同，也就使得课程设置的衔接出现缝隙，难以弥合。

为扩大学生知识面，满足学生多方面的兴趣爱好，在课程设置时要求每个专业应不同程度设置选修课程，比重在 10% 左右。据调查，目前选修课程的设置并不能达到这个比例，有些选修课程的开设存在形式主义，教学进程表中明明显示了选修课程，而学生却没有选择的权利，这就使选修课比重再次下降，学生的兴趣爱好并未得到彰显。

（五）课程组织不规范，缺乏规律性

课程组织是在一定教育价值观的指导下将所选出的各种课程要素妥善组织为课程结构，使各种课程要素在动态运行的课程结构系统中产生合力，以有效实现课程目标。

在分段培养课程体系中，应根据学生的认识水平及身心发展水平结合教育规律组织课程，课程开设遵循由易到难、由浅到深循序渐进的规律。目前分段培养课程组织并不规范，两个阶段的课程设置存在各自路径问题，部分课程本应在高职阶段开设却并未开设，放在本科阶段开设却与当时在学的其他课程产生矛盾，对其他课程的学习并没有起到促进作用。有些课程的开设本应根据学生的发展水平放在后期开设，而却在前期开设，学生当时的水

平并不能很好地掌握这门课程，导致在后期的学习中要重新自己复习该课程来才能学懂其他课程。这些问题的出现充分说明了课程的组织不规范性，缺乏规律性，违背了学生认知发展规律，也不符合正常的分工规律。

3.3.3 课程设置衔接存在问题的原因分析

（一）法理支撑不够，顶层设计缺乏

根据《中华人民共和国教育法》的表述，我国高职教育被定位在专科层次，本科阶段并未列入，虽然"3+2"分段培养目的在于职业人才的培养，本科阶段培养应用型复合人才，但在本质上本科阶段还是划分在普通本科序列中，管理也按照普通本科院校的管理方式进行管理，其职业性并未以法律的形式凸显，导致其发展受阻。《国家中长期教育改革和发展规划纲要（2010－2020年）》指明了我国职业教育未来发展的主要方向，虽然构建了职业教育专科、本科、研究生层次结构，但毕竟只是规划而不是明文的法律规定。因而，职业教育的突破缺乏法理支撑，相关高校也是小心翼翼行事，放不开手脚。

分段培养涉及不同层次的高校之间的融合问题，在培养过程中出现一方冷一方热现象，高职院校积极主动寻求合作而本科院校则是处于被动接受状态，参与分段培养改革的热情不高。即使部分学校热情较高但缺乏政策统一指引规划和财政支持也使得改革困难重重。部分院校归属的二级学院热情较高，然而由于学校体制及各项规章制度的制约也使得分段培养专业放不开手脚。缺乏顶层设计使分段培养过程中高职院校与本科院校分工不明确，高职院校在三年的培养中该做些什么工作，学生毕业后要达到什么样的层次，本科院校两年的培养中该做些什么，学生需要达到怎样的层次，没有明文的规定，使得相关院校在合作过程中处于迷茫状态，各自按照各自的想法进行人才培养工作，衔接缺乏连贯性。

（二）高职和本科人才培养理念的差异

美国著名的学者马丁.特罗（Martin Trow）认为高等教育从精英化阶段发展到大众化阶段，除了在毛入学率上体现的数量指标的变化以外,,还包含着其他一些方面的变化，这些变化已逐渐由量变发展到质变阶段。随着高等教育的扩招，越来越多的社会群体进入高等教育系统，而社会经济的发展对人才的多样化需求越来越强烈，职业教育与普通教育的分工也越来越明确，教育理念的分歧逐渐明显。

目前我们国家还没有建成从上到下衔接贯通的现代职教体系，具有真正意义的培养应用型人才的职业本科也没有建立，高职院校与本科院校不同的人才培养方式导致他们在人才培养定位、教育教学方法、教材的使用开发上存在着很大的差异。众所周知，本科院校在人才培养上多强调学科性，高职院校则强调职业性。不同的指导思想导致不同人才培养理念的出现。此外，受传统"重普教，轻职教"观念的长期困扰，许多本科院校始终不愿意承认办学的"职业性"特征，生怕列入高职而受"歧视"。目前进行分段培养的本科院校并非都是应用型本科院校，观念的桎梏影响了教育的改革，阻碍了分段培养目标的实现，使得在分段培养中两者很难达到真正的融合。

（三）缺乏有效的理论指导

理论是人们把在实践中获得的认识和经验加以概括所总结形成的某一领域的知识体系。科学的理论是从客观实际中抽象出来的，对实践具有积极的指导作用。

高本"3+2"分段培养是一种全新的培养模式，以技术技能型人才为培养目标，"应用特色＋本科底蕴"为其特点，从其试点以来就得到了社会各方的广泛关注。由于目前正处于试点阶段，因此很多事情都处于摸索阶段。对于分段培养的研究，多实践经验方面的介绍，在理论研究方面还不够深入，不能够有效的指导分段培养各方面工作的实施。要实现人才培养目标、课程体系、教学方法等方面的顺利衔接，理论指导必不可少，但因为理论研究的匮乏导致了在衔接过程中众多问题得不到很好的解决。

（四）物理距离差异，沟通交流不畅

高本"3+2"分段培养是通过高职院校与本科院校建立合作关系，双方密切配合，共同培养应用型复合人才的一种全新模式。双方在人才培养目标、课程体系等方面应该是一种层级递进的关系。

教师是坚守在教学第一线的人员，他们对学生的了解，对课程设置的理解、对人才培养的方式方法更具有发言权，在课程设置过程中有着重要的作用。然而由于合作院校之间普遍存在物理距离的阻隔，加之时间调配等问题，使得双方学校领导层面及教师层面共同坐下来探讨课程设置与课程衔接的机会比较少，难以做到经常性的切磋、探讨。这就使得分段培养过程中出现的很多问题无法及时解决，尤其在课程设置衔接上，无法完成顺利对接，造成了人才培养实际与目标之间的偏差。

（五）一体化课程体系尚未建成

课程体系对于人才培养目标的实现有着重大的意义，一方面，它是实现人才培养目标的载体，另一方面，它又是提高和保障教育质量的关键。高本"3+2"分段培养的核心在于课程衔接，而课程衔接的核心在于一体化课程体系的构建。为保障高职和本科分段培养的人才为适应社会经济发展和产业结构转型所需要的应用型人才，在进行课程设置时双方应进行一体化课程设计。目前两个阶段在课程的衔接上存在重复、断层、重要课程缺失、课程组织不规范等问题，主要原因在于两个阶段课程体系的差异，高职阶段以职业性为导向，本科阶段学科体系为主导，双方进行合作时并未进行一体化课程设置，导致在课程设置上存在各自路径问题，影响了培养目标的实现和教育质量的提高。

（六）师资配备不合理，影响课程设置

教育发展的保障在于师资力量的配备，"3+2"分段培养更是需要雄厚的师资力量。高职院校经过多年发展，其职业性定位已被公认，在师资的配备上多以"双师型"为标准，更注重教师的实践水平，部分教师来自行业一线。本科院校师资配备还保留其学科性烙印，对教师的接纳以科研学历为标准而忽视了其实践能力。分段培养所需要的教师既需要有专业的理论知识又需要成熟的实践操作能力，这就使得高职教师的精力、能力在理论知识的传授方面，本科教师在实践能力教学方面出现不能胜任的情况。双方院校的师资配备，影响其大幅度进行课程改革，因而大部分课程只是在原有课程基础上的删改。

通过调查可以清楚的窥见高职院校与本科院校课程衔接的主要问题所在，阐述问题并在此基础上分析问题产生的根本原因，对进一步理解当前高职与本科"3+2"分段培养的现状和提出有针对性的建议对策至关重要。

（1）课程目标理念的差异

1.高职与本科院校办学定位差异

众所周知，高职院校长期以来将自己的办学定位于培养高素质的技能型人才，以满足劳动力市场对技术工人的需求，逐渐形成了重技能弱理论的培养理念，从本质上来讲课程目标为技能本位，对比以学术研究为本位的本科院校而言，差异显著。这种天然的课程目标差异造成了在"3+2"分段培养的过程中，高职院校与本科院校不能立刻适应这种新的人才培养模式，仍然根据传统的办学模式制定课程目标，结果造成了各培养主体各自为政，致使两个阶段人才培养的目标严重缺乏一致性，在课程的衔接上无法融通。

2.传统教学思想观念的束缚

教师在教育教学中通常扮演者指导者甚至主导者的角色，对课程目标的解读必然会影响课程学习的方向。当教师处于不同类教育或不同层次教育系统内时，往往将自己的承担的角色职责进行定位，比如高职院校的教师自然而然形成了一种传统职业教育的教学观念：即培养有一技之长的技术型人才，并在自己的日常教学工作中付诸实践，注重学生职业性能力的学习，继而忽略掉学生的理论知识的学习。同理，本科教学中，教师也会不自觉地以本科生的学习目标要求转段高职生。这种观念的束缚人为地割裂了分段培养课程目标的衔接。

3.高职与本科教育价值取向的不同

课程的价值取向是由教育类型的属性规定的，我们知道我国的高等职业教育通常持技能为本位的课程价值取向，应用型本科持学术本位的课程价值取向，《国务院关于大力推进职业教育改革与发展的决定》明确规定了现代职业教育是以培养高素质的应用型人才为目的的课程目标，按照政策要求就需要将两种不同的课程价值观进行一定程度的调整，但实际上很多院校仍没有很好跳出本位价值框架，课程目标难以有效衔接。

高等职业教育主要是就业为导向，于专科以转学为目的的教育存在着很大的区别，二者在教育体系当中本质上存在着很大的差异。在当前高职院校一直在注重以就业为导向的教育教学，而专科以转学为目的的教育教学也就一致没有被重视起来，所以在课程体系的衔接当中，高职教育应该于专科的教育教学同步进行，同时还要沿用高等职业教学的人才培养体系。

（2）课程开发的规章制度不健全

1.课程开发主体间的利益规范缺失由于"3+2"分段培养培养主体的多元性，规定了在进行课程开发时需要达成最优的课程开发效果，也就是要兼顾到每个主体的要求和目的。

在操作过程中，合理的做法是以企业行业标准为导向，结合高职院校和本科院校的实际条件，保证课程教学效果最大化为目标的开发原则。但是实际上，课程的开发中三方利益冲突严重，比如三方主体在各培养环节每个主体付出的成本、代价等不平衡，就可能引起三方为争取自己的利益出现"寸步不让"互不妥协的尴尬局面，结果是各主体根据自己的要求对课程开发内容进行机械的堆积，不仅出现课程内容之间的连贯性差还会出现课程教学效果达不到要求等一系列问题，进一步加剧高职与本科课程衔接的难度。这一现场表明我们在进行课程开发时并没有就各主体的利益关系、权力职责进行规范化的约束。

2. 课程开发主体权责划分不明确

保证科学合理的课程开发的前提是开发主体地位的平等，拥有同样的话语权，才能使课程开发不失公正公平，也确保了课程开发收益最大化。调查中存在本科院校主导课程开发的过程，可以反映出课程开发主体的地位是不平等的。为什么会出现这样的现象呢？第一是因为从教育层次角度看，本科教育处于高职教育的上一层，在心理上高职院校会产生低人一等的错觉，也可以说因高职教育的不自信造成；第二，高职教育要实现内涵式的发展，引进高质量的教育资源是关键，与高职院校相比，本科院校具有更加优质的教育资源，并且与本科院校合作也有助于提高自身办学的知名度和吸引力。在没有明确性的权责制度的约束下，高职院校虽然也希望在课程开发上拥有平等的话语权，但是在利益的权衡下，不得不尽量依附于本科院校。

3. 教材选择方式不规范

教材的重要性不言而喻，教材内容规定了教学内容，可以说选用什么样的教材就会有什么样的学习效果。虽然无论是高职院校还是本科院校，对教材的选用方面都有一套具体的流程，然而实际情况看上去似乎是流于形式。教师在选择用教材时需要有一定的自主权，这应当是教师的权利，不过这种权利的行驶需要在学校专门组织的教材委员会的论证下进行，第一要满足最新的产业发展要求，第二要满足与下一阶段所选用的教材内容相衔接的要求。正如调查中出现的，没有规范的教材选用制度，教师选择教材更倾向于自编教材或者旧版本教材，理由是符合自己的教学习惯和对教材内容的熟悉。教材选择的规范化有助于教师自主选择教材的科学性，有利于达成课程衔接前后的通畅。

（3）忽视学生学习的内在规律

课程内容的设置和编排受两种主要因素的影响：首先受课程目标的影响，课程内容要紧紧围绕课程目标的要求进行编排才能到达培养一定规格的人才的目的；其次，受学生认知发展的影响，符合学生内在学习规律的课程内容编排才能促成课程学习效果的最大化。因为学生的认知发展对合理课程内容编排影响呈隐性，在具体的教学过程中，往往就被忽视，表现为课程内容的难易衔接颠倒，容易造成课程内容与学生学习能力失衡，引发高职与本科课程衔接不畅。

（4）高职与本科缺少课程教学的交流

分段培养是两个阶段一个目标的育人过程，因为其培养采取分段进行的特点，进行充分的信息交流就成为连接两个阶段培养内容的纽带。调查得到的数据可以知道，从高职与本科在教材的选择上开始，到教学活动的实施，最后到教学效果都没有进行彼此间的信息沟通和共享，不清楚学生掌握的知识能力水平，让本科阶段的教学产生了巨大的盲目性，所以我们常发现本科院校对高职转段生和本校学生的培养采用同一套教学方法和课程，就产生了目标主线模糊，课程结构松散，教学内容的脱节和重复等问题。

（5）实践教学与理论教学不配套

职业教育最大的特点和优势就是采用理论与实践教学相互融合的教学方式，达到学生在知识、技能水平的全面提升，要求每个阶段的教学都要重视理论和实践课程结构的设置，实施教学"两条腿"走路的方式。然而参照高职与本科分段培养的课程计划表，从课时结构上不难发现，本科阶段实践教学被边缘化，学生的理论知识和技能训练就会出现不同步现象，无法实现人才由高职向本科质量上的转变。

3.4 课程设置衔接的个案研究

3.4.1 试点项目基本情况介绍

根据湖南省教育厅〔2014〕64号批文，长沙环境保护职业技术学院和湖南城市学院环境艺术设计专业和建筑室内设计专业"3+2"分段培养试点工作逐步展开。试点一开始就受到了两所学校相关院系部门领导和教师的高度重视，成立了项目试点联合工作组，多次安排相关人员到对方学校和所在地艺术类行业、企业进行调研，召开研讨会协商讨论可能出现的各种问题。成立了由合作院校、合作企业组成的"校—校—企"三二分段专升本应用型人才协同培养试点工作领导小组，建立联席会议制度，对试点工作进行规划、决策、组织、资源筹措与调配、指导、监督工作。

试点院校从2014年开始招生，截至目前共招收学生460人，其中2014级93人，2015级93人，2016级96人，2017级90人，2018级88人，录取学生全部为第一志愿投档的学生，生源质量高于非试点专业。2017年升入对口本科院校55人，2018年升入对口本科院校54人。

3.4.2 试点项目课程设置的衔接探索

分段培养项目要求高职教育与本科教育进行一体化衔接，从培养目标、培养层次、课程设置、课程内容等方面展开，既有横向的层次区分又有纵向的联系递进，在各项措施的指引下实现分段培养的终极目标。

（一）人才培养目标的衔接

为保障课程体系的科学性，双方院校经研讨协商认为分段培养中应该将高职阶段的人才培养目标定位为：具有创新性思维和能力的高素质、高技能人才；将本科阶段的目标定位为：技术性、创新性、研究性复合型高素质人才。结合本地区经济发展需求及学校办学实际制定出具体的人才培养目标（见下表 3-31）。

表 3-31　高职和本科分段培养目标一览表

阶段	高职	本科
培养目标	培养拥护党的基本路线和方针政策，德、智、体、美、劳等全面发展，掌握电子信息领域必备的基本知识，具备小家电、音响、灯具行业所需的产品制造、测试、工艺管理、技术服务、销售等方面的专业技能，具有良好的职业道德和敬业精神，具有一定的创业意识，适应产业转型升级和企业发展所需的技术技能型人才。	培养学生拥护党的基本路线，德、智、体、美等全面发展，具有良好的职业道德和诚信敬业精神，掌握电子信息技术领域必备的基础理论和基本技能，具有将电子信息科学原理及学科知识转化为设计方案能力；具有产品开发、方案实施与转化能力的高素质、创造型工程技术人才和新技术开发引领者。毕业生适宜到高新科技企业，科学研究部门和学校从事电路设计、智能信息处理、通讯、电子系统、智能仪器等领域的设计、生产、教学和工程开发。

（二）课程设置的衔接

1、课程体系衔接

长沙环境保护职业技术学院、湖南艺术职院、湖南城市学院和湖南信息学院以"衔接一体"思想为指导，从课程的设置与课程内容的架构出发，构建环境艺术设计专业和建筑室内设计专业的课程体系，整体上是一个不断递进的阶梯学习过程。从衔接方面来看，高职阶段与本科阶段各有分工，高职阶段主要是对学生动手能力的培养，加强实践技能的养成，在实践中有针对性的训练其专业能力和创造性思维；本科阶段主要是对学生的发展能力和研究能力的培养，其设计能力和创新能力进一步加强，此阶段主要是对于上一阶段知识技能的深化，提高学生的理论素养，突出学生的专业技能发展，培养技能型、创新型、研究型高素质复合型人才。两个阶段的知识体系充分考虑了学生的认知发展规律，从整体上表现为"衔接一体"。（如表 3-32）

表 3-32　高职和本科衔接知识构架一览表

教育阶段	培养目标	课程结构	专业能力培养	培养层次
高职教育	具有创新思维和能力的高素质、高技能人才	素质教育课，中级专业课（电子产品的测试、工艺、维修、质量控制、技术服务等），选修课	实践动于能力创新能力	中级
本科教育	培养技术型、研究型、创新型复合性高素质人才	公共基础课，高级专业课（电了产品的设计、生产、测试等），选修课基础课，高级专业课（电了产品的设计、生产、测试等），选修课	专业设计能力创新能力专业发展能力	高级

长沙环境保护职业技术学院从产业结构的转型升级、行业企业理念和技术的更新以及职业岗位对应用型人才培养的新要求出发，以行业企业技术标准、国家职业资格标准和国际教学标准为参照，重新构建高职与本科一体化的课程体系。在课程内容的改革中，坚持行业企业、高职院校、本科院校通力合作，突出人才培养的应用性、职业性和实践性。区

域经济特色比较明显，以镇为单位进行产业发展，"一镇一品"，"一镇一业"，每个镇都有每个镇比较特色的产业，比如小榄镇以音响产业为主，古镇以照明产业为主，东凤镇以小家电产业为主，南头镇、黄圃镇智能家电产业明显，火炬开发区的电子信息产业发展迅速。目前各专业镇高技术技能人才短缺，阻碍了产品升级和产业结构转型，影响了整体经济的发展。为了服务地方经济发展，中山职院构建了"一镇一品产品典型设计过程"的课程体系。为了达到产教融合的目的，设置的核心课程都由高职院校、本科院校、企业负责人共同研讨，将从企业引入课程内容先以工作室的方式研究消化，通过编写合作化项目教材等方式以学生可接受的方式教给学生。

城市学院根据学生高职阶段学习情况建立"专业基础课＋职业能力课"课程体系，课程面向环境艺术设计专业和建筑室内设计专业，在知识和能力上进行加深拔高，学生在校期间主要学习通讯编程，电子设备与信息系统等方面的专业知识，接受电子信息相关的实践训练，习得设计、开发、应用和集成电子设备和信息系统等基本能力和基本技能，从而适应当前社会的时代需求和信息科学技术迅猛发展的现状，使学生成长为具有创新性的高素质高技能复合型人才。

2、课程内容的衔接

（1）课程内容的确定

长沙环境保护职业技术学院和湖南城市学院环境艺术设计和建筑室内设计进行合作之初，先通过广泛的行业企业调研，进行岗位和职业能力分析，以此来确定人才培养的目标和规格，进而确定人才培养模式、构建课程体系。课程内容的确定紧扣调研结果，以学生知识能力水平及身心发展规律为基础，以社会需求及岗位职业能力为参照，确定课程内容，形成学科课程。

高职阶段区域经济发展紧扣"一镇一品"、"一镇一业"产业特色，重点发展音响、小家电、灯具等行业所需的产品制造、测试、工艺管理、技术服务等方面的专业技能，课程内容聚焦在数电、模电、小家电控制电路设计与制作、胆机、开关电源、ＬＫ）应用电路、数字有源音箱设计与制作、灯具电路检测等方面，课程设置以典型工作任务为载体，教学体系以理论和实践教学为主，其中实践学时占总学时 60% 以上。本科阶段面向整个电子信息行业，培养从事电子设备及信息系统的设计、开发和应用工作，具备系统分析并解决复杂工程问题能力，有创新意识和持续学习能力、团队协作、组织管理能力的高素质、创造型工程技术人才和新技术开发引领者，课程内容包括信息交换技术、电磁场与电磁波、数字信号处理、信号与系统等，理论深度与广度都有所增加。

（2）课程内容的组织

现代课程理论之父拉尔夫.泰勒指出，为了使教育经验产生积累效应，必须对教育经验进行有效组织，以使之相互强化。课程内容的组织需要按照学生心理发展的特点及学科本身的系统和内在的联系来组织。

长沙环境保护职业技术学院和湖南城市学院在进行课程内容的组织时通过设计调查问

卷及各项测试对学生的知识结构和身心发展特点进行了充分的研究，依据连续性、顺序性、整合性原则，将高职和本科阶段的课程内容有机的编制在一起。高职阶段开设素质教育课程、专业必修课程、专业选修课程、综合能力课程，本科阶段开设专业基础课程和职业能力课程，两个阶段通过接口课程实现有机衔接。课程内容的组织由简单到复杂，既有直线式循序渐进，又有盘旋式螺旋上升。高职学段在课程设置中充分考虑到学生升学与就业的需求，在课程内容的安排上有所区别，就业的学生需要参加顶岗实习一和顶岗实习二，通过顶岗实习不断深化其实践技能，使学生毕业后能够尽快适应工作岗位，而升学的学生只需要参加顶岗实习一，利用顶岗实习二的时间开设选修课程，一方面使学生有时间准备转段考核，一方面给予学生加强基础理论课程学习的机会，使学生进入本科阶段基础更为扎实雄厚，学习本科课程更为得心应手。

（三）保障措施

1、建立专项资金，加大激励机制

为确保培养项目的高效实施，两所院校在人、财、物等方面全力支持分段培养项目，并通过建立长效激励机制，对专项资金、配套资金、合作投入资金的使用和管理进行合理安排，达到专款专用。

2、建立协同人才培养管理机构，形成人才培养质量保障机制

为保障试点工作的顺利开展，成立了由双方学校教学管理部门负责人、教师代表、高等职业教育专家、行业企业专家、家长、学生代表等组成的学校教学工作委员会，以教学工作委员会为主体，与人才需求单位联合建立校企互动人才培养质量保障机制。一是建立了教育教学质量评价委员会。教育教学质量评价委员会由政府、行业、企业、湖南城市学院、长沙环境保护职业技术学院组成，行业和企业发挥主导作用。学校教学工作委员会对教学质量评估委员会的工作进行规划、指导，督促行业、企业提供最新发展信息，收集人才培养质量保障建议，完善人才培养质量标准，共商人才培养建设方案。二是成立了分段人才培养质量保障小组。将人才质量保障小组作为质量评估委员会的常设机构，监督、指导分段人才培养工作。实施人才培养质量监控和评估，对一体化分段培养的教学运行和管理状况、教学改革和人才培养质量实施监控。

3、建立教学管理机制，高本双方共同参与教学日常运行管理

高本双方共同建立了教学管理组织机构，在日常教学中加强交流与合作。通过齐抓共管，互相反馈、不断改进，保障了高本衔接的顺利开展。在院系层面，由双方学校组成教学管理机构，由专业负责人、专职教师、辅导员、学生代表等成员构成，确立双方院校总负责人，定时研讨两个阶段在分段培养过程中出现的问题，包括课程衔接问题、教学过程问题、学生管理问题等，确保衔接工作的顺利进行。

在日常的教学运行过程中，高本双方严格执行一体化人才培养方案，克服各种困难，确保高质量完成教学任务。在平常的工作中，加强两所院校之间的多方深层次交流。通过与学生的沟通交流，了解双方院校人才培养特点，为本阶段教学优化提供建议；教师之间

通过交流，对学生的知识掌握情况、心理发展特点更为了解，教学过程也变得更为顺畅；管理人员之间相互沟通，了解教学运行情况，不断改进管理方式，优化人才培养过程，及时解决发现的问题，确保了人才培养质量。双方院校通过共同申报课题、教师共同学习研讨等方式，加强合作，保障人才培养目标的实现。

3.4.3 试点项目存在的问题

试点项目为学生打通了上升通道，为经济发展培养了社会需要的高素质应用型人才，是完善现代职业教育体系的有益尝试。长沙环境保护职业技术学院和湖南城市学院在分段培养取得良好效果，同时，在课程设置方面还存在一些问题。

（一）课程设置层次性不明显

对比两个阶段人才培养目标发现，高职阶段人才培养目标以满足地方经济发展需要开设，在课程的设置上围绕中山特色，主要集中在小家电、音响、灯具行业所需的产品制造、测试、工艺管理、技术服务、销售等方面，本科阶段面向整个电子信息行业，课程设置以掌握电子信息领域具备的基础理论和基本技能为主，要求学生能够将原理转化为设计方案，能够进行产品的开发、方案的实施和转化。高职阶段的课程设置比较集中，浅显易懂，实践操作性明显，本科阶段课程偏理论，涉及范围广，实践操作不明显，这就使得两个阶段的课程从整体上来看层次性不明显。学生完成高职阶段学业进入本科阶段后，明显感觉到两个阶段的课程差异性，学习压力加大，一时难以适应。

（二）高职与本科两个阶段理论与实践比例不协调

湖南城市学院环境艺术设计专业分段培养专业课程设置以典型工作任务为载体，所以核心课程均采用理实一体化项肖化教学，因而实践教学占比较高，湖南城市学院环境艺术设计专业分段培养专业课程设置考虑到学科体系特点，理论教学占比较高，课程教学以理论讲授为主，实践教学占比较少，这就使得两个阶段理论与实践学时比例失衡。从表4—4中可以看出中山职院高职阶段总学时2326学时，其中理论学时882学时，实践学时1444学时，理论学时占总学时62.1%，除去毕业实训和顶岗实习，实践教学占50.9%；本科阶段总学时为1340学时，其中理论学时754学时，实践学时514学时，实践学时占总学时38.4%，除去电子见习、毕业设计和专业顶岗实＞J，实践教学占19.7%。长沙环境保护职业技术学院实践教学占整个教学一半以上，而湖南城市学院实践教学仅占20%不到，本科阶段理论讲授过多，使人才培养的应用性得不到凸显，影响培养目标的实现。

（三）通识课程整体占比不足

高等教育阶段，通识课程的开设在整个课程体系中发挥着重要的作用，是学生全面发展的基石，通识教育应贯穿于整个教育过程。目前在长沙环境保护职业技术学院和湖南城市学院进行的一体化课程设计中，高职阶段开设通识课程，而本科阶段普遍缺乏通识课程的开设。从知识的深度来讲，高职阶段通识课程的开设是针对高职学生身心发展特点及水平设置，无论是在知识的讲授还是技能的形成都处于浅层次，本科阶段学生身心发展进入更高层次，原本的经验已不能满足学生发展需要，因而也需要开设相应通识课程。从中山职院与韩山师院通识课程开设比例来看，中山职院通识课程占总课程28.9%，韩山师院占课程5.4%，从整体来看，两个阶段通识课程总占比为20.3%，整体比例偏低。因此，本科阶段应增加通识课程的开设，保障学生专业知识与基本素质协调发展。

（四）重要课程缺失

长沙环境保护职业技术学院和湖南城市学院分段培养虽然进行了一体化课程设置，避免了课程重复开设的情况，但是在课程的安排上还是存在一些问题。在问卷调查中问及学生有哪些课程应在高职开设而实际未开时，学生普遍反映复变函数和线性代数、编程等课程应该开设实际未开。重要课程的缺失为学生在本科阶段的学习带来阻力，加大了学生学习压力，给学生的学习造成不良影响。双方院校应加强沟通，协商解决出现的问题，为学生本科阶段顺利学习提供坚实的基础。

（五）课程的组织缺乏规范性

在分段培养课程体系中，理应根据学生的认识水平及身心发展水平结合教育规律组织课程，课程开设遵循由易到难、由浅到深循序渐进的规律。通过调查发现，在长沙环境保护职业技术学院和湖南城市学院分段培养项目中，课程的开设并未遵循此规律，有些课程本应在后期开设，结果开在了前期，此时学生所掌握的知识水平还不足以掌握该门课程，导致学生对知识的掌握不扎实，在后期的学习中需要重新复习掌握该门课程，造成时间和精力的浪费；有些课程本应在前期开设结果设在了后期进行学习，有些课程本应在高职阶段开设，结果设在了本科阶段，此时正是学生需要该门课程去学习其他课程的时候，而该门课程还未学习，势必会影响其他课程的学习。课程组织不规范，影响学生对知识的掌握，影响学习效果。

（六）课程一体化衔接不及预期

（1）理论知识教学层面衔接

由于行政体制的天然壁垒根本问题没有被打通，导致教师在不同院校之间授课交流相对困难，直接结果就是多数情况是本科院校和专科院校各自的教师完成各自阶段的教学任务。院校之间及时动态调整课程，保障实际操作落地其实是非常困难的，直接结果就是专科段与本科段在各方面的衔接都存在简单的拼接现象。鉴于此，学生进入本科段能否融入本科教学，能否适应本科学段教师的教学方式、模式，学生能否顺利毕业并获得学位，仍值得研究。实际调研发现完成前半段的课程之后，进入后半段学生普遍跟不上情况，需要重新去做专门的理论强化和补充，耽误课时，影响后段的教学计划完整实施。这种现象比较普遍。

（2）实践知识教学层面衔接

根据高职院校的教学情况来看，其主要目标就是为了培养技术性人才。科院校主要培养知识型人才，也就是说，这两者的实践教学体系以及功用都存在一定的差异性。如果能够将两者的优势结合在一起，联合培养人才，往往会出现一些衔接方面的问题。导致价格体系存在一定的缺陷，整体性不够强，实践过程出现偏差，教学内容不够完善，无法实现预期的目标。

（3）实践教学和理论教学之间衔接

首先理清实践教学和理论教学之间的关系。理论教学应当为实践教学做好知识储备，实践教学是可以更好地巩固和加深对于理论教学知识的理解。二者是相互依存，相互促进的关系。"3+2"专本联合培养的5年学制的培养过程中，应该有理论教学，有实践教学，相互配套开展。然而问题出现双主体，双方院校各自的培养阶段内部，又再分理论教学和实践教学。难免会出现脱节或者错位的问题。高职阶段注重岗位职业技术技能实训过程，比较弱化纯粹理论知识的教学，导致学生进入本科院校之后，根基不牢，无法理解操作背后的原理，缺乏后劲，导致后续的进阶实操无法继续开展。除此之外，化基础也存在一些不足之处，无法迅速的让学生掌握基本知识，所以，这就要求在5年内，尊重学习规律，相互补位，相互铺垫。

（七）缺乏沟通平台和机制

（1）院校经验交流平台

参与湖南省3+2专本联合培养的首批院校目前缺乏统一的交流平台，遇到具体的问题，没法集体商议沟通，甚至更加谈不上办学经验交流和教学资源共享了。第一手的宝贵办学经验及问题情境无法因此得以留存，所以搭建院校之间的信息交流平台的必要性就不言而喻了。

（2）本科院校和专科院校教师、教务管理人员之间沟通

目前一部分合作试点院校在教学环节基本都是各自学校教师在完成各自对应的教学任务，相互交流不够。长久以来专科和本科的办学定位、人才培养、教学理念、管理理念、教学要求等各方面存在差异，导致在一些协作环节上存在要求不一致。根据学院反馈的情况来看，试点专业基本按照项目申报时的人才培养方案实施了专科段的教学工作，但也有高职院校对人才培养方案进行了较大的调整。核心表现在对既定培养方案存在变通执行和擅自修改的情况。

一些院校对于培养方案提出的一些课程，因为师资、教学条件等因素无法开设，未经试点本科高校积极协商，单方面降低要求开课或者完全更换课程内容。还有一些高职院校，对培养方案最大的改动即是在专科最后一年增加了毕业论文、实习、考前指导等教学环节。

联合人才培养方案对所有学生的培养都是公平的，都是有利于其未来发展的。联合人才培养方案的修订或教学计划的调整，应是联合高校共同的决定，尤其是专科段教学计划的调整，可能会对本科段的教学产生影响，必须与试点本科高校协商后调整。对于不具备开课条件的可以请本科院校的教师任教，或开设远程在线课堂，或跨校集中开课。对于专科段是否应该也是一个完整的培养过程，保证所有学生都获得完整的技术技能训练。尤其对于那些主观意愿不想继续深造的学生，也应该给予其一个在专科段充分发展的机会。当

然，这需要从时间和教学安排上进行平衡，或者直接分流、分类培养。

（3）学生在专科培养阶段与本科院校的沟通

通常联合试点的 2 所院校不在一个城市，由于地理距离的不便，很多试点学生在前段培养的时间内对本科院校无具像了解和关联，一定程度上会影响转段的意愿和后段本科院校转段考核的比例。两校学生活动要更加融合，培养更加深厚的专业情感，为了让学生更加顺利进入本科阶段，且进入本科阶段后能够更好地融入学习和生活，应加强学生与本科院校的情感交流，每学期组织一次去本科大学参观和游园的活动。

（八）一体化教学质量监测及评价体系尚不成熟

（1）教学标准及教学方式：

在实际的教学实践中，大多数情况是来自两所不同层次的院校的两个教师团队来独立完成各自阶段的教学任务，那么在学科的教学标准和教学方式上面必然有差异，理论和实践的衔接，以及前段理论基础和后端理论基础之间的衔接。而这些不一致都会教学质量的输出产生一定影响。

（2）教材选择方式不规范

通常情况下，教学内容主要来源于教材内容。也就是说，教师一般情况下都会通过教材所提供的内容和信息来制定教学体系。到目前为止，我国的本科院校以及高职院校都建立了自身的教材选用流程，但是，在实践的过程中，这些流程并没有被贯彻落实。虽然教师也有自主权利来选择教材，但是，前提条件是要听从学校相关组织的要求和安排。首先，必须符合最新产业发展的实际需要，其次，还要符合下个阶段教材内容的衔接。根据调查情况来看，并没有制定完善的教材选择制度。而大部分教师在选择的过程中除了使用自编教材之外，往往会选择更多的旧版教材，因为他们对这些内容更加熟悉，而且拥有自己的一整套教学方式。制定完善的教材选择制度，能够提高教师选择它的科学性和有效性，从而实现教学内容的衔接，最终达到预期的教学目标。

（3）学生的技能与实际工作岗位需求存在差异

根据"3 + 2"专本联合培养的目标和定位，该项目试点核心目的在于拟培养出基础扎实、应用能力突出、有发展后劲的技术技能型人才。在建立实践教学培训体系之前，确定具体岗位是至关重要的，然后再确定不同岗位所应该拥有的专业技能或者特质。除此之外，还要综合考虑行业的发展情况，结合企业的实际需要，及时地调整动态岗位能力要求，然后再将其融入实践教学中。对于学生来说，如果他们能够做到全面学习课程，那么，在进入社会以后，也能够更好地融入岗位，满足岗位需求。但是，根据具体实践情况来看，大部分院校非常关注实践教学，然而他们并没有安排专业化技术人员来实施教学，而且教学所提供的氛围以及环境都与真实场景存在严重的差异，教学课程和实际不相匹配，没有考虑到行业以及社会的实际发展需求，造成学生根本没有办法满足岗位需要。

嵌入课程实践环节中的企业项目的开发能力不够，实践实训教学质量不高，缺乏针对性和适用性。没有营造良好的工作情境，无法让学生充分感受到具体的工作情况，以及各工作岗位之间的沟通协调过程，未能与劳动力市场接轨，以职业能力培养为核心设置实践实训课程。没有将职业群和岗位群的技术要点作为着眼点，不利于培养学生综合职业能力，不利于学生毕业有效对接企业工作岗位。

（4）缺乏统一的评价机制

缺乏统一的评价机制，培养结果具有不确定性，从调研情况来看，普遍反映对于普通本科而言一般采用的是普通高等学校本科专业类教学质量标准，而对于高职院校而言一般参考采用的是高等职业学校专业教学标准，换言之，前段培养和后段培养院校教学质量评价体系还是按照学习实际，沿袭办学惯例，并无针对3+2专本联合培养的新的评价方式。专科培养的人才属于技能型人才或者技术型人才，本科培养的是工程型人才和学术型人才。如果没有跳出原来的思维框架，只是进行相加，单纯地把技术型学科基础知识部分交给本科培养，而技能型和实践操作的部分交给专科负责，很想确定这种方式培养的学生真的是属于技术技能型人才，还是说只是比原来的技术技能人才多背了几本书而已。虽然在不同的培养节点都有各自的具体要求，都是根据高端技术技能人才的相关概念来定义的，但是这样的定义还需要一个精确的衡量机制来认定学校培养的人才是不是技术技能人才，目前为止还没有形成统一的评定机制。

4. 系统论视阈下的高职与本科贯通培养课程衔接体系模式构建

"3+2"贯通分段培养的基本依据是教育的职业性，而培养过程又涉及不同类型的院校、不同的培养阶段，这就决定了合作院校必须深刻理解行业、产业发展，准确把握行业标准、职业岗位要求，进行一体化课程体系的构建，其主体应是多元的，需要高职院校、本科院校和企业共同参与。校校企协同开发课程体系不仅能充分发挥各方资源优势，实现资源整合，最大限度地提高人才培养质量，还能促进校企深度合作，实现职业教育产教融合。结合人才培养目标，校企三方共同组建一体化课程建设团队，深入调研电子信息行业相关工作岗位，分析典型工作任务，明确岗位工作能力，以学生职业岗位能力形成为主线，对高职本科课程进行全面系统地梳理，合理取舍、科学重组，实现教学内容整合，构建层次递进的课程体系。课程制定应注重专业与产业的对接、课程内容与岗位需求的对接，同时融入行业职业标准及职业资格认证。

课程体系构建是一项系统工程，是有规律可循的，设计过程需要遵循以下原则：

能力本位原则。课程设置要重点突出企业对人才的职业能力要求，课程内容设计要体现职业活动过程、工作过程。以项目为载体，以任务作驱动，精心设计职业能力训练过程，提升学生技术技能和岗位工作能力。

目标层次对应原则。一体化的人才培养目标是贯通人才培养的总方向，而课程教学的实施是在两个不同的阶段完成的，课程目标必须与两个阶段的人才培养目标匹配。

理实一体化原则。"3+2"贯通培养目标在层次上强调"高素质技术技能"，要求学生有一定的理论水平和技术应用能力，注重学生综合素质能力的培养。课程设计中不能将理论和实践割裂，要坚持理实一体化，让知识理论能真正指导实践，促进学生岗位能力的形成。

操作性原则。两教学主体院校要统筹教学资源，处理好教学内容先进性和可行性的关系。课程教学内容描述要科学规范，教学实施过程要精细化设计，做到可量化、可检测，避免教师在贯彻执行上的困难。模块化原则。以就业为导向，按职业能力形成规律建立面向不同层次、不同职业岗位的模块化课程，有利于技能型人才的系统化培养。

4.1 系统论视域下贯通培养课程衔接体系模式构建理念

4.1.1 坚持一体化设计

国务院关于加快发展现代职业教育的决定》（国发〔2014〕19号）第六条指出，要加强对我国一本普通高校的引导和鼓励，帮助他们实现应用技术类型高等学校转型，把本科职业教育放在重要的位置。专本联合培养项目试点是从2015年始，一有一些本科院校开始实施转型。然而，因为受到我国传统教育理念的影响，即"重学轻求"，转型还是受到了明显的阻碍。更多的时候是新的项目仍然按照旧的办学惯性在向前。所以笔者认为如何克服累计多年的办学惯性，把新的试点项目真正当作全新的一个事情来研讨，引导大家真正重新认识学生、培养目标、学习规律，是一个关键问题。解决这个关键问题，课程研发是一个重要的切入点，不再按照过去的课程进行拼凑而是重新研发设计课程，加强实训内容的针对性。

系统论视域下贯通培养课程衔接体系模式课程设计作为一个复杂系统，它的各子系统、核心组成要素以及各部分之间联系都是较为复杂的。但是作为一个整体，贯通培养课程衔接设计系统最终应该指向学生培养，因此就要协调组织各子系统以及组成要素，统筹兼顾、整体考虑、一体化设计，为实现混合式课程的系统合理以及内在一致性提供强大支持力。在构建系统论视域下的贯通培养课程衔接体系模式时，既要保证各子系统相互独立发挥各自作用，更要深入挖掘各子系统、要素之间的联系，有机融合，综合协调，从而实现课程设计最优化，完成系统化课程的设计。

4.1.2 坚持目标引领性

"3+2"分段培养试点项目的初衷，是为了结合高等职业教育与应用型本科各自的独特优势，进行复合型人才的培养，既具备理论创新能力，又有实践操作技能，总体可以达至ＩＪ"工程师"的培养规格。为更好适应新的产业转型服务，学生在不同的培养阶段，需要按照不同的课程目标进行学习。在高等职业教育阶段，课程目标是突出技能训练，兼顾理论运用，让学生能掌握一技之长，达到知其所以然的目的。在应用型本科阶段，着重强调理论知识的运用，同时提升学生技能的应用水平，课程目标要求学生不仅"知其然"，也要让学生"知其所以然"，提高学生在复杂综合的实际情况下解决问题的能力。在两个学习阶段，都需要充分发挥每个阶段的课程目标的特点，分工明确，因此需要彼此相互独立，使总体的培养目标细化，避免重复的学习和训练，更加有效促进人才质量的提高。

分段培养是一个系统性的过程，需要有一个明确的总体课程目标，这就意味着每个阶段的目标都要为总体目标而服务。在保持每个阶段课程目标的同时，也需要其跳出门阶段的局限，关注上下层次的目标，保持目标上的协同性，使得课程结构和内容与上、下一阶段的课程结构和内容相衔接。

系统论视域下贯通培养课程设计要以课程目标为主要引领及前进方向，促进学生全面和谐发展，满足学生的发展需要。在对贯通培养课程内容、贯通培养课程资源、贯通培养课程活动、贯通培养课程评价等的设计时，以贯通培养课程目标为导向，有序进行组织与设计，从而实现学生目标达成最大化，学生发展最优化。

4.1.3 坚持学生为中心

系统论视域下贯通培养课程设计坚持学生中心，强调将学生置于主体地位，这就要求在进行课程设计时，教师扮演引导者、协助者等角色，指引学生积极参与，通过踊跃体验课程的一系列活动安排，包括线上的自主学习、课堂的探究学习等，享受学习的意趣。在整个混合式课程设计中，时刻注重以充分发挥学生的主观能动性为核心要义，培养知识，形成能力，塑造价值情感。

（1）遵循学生学习规律，合理编制、安排课程内容

学生是教育的对象，学习的主体和目的，有效的课程内容编制对学生知识的掌握尤为重要。心理学家皮亚杰认为人的学习有一定的规律的，即要符合学生的认知顺序，由此看来在进行教学内容的编排时要考虑到学生的学习规律。首先，课程内容的编排需要有顺序性，即教学内容由浅入深展开；其次有继续性，在两门相互衔接的课程中，强调下一课程学习是基于上一课程内容的基础之上，最后，保持各课程内容的系统性，确保各课程之间有一条紧紧围绕课程目标的主线。

（2）保证理论课程与实践课程有机衔接

复合型人才的要求是既有全面的理论知识又有扎实的应用能力，所以需要保证理论课程与实践课程有机衔接，合理安排。依据"3+2"分段培养的说明，在两个阶段的实践课程和理论课程的教学都有其明确的指导思想：第一，在高等职业教育阶段，以其阶段性的课程目标要求，强化实践技能，辅之以必需的理论课程；第二，在应用本科阶段，仍然按照本阶段性的课程目标，既注重理论知识学习，又需提高实践能力。从上面的说明我们知道虽然在每一阶段实践教学和理论教学的侧重点不同，但是都注重理论与实践的高度融合。做好两个阶段之间理论与实践课程的衔接，就必须做好教材选择和教学方式的衔接。

因此，高校之间需要成立专门人员，通过对学生学习的技能和知识要求共同协商选择教材，保证每阶段以及两个阶段学习理论课与实践课的匹配；其次，要加强双方教师之间的教学交流和信息共享，高职院校要定期向本科院校反馈学生学习情况和教师教学情况，通过双方教师的协商进行教学方法的适当调整，本科学院可以在高职院校教学方式的基础上，选择更加符合学生学习的教学方式，从而提高学生在过渡阶段学习的适应性，达到教学方式上的无缝衔接。

4.2　系统论视阈下贯通培养课程衔接体系课程设计模式

在了解课程设计之前，首先要明晰课程的概念。在课程论领域，课程的概念可谓最具争议概念之一。在我国，课程一词始于古代唐朝孔颖达，但通过理解释义可以发现，那时课程与如今意思大相径庭差别较大。等到宋朝，朱熹把课程表述为功课与进程，这与当今意义上的课程释义最为相似。在西方，课程一词最早由斯宾塞提出，curriculum，由拉丁语"跑道"衍生而来。现如今，有关其定义繁多，施良方通过对现有课程概念梳理，将其分为六大类：课程即教学科目、有计划的教学活动等六大类。钟启泉、张华等人将课程定义归为目标或计划等三类。

无论如何定义，每一种课程定义，就像课程的问题一样，都是在特定的历史时期、特定社会条件下出现的，背后都蕴含着一定的理论依据及合理性。随着教育的发展以及认识的深入，课程的定义又将不断丰富、完善和发展。本研究认为课程作为系统化概念，既包括为实现一定课程目标而静态安排的学科内容等要素，也包括动态的课程实践过程。

同课程概念情况类似，课程设计概念至今也无定论，现有研究对其定义众说纷纭。例如，钟启泉认为课程设计是按照育人的目的和课程内部各要素、各成分之间的必然联系而制定一定学校的课程计划、课程标准和编制各类教材的过程，使课程建设系统工程的一个组成部分。李允认为，课程设计是一定的开发群体或个人，根据各自的价值取向，按照一定的课程理念，通过特定的方式，组织安排课程各要素或成分的过程。通过分析梳理，我们可以发现学者一般从课程设计的宏观、中观、微观三个层次对其定义进行探讨，且大多认为其内容涉及对课程各要素的设计。综上，本研究讨论的课程设计概念为微观层面，是指在一定的教育理念指导下，教师或课程设计者对各课程要素进行有序组织与整体设计，从而形成系统化课程的过程。

拉尔夫·泰勒被后人尊为"现代课程理论之父"，其提出的泰勒原理对后续课程研究产生了深远的影响，是进行课程与课程设计相关研究非常必要借鉴的经典理论之一。泰勒通过在课程领域深入钻研，突破性地提出了课程设计者在开始课程的相关研究工作前应该考虑的四大问题，具体如图4-1所示。针对上述四个问题，泰勒又进一步指出认为课程设计主要分为四大步骤，确定教育目标、选择学习经验、组织学习经验及评价学习经验，如图4-2所示，这就是经典的泰勒原理。

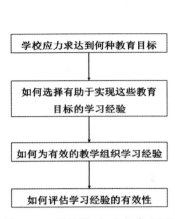

图 2.1　课程设计时考虑问题

图 4-1　课程设计时考虑问题

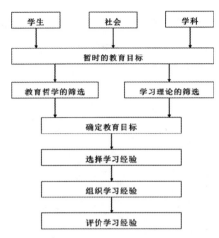

图 2.2　泰勒课程设计模式

图 4-2　泰勒课程设计模式

泰勒原理是课程设计目标模式的典型代表，是一种有条理的、系统的课程设计过程。其强调目标的导向与引导作用，认为目标在整个课程设计过程中扮演着核心角色，其中，目标的确定来源于学生、社会、学科三大方面。在本研究进行混合式课程设计模式构建时，主要借鉴泰勒的课程设计思路，以课程目标为导向，进行具体设计。

系统论视域下的贯通培养课程设计模式是从系统论视角，通过重塑混合式课程设计系统中的各组成成分及要素，形成以设计优化混合式课程为指向的具有整体、层次特点的动态开放性稳定系统，具体模式设计如图 4-3 所示

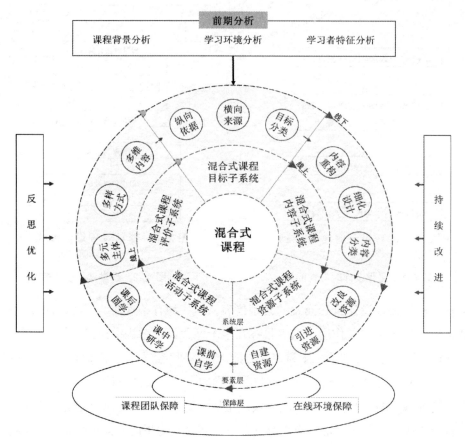

图 3.1　系统论视域下的混合式课程设计模式

图 4-3　系统论视域下的混合式课程设计模式

专本贯通培养的衔接课程体系是在一体化的人才培养目标指导下，由校企多方参与分阶段制定的一套阶段独立、层次递进、理论扎实、实践技能突出的课程体系。高职和本科的阶段性培养目标侧重点不同，高职以就业能力为导向，课程设置重点突出"技术技能"，本科以学科应用为导向，课程设置重点突出"工程实践"，课程体系按一体化培养目标总体设计，按阶段性培养目标良好衔接。两阶段的课程既独立又统一，兼顾了学生就业和升学这两大需求，保证了顺利转段的学生在高职和本科阶段都能获得相应的技术知识及可持续职业发展能力。

在专业核心课程方面，着重强调职业能力和工程应用，课程开发源于行业调研，以培养行业职业能力为线，结合行业职业标准将专业理论知识和技术技能系统梳理、科学重组，依能力递进的形式分布在高职和本科两阶段系统培养，有效解决了专业知识碎片化和整体性、连贯性不高的缺点，课程结构符合学生认知规律、能力形成规律，有利于系统、高效地培养高端技术应用型人才。

4.2.1 模式整体设计

通过从系统论对贯通培养课程设计的指导作用视角出发，将混合式课程设计的过程作为切入点与着眼点，确定系统论视域下的混合式课程设计模式主体部分共包含系统层、要素层、保障层三层架构，如图 4-4 所示。系统层，如图 4-5 所示，包括混合式课程目标、混合式课程内容、混合式课程资源、混合式课程活动、混合式课程评价五大子系统，各子系统以实现课程设计为第一要义，共同构成混合式课程设计动态稳定系统。首先，贯通培养课程目标是课程设计的前提导向，是维持把握混合式课程设计系统内在一致性的核心所在。其次，贯通培养课程内容是课程设计的主体，是贯通培养课程目标的直接体现，是实现混合式课程目标的重要手段。而贯通培养课程资源是课程内容的载体，是课程内容呈现的具体表征。贯通培养课程活动是落实课程目标的重要途径，是发挥课程内容及课程资源作用的重要依托。最后，贯通培养课程评价是课程活动组织的重要参照，是判断课程目标是否达成的关键依据。要素层包括 15 个基本要素点；保障层包括课程团队保障和在线环境两个保障点。三层架构中各要素相互协同，共同促进混合式课程的设计与实现。

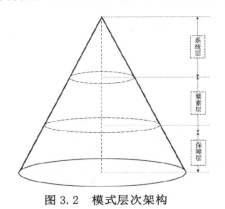

图 3.2　模式层次架构

图 4-4　模式层次架构

图 3.3　混合式课程子系统

图 4-5　混合式课程子系统

高职与本科衔接教育包含人才培养目标、课程体系构建、教学制度管理、考核评定等多方面的衔接。我院与吉林工程示范技术学院建立试点衔接专业教育，培养目标定位为"高技术技能应用型人才"，它既满足高职院校的"技能应用型

人才"的培养目标，又满足于本科院校的"高端技术型人才"的培养目标。在此培养目标的基础上，构建合理的课程体系，以及配套的教学管理制度的约束和考核评价体系的跟踪监督等作为保证，其中课程体系的衔接是高职与本科衔接教育的核心内容，下面就以我院高职与本科试点衔接专业为例介绍工业自动化技术专业课程体系的构建。

工业自动化技术专业课程体系的构建要以企业岗位需求为目标，以实践应用能力为主体，以职业标准为依据，以适应社会经济发展和科技进步的需要为原则。注重培养学生的动手实践能力、知识应用能力和职业素质的养成教育。课程体系分为三部分：公共素质教育课、专业核心课、拓展训练课等。

公共素质教育课程以培养学生的德育及职业素养目标设置了大学英语、常用文协作、体育、大学生心理健康育、大学生职业生涯规划、思想政治理论课实践、企业文化规划与实施等课程。除了正常课程以外，还开设各种竞赛、文体活动、技能训练等第二课堂活动，增强学生的素质锻炼机会，其考核内容与标准如表4-1所示。

表4-1 公共素质教育课程第二课堂考核内容及标准

序号	项目	考核内容	考核标准	学分（分）
01	竞赛	各类专业技能大赛	国家级	4
			省级	3
			市级	2
			院级	1
02	文体活动	文艺演出	市级3分、院级2分、系部1分	1-3
		体育竞赛	市级3分、院级2分、系部1分	1-3
		社会实践活动	实践报告	1
		专业协会	协会成员且参与活动	1
		集体活动	参加活动不得少于3次（院系）	1
03	技能训练	专业技能证书	高级3分、中级2分、其他1分	1
		英语等级证书	高校能力B级及以上	1
		计算机等级证书	高校二级及以上	1

4.2.2 模式内容分析

（1）前期分析

前期分析在混合式课程设计工作中起着重要的基奠作用，是进行后续设计的基础。前期分析的主要目的是确定本门课程是否具备后续开展混合式教学、进行混合式课程设计的相应条件，主要包括以下三大工作要素：

①课程背景分析。课程背景分析是指教师在进行课程设计前，要对课程的性质、定位以及现如今的课程现状进行系统思考，从而确定后续进行混合式课程设计的必要性。

②学习环境分析。混合式课程对环境要求较高，主要分为在线的网络学习环境以及线下的课堂学习环境，教师应依据教学、学生需要以及现实条件，综合规划考虑。在线网络学习环境分析主要分析校园网络的覆盖、在线课程资源平台的功能与使用等相关问题，判断是否能够保证线上学习的开展，提供优质的线上学习氛围；线下课堂学习环境种类多样，包括多媒体教室、互动研讨室、智慧教室等，主要是师生面对面互动交流的场所，对于核心知识的理解与相关能力的提升大有裨益。此外，线下学习环境不仅仅局限于传统教室，还包括校园外一些非正式的学习环境。

③学习者特征分析。可以从以下方面加以了解，首先是需要了解学生诸如年龄特征、学习风格、学习态度等一般特征；其次，由于混合式课程的特殊性，还要明了学生的在线学习能力、预备技能等初始能力，以此了解多方面学生情况。同时可以依据学生情况采取

相应的针对性措施，从而加强后续进行混合式课程设计的适切性。

（2）混合式课程目标子系统

混合式课程目标子系统是混合式课程设计系统中的导向要素，在课程设计系统中扮演着起点与落脚点的角色，对于后续的一系列设计至关重要。这一子系统共包括以下三大环节要素：纵向依据、横向来源与目标分类。

①纵向依据

课程目标是课程微观层次的概念，从系统论角度出发分析，受更高层次的、更大范围的教育目的与培养目标所影响，这也是课程目标确定的纵向依据。教育目的是含有方向性的总体目标和最高目标，是一个国家乃至一种社会人才培养的终极目标。教育目的抽象性、概括性较强，包容性较大，是最宏观层面的要求，一般主要体现在国家的法律、方针政策当中。而教育目的决定着低层次的培养目标，培养目标相对教育目的来说稍显具体，是各级各类学校针对教育目的提出的更为细化的具体要求，具备一定的地方特色、阶段特色等。而课程目标则更为具体，是特定的课程所要达到的目标要求，可操作性及学科特点较强。

综上，从教育目的到培养目标到课程目标，层次等级、导向作用、包容程度以及抽象性依次递减，关系如下图4-6所示。但课程目标与教育目的、培养目标方向一致，在确定课程目标时一定要体现出前者的基本要求。

图 3.4　教育目的、培养目标及课程目标关系

图 4-6　教育目的、培养目标及课程目标关系

②横向来源

课程目标的确定不仅仅是教育目的和培养目标的纵向推衍，还要结合课程目标的横向来源分析。关于课程目标的来源，大多数学者都比较认同从学生、社会、学科三大方面展开分析，因此对混合式课程目标的横向来源进行分析时，主要从这三方面入手。首先是对学生的研究分析，混合式课程是学生的课程，学生作为课程的主体，在课程目标的制定时一定要考虑学生的学习需要、兴趣、以及认知等方面的身心发展水平，根据学生各方面的综合情况从而确定课程目标；其次是对社会的研究分析，人的发展是一个不断走向社会化的过程，学生的发展进步与社会生活也是分不开的，因此社会生活也应该成为混合式课程

目标的重要横向来源之一。我们要着眼于现实社会的需求，顺应未来时代的发展，以此来制定课程目标，这在一定程度上也是系统论开放性原理的基本要求。最后是从学科的角度出发分析，课程目标是学科的课程目标，因此要通过研究学科知识，对其内涵、逻辑体系发展趋势等进行分析，并听取学科专家的建议，从而确定课程目标。

③目标分类

通过横、纵分析确定课程目标后，还要对课程目标进行分类，分层次具体陈述混合式课程目标要求。在教育目标分类理论指导下，结合高校学生发展要求，混合式课程目标主要分为知识传授、能力培养和价值塑造三个层级。其中，知识传授是其他两层目标得以形成与培养的基础，能力培养是目标实现的有力支撑，价值塑造则具有导向引领的作用。而在混合式课程设计中，线上课程部分主要达成知识传授层课程目标，在线下课程部分主要完成能力培养与价值塑造两层目标的实现。

综上，混合式课程目标的确定需要通过纵向分析，在教育目的与培养目标的导向下转化推衍，然后从学生、社会与学科视角出发进行横向分析，最后通过分层、分类，具体制定三位一体课程目标，混合式课程目标设计思路如图4-7所示。

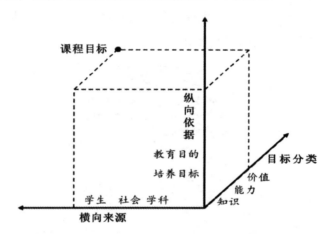

图3.5　混合式课程目标设计思路图

图4-7　混合式课程目标设计思路图

（3）混合式课程内容子系统

混合式课程内容子系统是混合式课程设计系统中的主体要素，在课程设计中起到了关键作用。这一子系统共包括以下三大环节要素：内容重构、细化设计、内容分类。

①内容重构

首先是对混合式课程内容进行重组重构，整体设计。这里强调课程内容的重构概念，而不是简单陈旧内容的堆砌，教材内容的搬运，是要依据科学合理的课程目标，秉承一定的课程内容选择的原则，结合学生的发展需求，采取螺旋式与直线式相结合的课程内容组织形式，对课程内容进行重新组织，在整体上确定课程内容。同时将课程内容进一步划分为课程单元模块，发挥混合式课程的优势，重组单元顺序，重整单元内容，构成混合式课程内容的基本框架，同时制定相应的单元教学目标。

②细化设计

细化设计主要是将划分的各单元内容进行进一步细化成各知识点内容，确定各知识点类型，制定各知识点需要达成的知识点目标。通过前述可知，在修订版教育目标分类理论中，知识点被分为事实性、概念性、程序性、元认知四种形式。通过对每种知识类型进行理解区分，我们认为事实性知识一般指一些专业术语以及某些特定的知识、细节等；概念性知识一般指某些要素之间存在的基本联系，如一些类别和分类、原则方面的知识；程序性知识主要是一些关于"如何做"的知识，通常是指一系列流程或步骤以及遵循流程时需要运用的标准知识等；元认知知识主要是对个体认知的某些知识内容。知识点内容是课程内容的最小单位，实现了对课程内容的具体表述，课程目标的具体实现。

③内容分类

内容分类是确定混合式课程内容子系统中的关键环节要素。混合式课程的课程内容显然划分为线上线下两大类，这就需要我们在前期内容重组的基础上，根据线上线下学习特点、知识内容类型及目标达成问题，对单元及知识点内容进行分类，分别选取适合线上线下不同方式的课程内容，予以划分，以便进行后续的资源、活动以及评价设计等。三大环节要素环环相扣，共同构成混合式课程内容子系统，实现混合式课程内容的选择。

（4）混合式课程资源子系统

混合式课程资源子系统是混合式课程设计系统中的重要部分，作为一个庞大的体系，贯穿整个混合式课程之中，是学生进行混合式课程学习的必需材料。在进行混合式课程资源开发时，可以从两大角度出发考虑，如下图4-8所示：

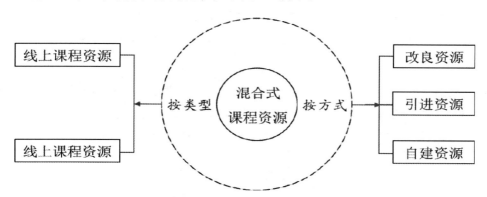

图 3.6　课程资源开发类型及开发方式

图 4-8　课程资源开发类型及开发方式

从资源类型角度考虑，混合式课程资源可以细化为线上课程资源和线下课程资源，且线上课程资源类型大多为视频、动画、拓展文档、测验、讨论等，线下课程资源类型大多为一些纸质教材、学习模板等。

从资源开发方式角度考虑，混合式课程资源的开发方式主要有三种：改良资源、引进资源与自建资源。改良资源是对现有的课程资源进行改编改制、加工转化，使之更加适合混合式课程资源的要求。可在现有课程材料的基础上，依据混合式教学的特点，对某些不适应混合式教学需要的部分进行重新调整、转化改造。在对现有课程资源改良时，如果经过加工改良的资源并不能够满足学习者的需求、混合式课程的需要，就需创作增补其他课程资源，这也就需要后面两种方式的结合；引进资源是根据自身混合式课程需要，引进外部优秀的课程资源。线上课程资源的引进主要体现在：各大平台、网站都共享了大量一流的课程资源，教师可以根据混合式课程设计的需要，吸纳优质课程资源，但要注意课程资源的适切性，不能为了仅仅为了"引进"而"引进"。线下课程资源的引进主要体现在一些优秀的纸质教材、书籍方面；自建资源是根据混合式课程需要，自主重新建构混合式课程资源。自建线上课程资源需要经历设计、制作等一系列复杂的过程，线下课程资源也需根据实际需要重新设计开发。相比较而言，自建资源对课程设计者各方面综合能力要求较高，但自建资源相对于混合式课程的适切性也会更强。所以教师在进行混合式课程设计时应该综合考虑，选择适合自己的混合式课程资源开发方式。

需要注意的是，在进行混合式课程资源的开发过程中，往往是依据实际需要，从线上线下课程资源角度出发，结合三种资源开发方式，从而实现系统性混合式课程资源的开发，且无论采取什么样的方式进行课程资源的设计与开发，都应注意保持混合式课程资源的整体性与统一性。

（5）混合式课程活动子系统

活动作为混合式课程中的动态核心要素，目标、内容、资源、评价等的实现都要内嵌于活动之中，依托活动发挥作用。混合式课程活动从形式上分为线上活动和线下活动两类，在阶段上分为课前导学活动、课中研学活动、课后固学活动三大活动阶段。各个阶段的混合式课程活动类型多种多样，且与前述课程内容、知识点类型、目标等密切相关。黄荣怀教授针对知识点与教学目标关系，总结了混合式学习活动类型以供参考，对应如表4-2所示，同时概括指出，在学习事实性知识和概念性知识时，要充分发挥多媒体计算机的优势，采取多种形式进行组织呈现；学习程序性知识时，重点应该侧重让学生在"做中学"，强调练习与应用；至于元认知知识，侧重指导改进学生的学习方法。

表4-2　知识类型与BL下的学习活动

序号	知识类型	学习活动
01	事实性知识	讲授、阅读、资料搜索
02	概念性知识	讲授、阅读、资料搜索、讨论、协作、问题解决、反思
03	程序性知识	讲授、阅读、讨论、协作、案例分析、问题解决、反思、角色扮演
04	元认知知识	阅读、讨论、协作、问题解决、反思

本研究在黄荣怀教授知识、目标、活动二维表的基础上，结合课前、课中、课后和线上、

线下学习的特点，设计混合式课程主要课程活动类型如下图 4-9 所示，混合式课程的课前导学活动大多是在线上进行，活动主题以自主学习为主，活动类型一般为视频观看、文档阅读、网站学习、资料收集、在线交流、测验练习、提交作业等，通过自定步调的独立学习活动路径，从而实现课程导学。混合式课程的课中研学部分大多是在线下进行，活动主题以协作学习为主，活动类型一般为问题解决、课堂讲授、讨论交流、案例分享、作品设计、角色扮演、项目参与、参观访问、专家讲评、答辩互动等，通过多种多样的协作学习活动，实现学生的应用、提升、创造，达成研学。混合式课程的课后固学活动可以在线上开展也可以在线下开展，教师可以根据实际需要自行设计，活动类型大致为总结反思、作品完善、拓展思考等，实现巩固学习的目的。在进行活动设计时，一定要明确线上、线下活动如何设计？课前课中课后活动如何安排？线上线下、课前课后如何能够衔接为有序整体？

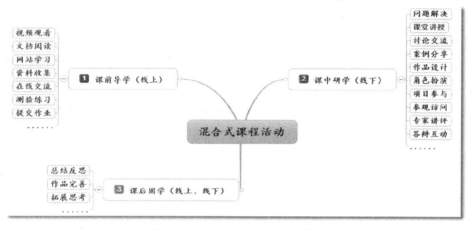

图 3.8　混合式课程活动类型

图 4-9　混合式课程活动类型

　　总之，在进行混合式课程活动设计时，教师要在前期课程目标、课程内容分析设计的基础上，根据课前、课中、课后的需要设计不同的活动，且在对混合式课程活动进行组织设计时，要注意系统思考、整体设计，不要线上活动与线下活动"两张皮"，课前、课中、课后活动一盘散沙，应充分发挥各部分活动的优势，从而达到 1+1>2 的效果。

　　（6）混合式课程评价子系统

　　课程评价设计是混合式课程设计中的重要一环，是检验课程目标达成程度、课程设计是否有效、进而改进优化课程设计的关键一招。混合式课程与以往课程相比，其学习内容、学习形式、学习环境都有较大差异，因此在进行课程评价设计时，也应更新观念、转变方法。本研究依据课程评价的发展以及混合式课程的内在要求，认为混合式课程设计同样应关注线上评价与线下评价相结合，要实现多样方式、多元主体和多维内容的有机融合。多样方式主要体现在混合式课程评价应将过程性评价与总结性评价方式相结合，既关注学习过程，也关注成果生成；多元主体体现在评价主体可以为教师、助教、同伴、学生自身以及其他专家学者等，从多方位进行评价；多维内容主要指在进行评价时不能仅仅关注知识理论的培养，还要关注能力的达成和情感的积淀与升华。通过关注上述内容，以此形成多维度、多样化、系统、全面、客观的混合式课程评价系统。

此外，在线平台环境的支撑是混合式课程设计得以顺利开展的硬性条件，由教学专家、技术人员等共同组成的课程团队是混合式课程设计高效推进的必然要求，二者共同助力实现混合式课程设计。最后，在混合式课程设计过程中以及课程实践过程中都要注重课程的持续改进，同时结合课程实践情况及最终效果，进行反思优化，为新一轮的课程设计与实践做好准备。

4.3　系统论视阈下贯通培养课程衔接体系优化策略

白秀娜通过以市场营销专业为例，对 "3+2" 分段培养课程衔接现状做出分析和论述的基础上，分别从完善培养目标、匹配课程资源、加强师资建设等方面进行课程衔接优化。吕亚君、王艳梅以物流管理专业为例，通过分析 "3+2" 专本联合项目在实践中存在目标界定不明晰、构建课程体系考虑的影响因素不全面等问题，提出基于四个衔接的 "底层共享、中层分立、高层衔接" 课程体系构建思路与方法。何静提出了构建 "二层次、三类型、四模块" 策略。主要思路是：为达到培养技术技能型人才的目标，按照 "纵向递进与横向拓展" 的思路，根据高职专科和本科阶段需要掌握的课程内容和职业能力，实现垂直衔接和水平衔接。"二层次" 是指高职专科层次与应用型本科层次。"三类型" 是指将高职阶段和应用型本科阶段的所有课程分为必修课、选修课和接口课三种类型。"四模块" 是指根据岗位的工作任务和职业能力分析将高职和本科课程分为基本素质课程、职业通用课程、职业专门能力课程以及职业综合能力课程四个模块。梁晓娅、张恒在高职与本科分段培养的实践探索中，武汉软件工程职业学院软件技术专业逐渐摸索出了课程衔接的有效途径，构建了 "整体规划、分层设计、模块化教学" 的课程体系。朱云峰等人以南通航运职业技术学院物流管理（3+2）专业为例，以课程的衔接为出发点，突出职业性、整体性、合作性和实时性，采取倒三角形课程衔接结构，建立职业素质教育贯穿制和学分一贯及互通的转阶段考核制度。

4.3.1 人才培养理念和机制贯通

（1）从顶层设计入手，引导分段培养院校转变人才培养理念

高职院校与本科院校联合培养、引导学生成为有知识、有能力、有责任感的自主学习者。学生应掌握专业基本知识和基本技能，具有分析和解决会计问题的基本能力，具备人文精神、科学素养和诚信品质，富有实践和创新精神、社会责任感，具有健全的体魄和良好的人际沟通能力。

由于"3+2"分段培养两个阶段的学习在不同类型的主体单位进行，很可能造成课程目标上的冲突，导致人才培养目标的混乱，人才质量达不到预期要求。所以在顶层设计上，需要有计划地进行总体课程目标的设计工作。

①遵循市场导向的课程目标设计

职业教育是面向劳动力人才市场需求的大众教育，培养能够适应不同工作岗位需求的技能应用型人才为主要目的，具有职业性、开放性和市场导向性、我国高等职业教育旨在培养生产、管理、服务第一线的实用技术型专门人才，职业定向性和技术应用性特征明显。在现代社会生产中，伴随着产业的快速发展以及新的产业形态的形成，企业所需要的是一种具备较高综合素质和技术技能的新型人才。而根据这种新型人才的规格要求，正是高等职业教育与应用型本科分段培养的要求的题中之意。以市场需求为导向为原则，以产业形态发展为基础，将高等职业教育与应用本科两个层次的理论课程和实践课程进行一体化的贯通式设计，同时兼顾学生职业技能的训练及职业素养的提升，按照市场需求导向的办学理念，保证两个阶段的课程目标主线一致，又要使每个阶段的课程分工明确。实现高职与本科课程合理、连贯、有效的衔接，培养出符合区域经济和社会发展需要的高素质的新型复合型人才。

②实施"协同式"的课程目标的设计

高职与本科分段培养是人才学历、层次和类型的衔接，我们最终要培养什么样的人才规格就必须设计什么样的培养目标。一般而言，高职与本科分段培养的目标设计方法可以分为两种：第一种是"参照式"的：参照高职课程或本科课程目标，对本科或高职阶段的课程内容进行删减与整合；第二种"协同式"的：以"3+2"分段培养的课程目标为标准，考虑对方的课程目标的特点，同时进行高职与本科的课程内容进行整合。对比两种课程目标设计方法，实施协同式的课程模式既保证了目标的一致性，又做到了两阶段课程目标的相互衔接。

在培养体系构建的具体操作方案上，长沙环境保护职业技术学院"专本衔接"充分考虑了从课程体系进行衔接的相关要求。根据产业结构调整与转型升级的趋势，针对高职与本科分段培养的项目需要，对于"专本衔接"项目人才培养的方案重新进行调整与构架。职业教育课程开发的三个核心环节是职业岗位分析、工作任务分析与职业能力分析。首先，结合本专业特点，邀请行业、企业专家成立陶瓷艺术设计专业建设指导委员会。在专业建设指导委员会的指导下，通过召开专业建设与课程设置研讨会，深入企业调研，了解不同岗位的工作任务及应具备的职业能力，基于工作过程对于课程进行项目模块化设计，突出不同层次、不同学历要求的岗位针对性和技能应用性的要求，分析典型工作任务所对应的职业能力，以行业标准为参考，结合国家职业技能标准要求，按照职业成长规律将职业能力从简单到复杂、从单一到综合，归纳出相应的环境艺术设计专业的职业岗位，再分析出岗位的职业能力。

突出岗位针对性和技能应用性的要求，逐步加强环境艺术设计专业相关课程与学生综合素质培养课程的设置，形成源自一线、符合环境艺术设计教育规律的工学结合的专业课程体系，并不断深化教学模式与教学方法改革，初步建立了符合环境艺术设计课程学习特点的评价方式，探索课程资源组合模式，从而保证项目课程的全面有效实施。此外，通过与企业的紧密合作与座谈，校企合作共同开发基于工作过程以及职业岗位的项目导向模块化课程，在课程教学过程中，围绕项目实施过程，搭建课程之间的联系，校企共同制定课程标准，建立项目式课程实施方案，进行课程和教材建设，使教学形式、教学内容灵活多样，更好的锻炼学生的岗位实践能力。

（2）建立弹性化的学分管理机制

①学分制和弹性学制的概念及实施意义

学分制是以选课制为基础，以学分为计量单位衡量学生完成学、状况的弹性教学管理制度 11，近年来在高等教育中全面运行学分制，它的推行对促进教学改革，充分调动教与学的主动性，学生建立科学的知识结构和学习能力，培养与社会主义市场经济体制相适应的创新型高素质应用型人才，必然发挥出积极的作用。

弹性学制的概念有狭义和广义之分，前者是指高校本科生在校期间可以根据个人情况自由选择学习内容，并且学 > 年限有一定伸缩性的高校教学模式，它以学分制为基础，是学分制发展和体现的一种方式；弹性学制的广义概念便是建设种类繁多的教育类型，使得人们可以相互交流并且满足人们多次选择教育的要求，最终达到人们对教育选择的个性化和多样化的目的。

弹性学制始终体现了"以人为本"的思想观和价值观，使受教育者能够全面、协调发展。弹性学制是高等教育的一个必然发展趋势，这一制度可以让更多的学生根据自己的个性安排在校的学习和生活，使得大学生从被动者转变成主动者。本文涉及的弹性学制主要取其狭义内涵。

弹性学制依据学生实际的知识水平和专业技能，在特定范围内放宽学习年限，它以学分积累为基础，如果没有弹性学制，学分制是不完整的，只有当两者结合起来，才能真正发挥弹性学制的功能，因此，从一定意义上来说，学分制本身就是一种灵活的弹性学制，两者互为一体、缺一不可，在如今高校教育改革发展的过程中有着非常意义：

当今社会市场经济竞争异常激烈，需要大批复合型人才，因此高校培养出来的毕业生必须有很强的适应能力和创新精神，弹性学制的实施正是响应这种需求，构建与社会主义经济相适宜的教学管理环境，使学校根据社会和学生学习需求，及时调整教育培养方案、专业设置、课程设置、教学内容与方法等，提高教学活动效率，让各类教育资源的作用得到充分的发挥。

有利于培养在校生的综合素质，弹性学制体现"以学生为本"的基本原则，学习环境相对宽松，使学生的积极性和潜能得以发挥，培养学生个性发展和创新能力。

弹性学制有助于调动教职工的积极性，学生根据自身条件选择课程和教师，并且需要评估中心等部门监督管理，提高教学管理效率，使得教育资源作用得到充分发挥，使教学质量有效提高。

②弹性学制的特征

弹性学制已经渗透到全国各大高校，它的实施更加确立学生的主体地位，促进人才的多样化、个性化发展。与学年制相比，弹性学制的突出特点大致体现在以下三方面。

学习年限的扩展性，学生的学习期限为 3~8 年，只要完成培养方案要求的教学计划和全部环节者，想要提前毕业就必须提前申请，经有关部门审核批准后可提前毕业。学生延长毕业期间，必须事先向学院申请延长学习计划，经学院同意后到教务处备案。学生在时间范围内修完规定的课程学分，予以毕业。学生可以选择学习期限和上课内容，对于上课时间、地点和教师的选择有一定的自由度、灵活性以及多样性，有利于高素质应用型复合人才的培养创新。

学习内容自主选择性，弹性学制采取选课制度，课程分为必修和选修，学生可根据人才培养方案和实际情况，按照规定自主选择课程和任课教师，在学习进程上有一定的自由度，该制度有一定的个性化，可满足不同层次学生的学习要求，有利于培养学生的自学能力和创新能力。

学习过程的灵活性，在校生可以同时学习和工作，也可在工作和学习之间互相交替；在学习过程中，课程如果不及格可以继续重修，直至成绩及格并取得学分。

③弹性学制实施的必要性

弹性学制是以完全学分制为基础，集选课制、导师制、学分绩点制三位一体的具有较大灵活性的教学管理制度和人才培养模式 [3]，在我国高等教育改革中普遍开展，其积极意义表现在以下几方面。

满足个人发展需求。学生的个性与成长环境密切相关，不同的生长环境造就风格迥异的个性特征，因此学生的发展也是多方面的，不能机械简单地要求统一。弹性学制将以人为本的个性化理念充分体现出来，顺应了大学生发展规律，满足不同层次对象的学习需求。

学习效率显著提高。以往的学年制要求在规定的年限内完成学业，高校的教育质量具有明显的局限性。弹性学制的实行可以使学生根据自己的实际情况安排学习时间和内容，既可以使一部分学习能力较强的学生提前毕业，也可以适当延长一部分效率相对较低的学生的学习年限，总体上是更加有效地开发和利用人才资源，降低教育成本，从而提高教育教学效率。

学习内容的个性化选择。弹性学制期间会开设大量公共任选课程，学生可以根据个人的需求和喜好做出选择，完善自己的知识结构，提高综合素质，促进自身发展，从而提高自身能力。。4 课程考查的灵活性。对于在校期间学生学 > 的课程，如果考试不及格，均有一次补考机会，并且可以重修，直到及格为止，既促进受教育者自身的发展，也体现了对学分制的高度重视。

④完善弹性学习制度的举措

由于我国高等教育长期以来实行学年制，绝大多数人们对固有的教育管理模式已经形成习惯，即教学计划和要求高度统一，这种传统的思想成为实施弹性学制的绊脚石，阻碍了弹性学制的发展。任何一项制度的开展都会面临各式各样的问题，弹性学制也不例外，需要采取相应的措施完善其制度，使其更好地为学生服务，培养对社会有用的多样性人才。

根据我国高校目前的发展状况，弹性学制的推行就是在人才培养方案，教学活动的安排，学生管理和学籍管理等几方面进行改革，注重以人为本，使学生能够按规定自主选课，在弹性年限内修满学分，即可毕业。为更加有效地开展弹性学制的改革工作，应该重点做好以下几个方面工作。

人才培养方案是弹性学制实施的前提，是在校生选课学习的主要依据，因此需要对人才培养方案的教学内容和课程体系进行调整和优化，扩充选修课比例，适当的压缩必修课比重，实现学生在一定程度上自由选课、学分互认等各项制度，促进学生个性发展，提高学生的综合素质。

制定适合弹性学制的课程体系和教学方式，作为高等教育，为了满足个性迥异的大学生的各类需求，以明确的教学和灵活的学制为基础，弹性学制必须建立科学的课程体系和多变灵活的教学方式，健全计算机教学管理系统，必须建立与制度相关联的网络管理系统，为弹性学制提供技术支撑。

对现有的教学管理机构和工作职责进行适度调整，构建以成绩管理、排课管理、教学资源管理和监控等为主要内容的综合教务管理系统，除此之外，教学管理制度也有待完善，特别是学籍管理、教学质量监控和教师评估等相应制度，逐步确立以学分为中心的学籍管理模式。

加大师资建设力度。教师队伍的综合素质有待提高：首先，要转变教学观念，尊重学生的个性和学习的自主权；其次，要加强对教师教学的评估和考核，制定合理的激励和竞争机制，完善教师的知识结构和教学理念，提高教学质量，激发学生的学习兴趣和潜能，教师是教学改革的直接参与者，他们的综合水平对其有着重要影响，应当积极提高教师的综合素质，高等学校要有完善的教师队伍，能够开设与人才培养方案，培训计划有关的尽可能多的课程，为学生提供更多更好的选择条件，使教学管理和秩序稳定运转。

⑤强化学生的主体意识。突出学生的主体地位和主体人格，使学生的自主化和个性化的特点在学习过程中展现出来，打破"以教师为中心"的传统教育方式，改变学生在教育教学过程中的被动地位，被动转化为主动，使教学成为一个强大的辅助学习的手段。弹性学制的推行，改变了高等学校传统学年制的局限性和不足，既保证学生的学习质量，也反映了学分制的教学思想，能够使学生的学习潜能得到有效发挥，提高学习效率，保证了其个性化的需求和发展。因此，学校应进一步修订和完善弹性学分制，以人为本，创造更多的教学空间以及师生双向选择的余地。

因此，弹性学制的实施需要循序渐进，可以先从条件较好的院校试行，总结经验和不足后再扩大实施范围，完善其制度，逐步在全国高校实行弹性学制的教育教学制度。总之，对教学进行改革的根本目的是让学生自主学习，由学生安排学习进程，构建适应个人发展的知识框架，突出学生的主体地位，因此科学构建弹性学制，对教育模式进行创新，具有非常积极的作用和意义。

（3）运用现代化信息手段助力人才培养

发展现代职业教育的一个重要内容就是提高职业教育课程的信息化水平，通过信息化手段扩大优质职业教育资源覆盖面。因此，在"专本衔接"项目立项之后，项目组就确定了一系列的信息化资源建设思路。一方面，通过将环境艺术设计专业的课程及相关的资源进行数字化覆盖，面向专业需求，开发与专业与课程相配套的虚拟仿真实训系统，使得原有的难以直观化和可视化的艺术课程教学资源逐步数字化，既提高了资源利用的效率，也突出了优质资源的扩散水平，逐步建成了环境艺术设计的专本一体化课程与教学资源库。另一方面，为了更进一步提高环境艺术设计专业的教学效率与教学水平，项目组积极探索与实践教学过程与陶瓷艺术生产过程实时互动的教学方式，既提高了学生的学习兴趣，又保证了教学效率与教学质量。

随着时代的进步，多种新型理念、技术、能力要求的发展，运用现代化信息手段进行教学的课程形式，是互联网＋时代教育信息化飞速发展的产物。现有的现代化信息手段主要是以基于 MOOC、SPOC 等在线课程资源进行混合式教学为主，强调在课程中选取优质的线上资源应用于混合式教学，在对优质资源进行有效应用的同时进行教学改革创新，实现学生有效培养。

可以发现在现有研究中，普遍将在课程中应用混合式教学理解为混合式课程，事实上，二者并非等同。前者只是关注局部性改革、局部性创新，解决的是课程中的局部问题，而后者混合式课程的落脚点在于课程，解决的是课程的整体效果问题，课程效果直接影响人才培养质量。混合式课程作为一个整体，应该聚焦课程层级，遵循一定的序列脉络，系统规划、重组，进行一体化设计，实现混合式课程的内在一致性。由此，改进现存混合式课程缺乏系统性一体化设计的问题，是使其逐步完善，从而呈现良性发展状态的关键举措。混合式课程作为一种创新型课程形式，是互联网＋时代教育信息化飞速发展的产物。

4.3.2 一体化课程衔接设计

目前高本"3+2"分段培养项目，在课程的设置上存在各自路径问题，即高职院校和本科院校各自按照自身情况进行课程设置，出现两个阶段的课程设置联系性不紧密，层次性不分明，课程的重复、断层、重要课程缺失等情况，主要原因在于两个院校之间缺乏紧密合作，尚未进行一体化课程衔接设计。为了使两个阶段的课程设置遵循教育规律，体现学生发展水平，理应进行一体化课程设计。课程的一体化设计耗时、耗力、耗财，如果仅交给高职院校与本科院校，由于资金的短缺，时间、精力的限制及信息掌握不全面，有可能出现人才培养的目标定位不准确，课程内容与社会需求脱节，课程衔接不畅等问题，影响人才培养质量，因而需要政府、行业企业、学生家长、学校等方面的通力配合。劳动分工理论认为，分工是提高劳动生产率的必要途径，是提高生产技术水平的重要手段，适度的分工可以使主体间的合作达到最大效益，超出适度分工的范围，效果则适得其反。以分工理论为指导，通过各方合理分工，整体融合，使两个阶段的课程设计更为科学有效。

从各项分工来看，一是各地区政府部门应统领全局，对区域经济发展、行业企业需求开展统一调研，做出精密分析并进行资源共享，使各院校清楚把握人才培养方向。各专业课程的设置并不是一蹴而就的，专业设置需要对接产业、对接地方区域经济发展，因而需要在大量调研的基础上获取行业企业需求信息，并要对获得的信息进行精简筛选。仅凭高职院校与对接本科院校去调研，不仅耗费财力、时间和精力，而且调研结果不一定理想，会出现部分行业企业不配合或者应付现象，影响了调研数据，为后续工作带来阻力。政府部门是统领区域发展的领路人，在方针政策的制定上有一定的话语权，影响着行业企业的发展，因而将调研任务转至政府部门，相关调研数据会更全面准确，对课程设置更具指导意义。

另外，将调研任务转移至政府部门，省去了各院校单独调研耗费的时间和精力，使他们可以花更多精力在课程体系的建设上。资源共享也使得各地区之间、院校之间相互参考借鉴相互沟通成为可能。二是行业企业应配合政府部门，反映人才需求事实，为高本衔接课程设置提供意见建议，为实训基地建设提供各项支持。行业企业可以说是人才培养的归宿，大多数学生毕业后都要进入行业企业就职，因此，行业企业的信息和意见对人才培养工作起着非常重要的作用。在课程设置过程中，行业企业专家应全程参与，在确定培养目标、丰富课程内容、构建课程体系等方面提供宝贵的意见和建议。三是学生、家长应配合学校做好基础调查，全面掌握学生情况，为课程内容的确定奠定基础。虽然课程内容来自于各方调查，但内容的深浅却来自于学生本身，所设置的课程必须为学生所接受的范围，如此才能遵从学生发展规律，做到知识的正迁移，因此做好学生调查工作就显得十分重要。四是学校是课程设置的主体，应以掌握的各项信息为基础，通过与行业企业专家、教师、学生、家长一起讨论，集思广益，科学设置衔接课程。一体化课程的设置需要考虑各项条件，行业企业专家、教师、学生、家长的参与会使问题更加清楚明了，在处理出现的问题时更有针对性，所设置的课程也更具可行性，因而学校应与各方关系合作，共同进行一体化课程的设置。（见图4-10）

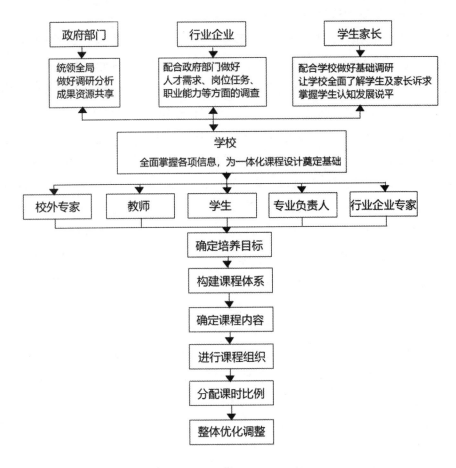

图 4-10　一体化课程设计步骤

（1）培养目标的确定

人才培养目标对人才的培养具有指导作用，决定了人才培养的标准和人才的能力、素质等，是学校进行各项工作的依据。目前，高职与本科分段培养目标虽然是由两所院校协商制定，但因为缺乏行业企业专家的参与，在人才培养定位和表述上缺乏科学性和准确性，两个阶段的培养目标趋同，缺乏区分性。有些院校在进行课程设置时，对培养目标的确定流于形式或者只是用一些空冷的口号来进行表达，使得培养目标对课程设置失去了实质意义。培养目标的不明确容易使得分段培养项目职业特色不明显，容易导致职业教育学问化倾向。因此，培养目标的确定应受到重视。

学校在确定高本分段培养人才培养目标时应广泛听取各行各业意见，参考政府部门对不同产业不同地域的调研结果准确预测产业发展趋势，并将产业发展趋势融入专业人才培养之中，确保学生毕业时能够适应当时的产业发展。在确定培养目标时找准人才培养定位，应先确定大的终极培养目标，然后将终极目标进行细化和分层，逐步确立高职阶段和本科阶段的培养目标。高职阶段人才培养目标定位于技能型人才，本科阶段培养目标定位于高素质应用型人才，培养目标的表述应具体可量化，避免大而空。

（2）课程结构体系的构建

课程结构体系在课程设置中有着非常重要的意义，它决定了学生按照什么顺序来学习课程也决定了通过学习学生将获得怎样的知识结构。高职与本科分属不同的层次，在进行课程体系构建时应综合考虑，通过对职业岗位、工作任务、职业能力进行分析，构建以实践为导向横向拓展纵向递进的"二层次、三类型、四模块"的课程体系。这里的"二层次"指的是高职学段和本科学段两个不同学段的层次划分。在分段培养课程体系的构建时，要从学生将来索要从事的职业岗位出发，高职阶段的课程是基础，本科阶段的课程是延续和提高，高职阶段基础知识遵循"必须、够用"原则，以应用为目的，突出实践技能的训练，本科阶段理论基础知识以"足够、扎实"为原则，实践技能既"相对完整"又"拔高加深"。两个阶段的课程体系是相对独立又自我完整的组合，在层次上属于递进关系。

"三类型"主要是根据需要对课程类型的三种划分：必修课、选修课、接口课。必修课程的设置是为了面向所有学生，适应他们共同的需要，为保证学生所学的课程内容比较全面，不至于脱离培养目标，选修课程的开设则是为了适应学生的差异化发展，或发展学生特长不至于偏废或补足学生学习的短板。台湾建立了完整的职业教育体系，职业教育与普通教育分属两个不同的体系，两个阶段通过互开选修课与必修课的形式实现沟通衔接。高本"3+2"分段培养也可以借鉴台湾普职沟通模式，在高职与本科阶段开设互选课程实现两个阶段的无缝衔接。在高职阶段开设本科基础课程选修，使进入本科院校的学生提前了解本科课程内容，增加其继续学习的知识储备和适应性，本科阶段开设缺位课程选修课，使学生能够及时在教师的指导下补齐所缺知识，减轻学生压力，为学习本科课程融会贯通打好基础。接口课程是针对学生继续完成本科课程而言的，在高职阶段设立接口课程，能够使高职与本科知识体系有效衔接，保障学生进入本科院校后能够很快适应本科阶段的生活学习。

"四模块"指按照应用型人才培养的特点，将高职阶段的课程划分为基本素质、职业通用、职业专门能力、职业综合（含顶岗实习）四个模块，将本科阶段的课程划分为通识课程、专业基础课程、专业课程、集中实践课程（含毕业设计）四个模块。每个阶段的四个模块之间既相对的独立又有着部分横向的联系，实现综合性人才的培养。整体模块确立后，可在每个模块下根据需要设立若干子模块，最终构成分段培养一体化课程体系。

高本贯通课程衔接上，如何既能让未转段成功的高职学生达到培养质量的要求顺利毕业，又能让升学的学生获得知识和技能的提升，这是课程衔接的难点。在调查的7个专业中大部分都提到了要根据高职与本科人才培养规格要求，在依据岗位设置专业与专业基础课程的基础上，从课程衔接与课程内容衔接出发，一体化设计"3+2"衔接课程，并提出了衔接策略，即：高职阶段未开设或者开设内容不足的课程在本科阶段开设，比如：通识类课程高等数学下册、线性代数、概率统计等在本科阶段继续开设，机械类专业基础、专业课程在本科阶段需补开和提升的有理论力学、材料力学、机械设计制造工业学及数控编程等。但是这种策略面临的问题是高职阶段已经开设且需要在本科阶段提升内容的课程如何实施，如何选择教材等，值得进一步探索生产线相关的专业理论知识、控制程序设计和调试、设备维护技能，培养学生理论联系实际和分析解决一般技术问题的能力。高职与本科衔接下的课程教学活动，其组成成分繁多，为有效避免课程内容重复、课程衔接标准不统一、一体化课程设计理念不深入、课程评价缺乏层次感等问题，授课教师需将不同学段的教学内容、技能训练与学生认知能力相匹配，由此形成教学内容、教学顺序及教学效果三者的有机融合，使得高职与本科教育活动形成有序连贯的一体化教育系统。

对于试点专业"3+2"分段培养方案的研究和设计，既要考虑每个阶段有相对独立的教学计划，灵活出口，又必须使两个阶段的教学计划有机衔接，统筹制定对口专业理论知识课程、技能训练课程衔接贯通的教学体系。

（3）课程内容的确定

高本"3+2"分段培养的目的在于培养适应经济发展和产业结构升级需要的高素质高技能应用型人才，因此，其课程内容应来源行业企业调研结果，来源于对社会发展趋势的准确判断。笔者认为，课程内容的确定可以分为以下步骤：首先，从工作任务实际出发，与行业企业紧密合作，以职业能力培养为基础，依靠该职业领域的专家来确定课程内容的范围；其次，学校从自身实际出发，结合学生的认知发展水平辨别出哪些课程内容对学生更为有益，哪些课程对学生发展无益或少益，去掉那些无益或者少益的课程，从而确定可使用的课程内容。再次，学校从学生的长远发展出发，融入通识课程，确立完整课程内容；最后，以认知迁移理论、结构课程理论为指导，将课程内容以课程的形式分别分配到两个阶段的课程体系之中。如此进行一体化设计，避免了课程的缺项与重复、断层等问题，确保了课程内容衔接的顺畅。（见图4-11）

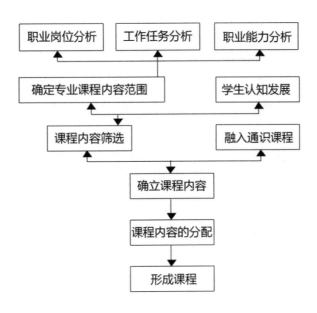

图4-11　课程内容的确定

高职与本科衔接教育模式由若干前后连贯的教学活动组成。课程体系构建应按照由易到难、由通识课程到专业课程的顺序展开，将高职的实用性、操作性、工具性目标与本科的技术性、创造性、人格化目标进行优化整合。

针对不同岗位对应不同能力需求，试点院校按照"宽基础，活专业，强设计"的拓宽、拓深、拓高思路，进行高职与本科衔接课程体系构建和课程开发，力争在课程内容认知顺序、智力与素质培养顺序依次递进的基础上来安排具体知识模块及教学顺序，以确保不同级别职业教育课程内容的有效对接、有序递进、层层衔接。

高职学段主要开设机械制图、机械制图实务与 Au-toCAD、产品结构设计与分析、互换性与技术测量、机械制造工艺与工装、工程材料与热加工、液压与气压传动、电工电子基础、机电设备电气控制、数控机床加工、机电产品组装与调试、工业机器人应用与维护等系列专业课程，强调对学生机床操作与维护、工艺编制、工装夹具设计、质量检测、产品组装与调试等专业技能的培养，旨在培养高端数控机床操作、机械制造工艺编制、工装夹具设计与改造、机电设备装调与维修、自动化生产线维护等操作型、生产型人员。

其中，机械制图（高职）主要讲解机械图样的绘制与识读基础、机械图样表达、机械图样识读、计算机绘图基础等内容，重点培养学生具有一定的空间想象能力和基本绘图技能，具有一定的识读机械图样能力和初步图示表达能力，通过学习计算机绘图的初步知识，能够绘制简单图形。

工程材料与热加工（高职）主要讲解金属材料的性能、金属学基本知识、钢的热处理、常用金属材料、非金属材料、复合材料以及工程材料的选用；铸造、锻压、焊接生产，胶接技术，塑料制品生产和机械零件毛坯选择等。通过该课程学习，学生能够识别金属材料分类、牌号、性能，能合理使用常用热处理工艺，能初步分析常用机械失效形式、失效原因，能从机械设计、制造、使用等方面选择合适的工程材料、合理的热处理及表面强化方法。

产品结构设计与分析（高职）主要结合 UGNX 软件，讲述产品零件及装配设计的工艺性以及常用的机构设计原理，针对开发型、变异型、反求型等各种类型设计，围绕设计中的机械原理方案设计、机构设计、结构设计等环节，从各个角度广泛探讨创新设计规律。

液压与气压传动（高职）主要从工程应用角度讲解液压和气动的基本原理、特点，让学生掌握液压元件、液压附件、气动元件和气动附件的使用，能够分析简单液压和气动回路，解决简单液压和气动回路故障，能够理解机电设备液压和气动回路的工作原理，并进行维护维修。

本科学段主要开设 PLC 控制系统设计与调试、机械制造工艺学及项目设计、多轴加工技术、机电产品组装与调试、自动化设备与生产线、工业机器人编程与应用等机电一体化类课程，着重培养学生机械产品制造能力、工装夹具设计能力、自动化设备设计与制造能力，旨在培养在机械制造领域从事产品开发与科技研发等工作的高级技术型和工程应用型复合人才。

其中，PLC 控制系统设计与调试（本科）重点培养学生电气控制系统阅图分析和设计基本能力，掌握可编程控制器的原理及编程方法，具备一定的 PLC 程序设计及 PLC 应用能力，能够改造传统旧机床电控设备和创新设计新机床电控系统、维修机床电控设备。通过该课程学习，使学生具备高级应用型人才所需电气控制知识和电气维修技能。

机械制造工艺学及项目设计（本科）主要讲解轴类、箱体类、齿轮类零件、异形零件工艺文件的编制与实施；要求学生能正确选用通用机床夹具，正确选择各种机床夹具的定位方案并能够进行精度分析；能够熟练选用各种机床夹具的定位元件，系统掌握各种机床夹具夹紧机构；熟悉各种机床夹具的其他机构，能设计中等复杂程度的机床夹具；掌握各种机床夹具的制造工艺特点并能够现场实验验证；掌握几种常见专用刀具的设计原理，常见机械加工中专用量具。

机电产品组装与调试（本科）主要以数控机床为载体，培养学生掌握机电设备结构组成和数控机床机械部分装配、精度调整以及安装调试的基本技能，为机械制造与自动化专业学生对机电设备的整体认知奠定必要基础。

自动化设备与生产线及项目设计（本科）主要讲解自动化设备与自动线常用装置、控制系统、工业机械手及机器人、传动控制系统、检测装置，使学生掌握自动化生产线相关的专业理论知识、控制程序设计和调试、设备维护技能，培养学生理论联系实际和分析解决一般技术问题的能力。

高职与本科衔接下的课程教学活动，其组成成分繁多，为有效避免课程内容重复、课程衔接标准不统一、一体化课程设计理念不深入、课程评价缺乏层次感等问题，授课教师需将不同学段的教学内容、技能训练与学生认知能力相匹配，由此形成教学内容、教学顺序及教学效果三者的有机融合，使得高职与本科教育活动形成有序连贯的一体化教育系统。

此外，根据国家对上岗职业资格证书的相关要求，试点院校将职业资格岗位认证的相关考试规范和标准充分融入学生课程培养体系中，要求学生必须取得计算机辅助设计绘图员（中级）证书、数控车或数控铣操作工（中级＋高级）证书。其中，计算机辅助设计绘图员通常在大二上学期进行考证，数控车或数控铣其二选一，但要求学生在高职与本科衔接学段取得相应的高级证书。

（4）课程内容的组织

合理科学的课程组织对课程结构的优化有积极影响，优化了的课程结构又将助力于课程功能的发挥和课程目标的实现。认知结构迁移理论的代表奥苏伯尔认为，一切学习都是在原有学习的基础上产生的，不受学习者原有认知结构影响的学习是不存在的。在有意义的学习中，学生原有认知结构的特征始终是影响迁移的最关键因素。在课程组织中倾向于依据知识、技术的逻辑顺序和学生的心理顺序将同类或同名的课程按照难易、深浅、简繁的程度有机地编排在一起的直线式课程组织。结构课程理论的代表人物布鲁纳主张课程组织要以与学生的思维方式相符合的形式尽可能早地将学科的基本结构至于课程的中心地位，随着年级的提升，使学科的基本结构不断得到拓展和加深，这样学科结构在课程中便成螺旋式上升的态势。在课程组织形式上倾向于螺旋式课程组织形式。

无论是直线式课程组织形式还是螺旋式课程组织形式，都有其各自的优点。以直线式课程组织形式整体设置课程可以有效地避免两个阶段同名或同质的课程在同一水平出现简单重复现象，也可以根据知识的不同层级、学生的心理顺序和技术的难易程度来连续、递进的编排同质课程，但其有可能会在一定程度上弱化两个阶段在课程内容上的承接性，增加学生掌握更高层次知识的难度。以螺旋式课程组织形式来设置课程可以形成不断递进延伸，不断拓展提升的课程结构体系，有利于学生去循序渐进地掌握知识和技能，加深学生对所学的课程内容的理解。结合高职与本科分段培养实际情况，笔者认为要实现高本课程内容的有效衔接，应将直线式与螺旋式课程组织形式相结合，直线式上升、螺旋式延展，更好为课程设置服务。

（5）课时比例的分配

进行高本"3+2"分段培养一体化课程设计需要从整体上对课时比例进行分配。从课程类型上看，必修课程是学生在其学习过程中必须掌握的课程，对学生将来的谋生就业起着非常重要的作用，因而在课程设置时，必修课程应占到总学时的80%左右，选修课程是为发展学生特长或补足短板而设，在课程设置中应占总学时的15%左右，接口课程的设置则是为了实现两个阶段的顺利衔接，在整个课程体系中应占到5%左右。从课程模块上看，两个阶段八个模块在学时分配上各有侧重，需从整体考虑，合理分配。（见表5—1。）

表5-1　课时比例的分配

对应学段	课程模块	课程类型	占学时比例	学时
高职	基本素质课程模块	必修课	约19%	约800
		选修课		
		接口课程		
	职业通用课程模块	必修课	约12%	约500
		选修课		
		接口课程		
	职业专门能力课程模块	必修课	约16%	约700
		选修课		
	职业综合能力课程模块	必修课	约14%	约580
		选修课		
	合计		约60%	约2580
本科	通识课程模块	必修课	约7%	约300
		选修课		
	专业基本课程模块	必修课	约9%	约380
		选修课		
	专业课程模块	必修课	约12%	约500
		选修课		
	集中实践课程模块	必修课	约12%	约500
		选修课		
	合计		约40%	约1680

教育的性质和功能通过课程来实现，不同学制的教育衔接的核心就是以人才培养规格为起点的课程体系的衔接贯通。高职阶段的课程是本科阶段课程的准备，本科阶段的课程是高职阶段课程的延续与深化，无论是公共文化课程、专业基础课程还是专业课程，都要

做到有机系统地衔接。根据环境艺术设计行业核心岗位的技术要求、职业资格标准、按照"厚基础、重实践、强应用"的思路，打破原有高职和本科阶段的课程体系，构建了"基础课程平台＋专业课程平台＋拓展课程平台"一体化课程体系。

"基础课程平台"包括公共基础课程和公共实践课程，围绕学生的思想道德修养、人文素养和职业素养进行一体化设计。将政治理论、心理健康、就业创业等基础理论、就业指导、人文素养类课程分段设置，减少专科阶段课时量，增加本科阶段课时量，避免高职公共课程课时量过多影响技能提高类课程的开设。高职阶段的其他公共课程是以够用为度，主要开设大学语文、计算机应用、应用数学等基础类课程。本科阶段增加红色文化与沂蒙精神、红色育人工程"下基地、下农村、下工厂"、网络技术与信息检索等课程，增加学生的信息技术应用和文化传承能力。

"专业课程平台"包括专业基础课程、专业课程和综合实践（技能）课程。专业基础课程以高职阶段为主（学时数，高职阶段占 69%，本科阶段占 31%），由于春季考生具备一定的专业知识，减少植物生长与环境类课程，增加园林美术、园林制图与识图、城市规划原理等园林类基础课程。专业课程共开设 22 门（高职阶段 15 门，学时数占 72%；本科阶段 7 门，学时数占 28%）。高职阶段主要面向园林植物生产管理与应用、园林绿地养护管理等 4 个核心工作岗位（群），注重专业知识和实践技能的提升；本科阶段在综合提升 4 个核心岗位（群）职业能力的基础上，进一步强化学生园林景观设计、园林工程施工管理能力的培养。综合实践（技能）课程共安排 44 周，其中高职阶段 16 周，本科阶段 28 周。高职阶段主要进行校内（外）顶岗实训，培养学生分析问题、解决实际问题的能力，学生获取绿化工、花卉工等职业资格证书并顺利毕业或升学；本科阶段主要进行苏州风景园林实习、创业就业实践、毕业实习、毕业设计，全面提升学生的工程实践能力和创新创业能力。学生获得花卉园艺师、植物造景师等技师证书，也可以通过参加国家执业资格考试获得二级建造师执业资格。

拓展课程平台主要包括人文科学、经济管理、自然科学和艺术体育等素质拓展课程，通过选修课程形式开设，满足高职、本科阶段学生综合素质发展的需求。

4.3.3 建立系统优化调节机制

高本"3+2"分段培养目前还处于试点中，很多条件还不完善，在课程的设置过程中会有各种各样的情况发生，这就需要建立优化机制，不断的及时调整优化。在 3+2 专本联合培养实践进程中，普遍反映比较集中的几点是教材选取不统一、教学标准不统一、教师水平不统一、教学配套资源不统一、课程未按照计划实施等情况而担忧预期的效果不好等问题。鉴于这种情况，笔者认为可以适当摒弃双主体衔接的思维，考虑统合参与试点院校对应科目的双方教学团队为一个教学小组，进行一体化课程设计和开发。课程设置衔接需要考虑课程结构、内容、师资等各方面因素，并不是一过性事件，运用系统优化原理，从整体和局部出发，静态优化与动态优化相结合，为科学合理的课程设置衔接服务。

（1）课程结构与课程内容优化机制

课程结构在课程设置中有着非常重要的作用，关系到课程内容的整体分布。高本"3+2"分段培养课程设置时，基本上是以模块化构建课程体系。从整体上将高职阶段与本科阶段的课程分别划分为四个模块，每个模块下面根据需要增加子模块。课程结构的建立需考虑行业企业人才需求和学生的认知发展，因而也是处于发展变化中的。课程内容是实现人才培养目标的载体，是课程设置的关键环节。一方面，随着社会经济发展和产业结构升级，知识更新迭代的速度越来越快，这就使得学校课程内容应紧跟时代变化不断更新。应用型本科人才的培养需要对接行业产业需求，因而对知识的更新更为敏感，对课程内容更新的要求也更为迫切。另一方面，课程设置过程需要考虑各方面因素，经过各方合作协商制定的课程内容也不一定是最完美的，在课程实施的过程中会出现各种各样的问题。因而试点院校应建立课程结构与课程内容优化机制。首先需要建立由政府、学校、行业企业、学生、家长组成的协同人才培养管理机构，在课程设置反馈机制中实时掌握行业企业人才需求变化，了解学生、家长需求，掌握课程设置在结构、内容上存在的问题，在此基础上定期召开管理会议，以学生认知为出发点，以人才培养目标为落脚点，协商讨论课程结构与内容的优化。课程结构的优化应根据实际需求，可从全局出发，进行整体模块的优化，也可以从局部出发，对每一个模块中的部分分模块进行优化；课程内容的优化同样可根据课程实施过程中出现的问题进行局部优化，也可根据课程内容更新要求进行整体优化。课程内容与课程结构的优化应具有灵活性、变通性、可实施性，最终由对口院校落实实施，保障课程结构与内容既遵循学生认知发展规律又始终与经济社会发展相联系

高职与本科院校要联合成立"3+2"培养领导小组，领导小组要吸纳企业人员参与，定期召开会议，商议培养方案的执行情况、核心课程建设情况以及教学管理情况。

加强转段考核的管理本科阶段的教育对学生的基础知识有比较高的要求，因此，在转段考核时要严格管理，包括出卷、阅卷、监考等要有一套完整的程序，公共科目，比如英语可以使用英语三级或者四级的成绩，数学课程可以采用题库出题等方式，以确保公平公正，操作技能的考核也要严格按照程序执行并留下考核的记录

"3+2"专本联合培养课程开发的特殊性在于其参与主体的多元性，既不同于普通专科教育，也不同于普通本科教育。主要由高等职业院校、普通本科院校以及行业企业三方面共同完成。对于产业行业的发展来说，坚持课程开发的多元主体性是至关重要的，这也是为了进一步推动学生的成长和进步，更是为了促进高等院校的内涵发展。与此同时，在开发课程的过程中，所有涉及的主体都是相互平等的。作为一种研究活动，课程开发的基础就是要考虑实际情况。"一言堂"根本不可能达到预期的教学目的，而且不符合实际需求。在实际课程开发过程中，课程的开发随意性比较大，也就是说，培养出来的人才根本不满足产业以及企业发展的实际情况。它关乎人才培养的有效性。坚持课程开发主体地位。

要确保课程开发具有一定的效果，那么就必须保证所有的教师在课堂授课的时候真正

做到认真贯彻执行课程开发的成果，避免浪费过多的精力却没有获得良好的成效，沿袭原来的一套教学内容和习惯。就课程开发而言，一个最直观且真实的成果展示之一就是体现在教材中，因此，学校教务部门必须对所有的使用教材进行严格的审核，有必要的条件下也要构建专业性教材委员会。

（2）教师队伍优化机制

在课程的实施中，教师是与学生接触最多的个体，教师的能力水平、教学态度、教学方法等都会对学生知识的掌握产生一定的影响作用，因而师资队伍的建设不容忽视。师资队伍是各层次教育改革的核心力量，是高本教育质量和有效衔接成功与否的关键因素。师资队伍的衔接涵盖教学方法和手段、专业理论知识，实操技能水平、教师总体素质、学校教师教学过渡至企业师傅指导等方面的衔接，体现人才培养质量的层次性。在实现高本教育有效衔接的过程中，双方应采取有效措施，在合作文化视角下，排除彼此之间的隔阂，打破故步自封的保守状态，在自愿、平等和可持续发展的原则下，建立一支合作型和分享型的教师团队，使高职院校和本科院校的专业教师能够参与到对方的专业教学团队活动中，甚至成为对方教学团队的成员，并在一定程度上参与对方的教育教学实践工作，共同制定人才培养方案、创设教学目标、选择教学内容、建立衔接考核评价体系等，从而使双方更了解彼此，共同学习、探讨，提升专业综合素质和教学水平，在各自阶段的专业教学中有的放矢，使理论教学和实践操作衔接更加符合教学规律，制定符合学情特征和自身教育特点的培养目标和设计教学内容。

高本衔接教师团队的合作可根据专业课程的特点，采用个体合作和团队合作相结合的形式，即同伴互助、以老带新和团队教学、集体备课及研讨等方式，对高职和本科阶段教师们的专业发展都有极大的促进作用，并能够及时有效地解决在衔接过程遇到的不解和疑问，可获得更多的新观点和新理念，在实践中提升教学能力，使教学和实践环节中的高本衔接过程更加顺利和高效，更好地搭建专业人才培养的立交桥，实现高本链接中高技能型人才的持续和贯通培养。

（一）加强"双师型"教师队伍建设

从目前高校师资配置来看，高职院校经过多年的发展，"双师型"教师队伍的建设已初见成效，本科院校由于多年来学术型、理论型人才培养定位对师资的要求，使本科院校"双师型"教师队伍建设还处于起步阶段。高职院校教师大多由有企业工作经历、实践技能水平较高的教师组成，在实践教学方面，他们有着丰富的经验，能有效指导学生完成各项实践学习，然而在理论教学深浅度，教学技能技巧的运用上与本科阶段教师相比有很大差距；本科阶段教师理论水平较高，而实践操作水平不及高职阶段教师。分段培养对应用型人才的培养要求无论是高职院校还是本科院校都需要理论与实践并重，这就给对口院校的师资配置提出了新的要求：必须加强"双师型"师资队伍建设，培养和引进一批理论知识过硬，实践能力过强的综合性教师，为应用型人才的培养提供师资保障。《国务院关于印发国家职业教育改革实施方案的通知》[国发（2019）4号]文件中指出："从2019年起，职业院校、应用型本科高校相关专业教师原则上从具有 3 年以上企业工作经历并具有高职以上学历的人员中公开招聘，实施职业院校教师素质提高计划，建立１○○个'双师型'教师培养培训基地，职业院校、应用型本科高校教师每年至少 1 个月在企业或实训基地实训，落实教师 5 年一周的企员轮训制度。"今年国家从政策层面对师资建设相关条件做出了规定，高本"3+2"分段培养项目应积极响应国家政策规划，认真落实该项政策，根据院校实际情况，做好"双师型"师资队伍建设，优化师资，保障应用型人才的高效培养。

（二）完善教师培训制度

教师是教学活动的主体，教师的能力结构、知识水平直接影响着学生的教育质量。因此，教师要不断优化自己的知识结构，拓展专业技能，这就需要完善教师培训，实现教师专业发展。1993 年颁布的《教师法》明确提出，将进修和其他形式的培训作为教师的一项基本权利和义务。分段培养是一种全新培养模式，无论是在知识体系还是在教学方法上与普通高职教育或者本科教育都有区别，对学生理论基础、专业技能要求较高，加之高职与本科教师特点，如若不进行培训，教师不能明确人才目标及培养特点，会出现人才培养偏离培养目标的现象，无法保证保证教学工作的顺利开展，因此，要完善教师培训制度。每学期至少一次以集中学习的方式使高本"3+2"分段培养教师明确培养目标，区分分段培养与普通高职教育与本科教育的区别，用先进的教育理念指导教师不断优化自己的知识结构、拓展自己的专业技能，提高教师自我学习能力。学校应做好教师进企业进修学习工作，每年每位教师至少有一个月企业进修经历，了解企业生产前沿科技，提高教师实践教学水平。组织教师间教学技能大赛，以赛促学、以赛促教，使教师间形成互动互学，共同提高的氛围，努力提高教师的整体水平。高职和本科院校要联合组建师资团队，共享教学资源，高职阶段的课程也要有本科院校教师授课，本科阶段的实践类课程可由高职教师授课，定期召开课程教学座谈会，共同解决教学过程中存在的问题。

总体上看，现阶段高职院校"3+2"分段培养实施与本科院校和企业合作都不密切，这违背了"3+2"分段培养的初衷。高职院校要通过"3+2"分段培养本科教育的表面坚守它高等职业教育的本质，抓住职业教育发展的契机，加强与本科院校和企业的联系，构建高水平的教师队伍。同时完善教师培训制度，不断提高高职教师水平。

（三）健全教师激励制度

目前各高校制定的教师激励机制，以对教师的考核结果为参照，而现有的考核指标体系从科研和教师岗位工作量进行考核，缺乏对质量的考虑，缺乏合理性和可操作性，过程流于形式。高本"3+2"分段培养项目对教师的个人能力和素质提出了更高的要求，无疑会使教师花在教学上的时间、精力增多，如果没有完善的教师激励机制，会增加教师的心理不平衡感，影响教师的工作投入感、影响其进取心、上进心。因而，应健全教师激励机制，使教师能够始终以饱满的热情对待工作，能够虚心学习提高自己，积极探索适合分段培养学生的教学方法，把握学生特点，本着为学生负责的精神将知识以合理的方式教给学生，高效率完成人才培养工作。首先，应健全教师考核指标体系，根据不同岗位实行不同的考核评价方式，强化教学过程考核和质量考核，积极引导教师发挥其自身特长和潜能，使教师的成绩有目共睹，提高其自信心和获得感。其次，应以各种晋升发展的"软环境"为激励，为教师创造各种晋升发展条件，对于教师的探索、实验和创新给予一定的空间，提高教师工作的积极性、主动性和创造性。

（四）实行高校教师互聘制度

教师是课程实施的主导者，为了保证高本"3+2"分段培养课程的顺利实施和课程衔接的有效性，应打破校际之间的"围墙"，实行高校教师互聘制度，实现师资共享。在高本"3+2"分段培养项目实施过程中发现高职教师实践操作水平较高但理论知识讲授方面比较薄弱而本科阶段教师多擅长理论教学，实践教学水平普遍不高。然而，由于部分合作院校间物理距离的阻隔等原因，师资间的长时间实际交流难以实现。实行高校间教师互聘制度可以很好地解决这一问题。高职院校可聘请附近本科院校教师来校教授理论课程，本科院校也可以聘请附近职业院校教师来校教授实践课程，教师资源不仅仅局限与分段培养学校间，以方便可行为度。如此，既加强了职业院校与本科院校教师之间的沟通交流，促使双方教师互相学习经验，提升教学水平，又高效率完成了分段培养课程的学习，达到人才培养的目标，可谓一举两得。

（五）高职院校加强与企业、本科院校合作

"3+2"本科职业教育相较于普通专科教育在学历层次、理论技能上都较大的提升，高职院校的师资配置很大程度上不能满足"3+2"分段培养的需求。高职院校应该充分利用与本科院校的合作关系，充分利用本科院校的实验实训配置，校园硬件建设。教师是最重要的教学资源，没有高水平的，不断提高的教师队伍，就不能造就高质量的高等职业教育。"3+2"分段培养的高要求需要高职院校加紧教师队伍建设。高职院校可通过以下途径提高教师质量，建设教师队伍：一、加强与本科院校教师的交流。虽然"3+2"分段培养的教师多是高职院校优秀教师，但是教师对本科职业教育仍然缺乏认识，所高职院校一方面自己要对"3+2"教师加强培训，另一方面成立学科小组，定期与本科院校教师讨论教学中出现的问题，交流学生情况等，改进在教学中的不足。同时邀请本科院校资深教师定期为学生开讲座，提高教学水平。二、加强与企业的联系。我国的现阶段的普通专科教育一直强调走产学研的道路，加强企业和高职院校的联系。"3+2"分段培养作为高等职业教育的一部分也不能偏离送个大方向。高职院校要牢固树立"3+2"分段培养的职业属性，在宽理论，厚知识的基础上，让学生深入企业行业生产之中，训练学生扎实的实践技能。同时吸引企业行业优秀的人才担任兼职教师，教给学生最前沿的行业知识技术，使高职院校了解该行业的动态信息，不仅弥补专任教师的不足，也提高了教学质量。

4.4 系统论视阈下贯通培养课程衔接体系条件保障

4.4.1 完善职业教育立法

1996 年，我国颁布《中华人民共和国职业教育法》，标志着我国职业教育的发展进入了有法可依的阶段。该法确立以来，在我国职业教育发展的各阶段都发挥了职业教育基本法和教育专门法的指引和保障作用。随着我国社会经济发展进入到全面深化改革和转型升级的新阶段，区域发展、产业结构调整升级、高素质高技能人才大量需求等对我国职业教育的改革发展提出了新的挑战要求。原有的《职教法》已难以满足职业教育的改革实践需求。

高本 "3+2" 分段培养是实现高职与本科阶段衔接沟通的有益尝试，为职业教育改革寻求可行路径，理应得到社会各方面支持，然而在具体实施过程中却总是出现权责不明，推卸责任的现象，使得衔接沟通处处受阻。因而，应完善职业教育立法，以法律的形式规定社会各方在人才培养中的义务和责任，明确职责分工，使各方积极参与到人才培养过程中来，为人才培养工作提供各项支持。政府在人才培养中起统领作用，有责任将企业、学校、学生、家长组织起来，形成合力，共同为人才培养工作做出力所能及的贡献；企业有义务向政府和学校提供人才需求报告，为学生实习实训提供技术和设备支持；学生家长有义务提出学习需求和学习期待，提供自己真实的能力水平，为学校课程设置提供可寻的依据；学校有责任根据企业需求及学生认知水平和学习需求，设置合适的课程。建立监督管理机制与实施问责机制，设立专门机构，自上而下，层层监管，确保各方各司其职，保障应用型人才培养工作顺利进行。

4.4.2 加大资金投入，加强技能实训基地建设

现代职业教育具备鲜明的跨界性特征，因此，从招生到培养，从课程到教学，从教师到学生，都体现了职业教育跨越不同主体、不同领域的特点。因此，构建现代职业教育体系，除了理顺教育体系内部的关系，还要注重职业教育培养过程所涉及的外部联系。对于陶瓷艺术设计专业 "专本衔接" 而言，构建校企协同创新项目化实训体系，是专本沟通人才培养的基础，也是构建现代职业教育体系的重要内容。

在具体的实训体系建设实践中，校内外实训基地的项目实践功能得到了进一步的明确，不断完善从基础认知实践—专业技能实训—企业顶岗实习的项目化递进式的实训体系。校内实训基地主要是营造真实生产场景，以学生为主体，进一步提高学生学习的主动性，提升学生的专业技能，以项目导入为引领，积极探索课程之间的关联性，在模块实践教学过程中逐步明确岗位的任务和专业技能的要求。基于校企协同建设与创新的基本思路，以开

放、共享的思路校企共建实训基地，实现认知实践与生产实践对接，技能实训与实际项目对接，顶岗实习与实际岗位对接。通过与企业建立更为完善的产学关系，与企业共建、互惠共赢的形式进一步推进实训基地的持续发展，加大投入培训设备的同时不断开辟新的合作形式和渠道，不断完善实习项目，拓展实践能力，并为保证实习考察和顶岗实习的质量，优化运作流程，加强监控措施，通过校企共同协商，进一步完善校外实训管理制度，使校企合作的途径与方式更加的科学化、规范化，且可操作性强。

受院校类型的影响，高职院校经过多年的发展，基本上已建立了完善的实训教学体系，实训条件成熟，实训基地和实训设备完善，校企合作，工学结合深入开展，本科院校则受国家政策的引导，2015 年以后部分地方本科院校才开始转型为应用型本科，实验实训基地的建设还不够完善。受实训条件的限制，部分课程无法正常开设，这在一定程度上影响了分段培养课程设置。

2015 年，教育部下发了《引导部分普通高校向应用型转变的指导意见》（教发〔2015〕7 号），提出要加强实验实训实习基地建设，根据各地实际情况，对改革试点统筹给予倾斜支持。然而由于转型时间较短，加之相关财政政策不完善，导致实验实训实习基地的建设迟滞，跟不上经济发展和产业结构升级的变化。还有部分试点院校从性质上还属于普通本科院校，未进行转型发展，相应的也就没有专项资金去建设实验实训基地。根据分段培养试点项目的针对性，人才培养的适配性及培养目标的明确性，应加大对本科试点专业试点项目的财政支持，试点项目合作双方积极在高等院校科研方面合作，利用本科院校人力资源丰富、专家教授人才雄厚、行业先进技术领域齐全，指导高等职业院校在学科专业建设、实验室建设、课程体系等方面进行改革，适应当前社会经济发展的需求。鼓励行业企业和社会各界的资金支持，建立实训建设专项资金，完善实验实训体系，为试点项目各项实践教学活动的开展保驾护航，解决课程设置的后顾之忧。

1、本科实验和专科实训有机结合

针对专本联合培养技术技能型人才试点专业人才培养需求，根据技术技能型人才应具备的品质特征，实施以学科教育为基础，以技能教育为重点，以岗位能力培养为特色的专业教育模式。加强人文社会科学知识的学习，加强创新能力的培养。通过本科校、高职校以及合作行业企业的共同努力，确保理论教学与技能训练衔接贯通，实现技术技能型人才一体化培养。为了达成既满足未来学生能有效接续本科阶段专业学习的起点能力要求，又能满足未来部分未能通过转段考核学生顺利就业的要求，考虑学生未来发展，注重高职和本科之间在课程体系和课程内容方面的有机联系，避免采用简单机械叠加的粗暴方式。学生在高职阶段获课程设置既要注意高职阶段学生专业基础的夯实，考虑和未来本科阶段的有机联系，又要注重技能的学习，两者不能偏废。

2、利用社会实践教学资源，打造优质的实训实验基地

突出以教学、科学实验为主体的实训室建设。整合优化实训场所，增加优质校外实训基地，为试点专业学生提供优质充足的实习实践基地。加强学生教师技能训练，开发应用

性强的、综合性的实验教学项目。加大高职院校实验实训基地建设规划，提高学生实践能力。配置更多的资源、人才和技术，扩大实训基地的规模和实训的针对性。提升实训基地的建设水平，通过配置先进的电子实训设备，激发高职学生对新技术的渴望和实际操作的兴趣。使得人才的培养更加精细化和专业化，促进技术技能型人才的创新培养。实践教学由分散、零星向完整、集中转变，即扩大实践教学学分的比例，以能力为导向，采取"逐级递进，全程贯通"原则设计实践教学体系。

3、深化产教融合，实境育才

以校企合作、产学结合为主线，学校主动引入行业、企业全方位参与专业建设和人才培养，将融入所在区域经济社会发展作为转型发展的重要突破口，充分发挥本科院校的学科优势以及联合培养高职院校的技术优势，合作双方共同融入以企业为主体的区域、行业技术创新体系，充分利用企业真环境、真项目、真过程的职业优势和技术创新和人才集群的资源优势，充分利用企业产品资源和技术优势，开展实施合作项目。形成人才共育、成果共享、过程共管、责任共担的合作办学机制，实现本科专业的人才培养目标。共同面向企业开展新技术推广应用服务。本科和高职院校共同探索建立以技术创新、成果转化和社会服务实际贡献为导向的评价体系。确保理论教学与技能训练衔接贯通，实现技术技能型人才一体化培养。

4.4.3 建立完善的国家职业技能标准

国家职业技能标准是在职业分类的基础上，根据职业的活动内容，对从业人员工作能力水平的规范性要求。它是从业人员从事职业活动，接受职业教育培训和职业技能鉴定以及用人单位录用、使用人员的基本依据。国家职业技能标准包括职业概况、基本要求、工作要求和比重表四个部分，其中工作要求为国家职业技能标准的主体部分。完善的国家职业技能标准能够为课程体系、课程内容、培养目标的制定提供依据。

在国家职业技能标准的建立中，政府是标准的主要制定者，行业企业是标准的主要使用者。政府应高度重视标准的制定，并善于用标准去规范引导职业教育的发展。高本"3+2"分段培养目的在于培养社会急需的高素质高技能应用型复合型人才。人才培养的目标来源于社会需求，课程内容来源于行业企业需要，因而国家职业技能标准的建设为分段培养课程设置提供了依据，使的培养目标更有针对性，课程设置更具科学性，培养过程更具高效性。因而应加快国家职业技能标准的建设。

5 总结与展望

5.1 研究总结

高本衔接教育与社会发展趋势紧密结合并互相依存，体现了社会特点和趋势。高本阶段的有机衔接是一项规模庞大的系统化工程，各区域需结合自身经济发展状况和社会发展的客观要求来实践有效的高本衔接，需要加强区域政府的总体部署和院校层面改革实践两方面的紧密配合和互相促进，探索具有创新性的高本衔接的工作方法和研究策略，形成具有区域特色的高本衔接模式和范例，为国内其他区域提供经验指导和分享，从而加快我国现代职业教育体系发展的步伐。高职院校专业体系设置及人才培养方案制定应与区域经济中的热门行业和领域紧密结合，并注重学生的职业能力和职业道德的培养，提高在社会竞争中的综合实力。

高职院校和本科院校有相对独立的课程体系、教学模式和教学方法，因此针对两者如何有效和成功衔接的研究可使现代教育体系更具完整性和系统性，具有较强的现实意义、社会价值和广泛的社会影响。在现代教育体系的研究和完整的职业教育体系构建中，高本衔接如从师资队伍建设的衔接、校企合作联合办学、实践教学体系的衔接、学生学情分析系统的建立、社会大局观的践行等方面进行细致而系统的研究，将能够更有效制定衔接构架和体系，并在高本衔接视域下对教师队伍建设、实习基地建设和职业教育理念方面进行积极思考和改革。

对我国职业教育和高等教育实施高本衔接的研究与实践体现了终身学习的教育理念，注重教育体系和框架的完整性和连贯性。对学生来说，该模式将使更多的学生有机会接受更高层次的学习体验，提升自身专业技术、技能和整体素质，满足社会需求和工作岗位的要求，同时也为学生在高职毕业后提供多一种实现职业生涯规划的路径，树立持续发展观和终身学习的理念；对学校和企业来说，该模式的实行创新了学校和企业共同所需高技能专门人才的培养模式，打破了传统高本衔接的"3+2"和"2+2"模式，实施"3+1+1"模式，联合高职院校、本科院校及对口企业三方携手联合办学，提高了专业人才培养的总体质量，有利于学校对优秀生源的选拔，也助于解决企业对高素质专业人才的需求和困境。

我省高职与本科衔接教育体制正处在发展的初建时期，要想实现其有效衔接，最根本的出发点是保证高职与本科分段式培养中课程体系统一。只有这样，才能真正推动高职与本科衔接教育的健康发展。目前，我院正在积极探索高职与本科衔接教育的培养目标衔接、教学管理制度衔接、课程体系衔接、考核标准衔接等教学实施过程中的衔接建设方案，它将推动我院高职与本科衔接教育教学改革新的发展。在今后试点的过程中，将仍然可能会出现人才培养目标定位、课程内容协调、课程设置对接、学分学时结构分配等一系列的问题。所以，需要以实践中不断检验和校对"3+2"专本联合培养的课程衔接，建立层次分明的职教"立交桥"将是一个长期实践、持续改进的过程。

因此，在后面的研究中，我们应该做到：一是应从试点院校的人才培养方案中入手，在制定的过程，侧重点在于提高人才培养质量的基础上，专业目标和课程设置整体设计，分段实施，相对独立。根据知识、能力、素质三个维度来构建课程衔接体系。确保在衔接的过程中，遵循学生认知发展规律，以职业岗位能力为导向，层层递进，逻辑清晰，符合技术技能型人才培养的规律。使高职阶段课程达到深入本科阶段学习的基本要求。二是增加研究方法的多样性。三是增加国外相关优秀论文的参考和借鉴。提高湖南省"3+2"高本联合培养课程衔接研究的实用性和科学性。一定能够将"3+2"专本联合培养联合项目办成湖南省品牌项目，不仅为更多的学生搭建起高职本科教育衔接直通的教育立交桥，也为区域经济培养更多高质量的技术技能人才。

1. 建立项目合力机制，激发办学主体的积极性

本人认为想要解决专本联合培养的共性问题，最首要的是解决参与办学的三方主体的积极性问题，找到项目试点的内部核心动力机制，真正的让参与者从中获得鼓励和激励（获益）。试点是个新的事物，新的事物总有很多新的问题和情况，肯定有困难。但是办法一定比困难多，中国高等教育百年的发展历史告诉我们，困难是可以通过我们的努力解决的，关键是找到解决方案。通过项目运作，明确项目动力机制，用机制驱动参与各方主体的积极性，大家群策群力，力往一处使，问题就能得到解决，联合培养的发展就能向着目标前行。

2. 打破行政藩篱，建立联合培养平台

细细梳理了很多的文献资料，可以找出很多大大小小不同维度的问题，但是再进一步追问下去，几乎都可以归因为行政体制的障碍问题。"3+2"的联合培养虽然是新的尝试，比主流普通本科培养周期还长，但是就培养来说也不是全然没有类似先例的，比如本硕连读、本硕博连读、硕博连读、校级交换生等等现存的高校培养制度一直持续数十年并得以广泛发展，并为我国经济社会的发展输送了数千万的优秀人才。区别在于，这些成功的先例，不同的培养阶段基本上是在同一所学校完成的，不存在沟通、交流、衔接等等一系列的问题。针对"3+2"的联合培养，两个阶段分别在不同的学校，笔者认为目前的行政体制对很多构想的实现带来天然阻碍而且无法短时移除。因为笔者认为每一个参与试点的院校可以考虑共同建立信息共享平台，形成一个新的统一体，减少沟通成本以及延误所造成的问题。

3. 尊重人才成长规律，积极探索现代职业教育体系

要实现"3+2"的联合培养目标，需要高等职业教育院校与应用型本科院校克服一贯的人才培养惯性，认识到"3+2"分段培养的特殊性，包括生源的特殊性、培养目标的特殊性，转变办学思想，及时更新人才培养观。如果思维不更新，还是按照老思维在做跟以

往一样的重复事情，是不太可能会有新的结果出现的。而人就是喜欢做自己会的，自己更加熟悉的事情，新事物新的办法，总会给人带来很多的麻烦和不适。笔者始终认为，人是第一位的，核心要解决的是办学主体和机制的问题，然后剩余的小问题都会迎刃而解。

5.1.1 研究成果

第一，目前，湖南省"3+2"专本联合培养课程衔接中，在人才培养目标衔接上，通过"递进式"方式来构建知识、能力、素质三大核心要素，实现分段培养目标一体化，实现梯度化衔接。在课程结构衔接上，提出课程设置及其体系构建，应遵循学生发展规律，分别从时间内和空间的维度来论述、设计、展开。在课程内容衔接上，采取纵向式与横向式衔接相结合、直线式排列与螺旋式上升衔接相结合、学科逻辑与工作逻辑顺序相结合。

"3+2"专本联合培养课程衔接，最终的目的是要促进提升人才培养和提高人才培养质量。在课程衔接的过程中，涉及都高职院校和本科教育两个不同层次上的衔接，所以在衔接的标准程度上，增加课程衔接的粘性。

第三，湖南省"3+2"专本联合培养课程衔接，在整个贯通的过程中，双方联合制定人才培养目标，整合双方在实验实训中所具有的资源，通过一体化的课程设计，遵循学生客观发展观以及职业能力，使课程衔接在人才培养目标、课程内容、课程结构上进行有效的衔接。

5.1.2 研究创新

目前，国内还没有学者专门针对湖南省"3+2"专本联合培养课程衔接进行系统研究。笔者依据国内相关科研成果，结合对湖南省6所高职、本科课程衔接的情况调研，收集了比较多的详细数据和材料。在一定程度上，填补了国内这方面研究的空白。通过对湖南省"3+2"专本联合培养课程衔接的现状做出分析，了解到目前"3+2"这个项目在实践中存在的问题以及原因的分析。并给出了相应的策略和保障机制。人才培养目标衔接上，通过"递进式"方式来构建知识、能力、素质三大核心要素，实现分段培养目标一体化，实现梯度化衔接。在课程结构衔接上，提出课程设置及其体系构建，应遵循学生发展规律，分别从时间内和空间的维度来论述、设计和构建。在课程内容衔接上，采取纵向式与横向式衔接相结合、直线式排列与螺旋式上升衔接相结合、学科逻辑与工作逻辑顺序相结合。希望能为国内职业教育的发展提供理论基础和湖北省试点院校的教育部门提供有效的价值参考。

真正影响教育质量高低的两个非常关键的要素就是教育观念和教学方式的及时变革和更新。"3+2"专本联合培养的学生本来是低于普通本科10分以内招生进来的，学生生源质量好，学生入学基础好，底子都不错。试点院校尤其是前段专科院校对这些本科班的学生非常重视并寄予厚望，这无形中会对高职院校的教师如何展开更有针对性的教学产生压力，需要根据不同的情况，准备不同的备课方案及授课方式。

当前，面对新的教育形式，如果仍坚持固守旧的教学观念和教学思维去指导自身的教学实践活动，显然是行不通的，落后的教育方式只可能被淘汰。因为现在的学生不再是一个个白板或是一个个容器，可以供授课教师随意的绘画或是恣意灌输知识。学生是独立的个体，是自己学习的主人翁，学生自身都具有一定的主观意识，他们需要把自己的观点和想法表达出来，发挥主观能动性，积极努力地去探索和创新，发挥他们的潜力。

在当今社会，创新这一话题无处不在。要满足时代进步的需要，就很有必要创新人才培养，提高学生的创新意识，培养他们的实践能力。教师肩负着培养创新人才的重任，创新教学方式成为形势对新时代教师提出的必然要求和义不容辞的责任。要培养创新人才，教师首先要更新自身的认识，提高自身的创新性，不能盲目从众，随波逐流。在具体教学过程中，教师也应该积极的实施项目研发，采取一定的创新方式来进行教学，重视培养学生的创新意识以及创新能力。具体而言，提升教学案例的课堂应用实效，编写市场导向的教学实施方案。

5.2　研究不足与展望

本研究通过对高本"3+2"分段培养研究文献进行梳理，对湖南省环境艺术设计专业高本"3+2"分段培养院校的课程设置进行文本分析和调查分析，发现现阶段职与本科"3+2"分段培养存在以下问题：一是人才培养目标衔接缺乏层次性，与课程设置相矛盾。二是课程结构模块不统一，没有一致的标准。三是课程内容重复、断层，重要课程缺失。四是课程体系存在差异，知识分配不均匀。五是课程组织不规范，缺乏规律性。通过对问题进行剖析，寻找原因，在相关理论基础的指导下，提出了促进高本"3+2"课程设置衔接的优化策略：一是贯通人才培养理念，建立弹性化学分管理机制，运用现代化信息手段助力人才培养。二是进行一体化课程设计。三是建立系统优化调节机制，不断更新调整课程内容，优化师资配置。四是完善职业教育立法，加大资金投入，加强技能实训基地建设，完善国家职业技能标准，为高本"3+2"分段培养提供保障。在研究中，采用了文献研究法、比较法、文本分析法和调查访谈法，试图系统全面的研究高本"3+2"课程设置衔接存在的问题并提出可行的优化策略。但限于本人知识积淀薄弱研究能力的限制，整个研究还存在一些不足：一是，研究的视角的单一，受思维限制，对问题的剖析还不够深入。二是，样本数据处理的简单化，缺乏数据多样化对比分析，导致研究结论不够全面。

2019年1月24日国务院印发了《国家职业教育改革实施方案》，对职业教育的改革做出了新的规划，包括完善国家职业教育制度体系、构建职业教育国家标准、促进产教融合双元育人、建设多元办学格局、完善技术技能人才保障政策、加强职业教育办学质量督导评价等内容，给职业教育的发展带来了新的契机，也为分段培养课程设置的完善提供了条件保障。对于实施效果及持续改机的研究将成为本人下一步研究的目标。

参考文献

专著类：

［1］鲁武霞.职业教育的阶梯［M］.北京：高等教育出版社，2015.

［2］龚怡祖.论大学人才培养模式［M］.南京：江苏教育出版社，1999.

［3］马树超.中国高等职业教育：历史的抉择［M］.北京：高等教育出版社，2009.

［4］姜大源.职业教育学研究新论［M］.北京：教育科学出版社，2007.

［5］菲利普.G.阿尔臣赫.为美国高等教育辩护［M］.青岛冲国海洋大学出版

期刊论文类：

［1］演克武，王建华，杨海华.基于岗位能力需求的高职高专与应用型本科课程衔接研究一以江苏省酒店管理专业为例［J］.职教论坛，2017（14）.

［2］贺新.职业带理论视角下高等职业教育与应用本科衔接的人才培养模式研究［J］.成人教育，2017（02）.

［3］孙阳，唐永鑫，孟黎.高等职业教育与应用型本科课程体系衔接的研究［J］.科技创新导报，2016（18）.

［4］胡建华.研究职教体系建设和应用型本科转型变革的力作——评《职业教育的阶梯：高等职业教育与应用型本科衔接》［J］.大学教育科学，2016（03）.

［5］刘杰.高等职业教育与应用型本科课程体系的协同构建［J］.中国高教研究，2016（05）.

［6］李玉静.阶梯论：一种学术视角——评《职业教育的阶梯：高等职业教育与应用型本科衔接》［J］职业技术教育，2016（06）.

［7］朱云峰，王富荣，马乔林.职业素质本位的高职本科分段培养课程体系衔接研究与应用［J］.职业技术教育，2015（32）.

［8］徐培鑫，肖月.人才成长"立交桥"背景下地方应用型本科与高职教育衔接研究［J］.长春工业大学学报（高教研究版），2015（02）.

［9］段静毅.本科层次职业教育人才培养模式研究［D］.南京师范大学，2015.

［10］何静.高职与本科"3+2"分段培养的课程衔接研究［J］.中国职业技术教育，2015（03）.

［11］施俊，袁德正.中高职与应用型本科分段培养高端技能型人才的衔接机制［J］.教育与职业，2014（32）.

［12］彭换新，王文凯.高等职业教育与应用本科衔接课程体系建设探讨［J］.职业教育（下旬刊），2014（10）.

［13］潘勇.高等职业教育与应用型本科教育衔接研究述评［J］.当代职业教育，2013(12).

［14］刘显波，刘家枢.发展本科层次高职教育：问题与对策——兼与任君庆、王琪老师商榷［J］.职教论坛，2013(13).

［15］戴桂荣，张泽.终身教育视野下中高等职业教育课程衔接模式研究［J］.职业技术教育，2013(13).

［16］董显辉.中国职业教育层次结构研究［D］.天津大学，2013.

［17］李作章.我国应用型本科教育和高职教育衔接的政策导向与路径选择——基于文献的分析［J］.职业技术教育，2013(31)8.

［18］鲁武霞.高等职业教育与应用型本科衔接的观念桎梏及其突破［J］.高等教育研究，2012(08).

［19］.高技能人才的终身教育困境及其超越—以高等职业教育与应用型本科衔接为视角［J］.职教论坛，2012(10).

［20］彭志武.高等职业教育学制研究［D］.厦门大学，2007.

［21］肖化移.高等职业教育质量标准研究［D］.华东师范大学，2004.

［22］高纪元.高等职业教育人才培养"立交桥"模式构建研究［D］.沈阳农业大学，2016.

［23］戴汉冬.职业教育"中本贯通"课程衔接研究［D］.华东师范大学，2016.

［24］关剑，王玲启.中高职衔接存在问题及对策研究［J］.中国职业技术教育，2017(09)9.

［25］李曼，陈芳芸.基于国家职业标准的专本衔接人才培养课程体系设计—以电子商务专业"3+2"分段式培养模式为例［J］.电子商务，2012(08).

［26］檀祝平.高职与应用型本科衔接一体化课程体系构建与实践研究［J］.职教论坛，2013(24).

［27］刘育锋.中高职课程衔接中"课程"概念选择研究［J］.职教论坛，2012(04).

［28］胡春光.课程衔接:含义分析、学理基础及主要问题［J］.武汉商业服务学院学报，2010(04).

［29］何静.高职院校专业群建设的有效路径—构建"平台＋模块"专业群课程体系［J］.广东技术师范学院学报，2009(02).

［30］张红霞.我国课程与教学研究的困境与出路［J］.教育发展研究，2005(3).

［31］张跃东.江苏中高职衔接工作中的问题与对策［J］.中国职业技术教育，2016(4).

外国文献：

[1]DepartmentforEmploymentandLearning.HigherEducationWideningParticipationPolicy Branch：EvaluationofFoundationDegreeForward[R].June2011

[2]AustralianGovernment.NationalStrategyforInternationalEducation2025.

[3]TheNorthernSydneyInstitute.[EB/OL].[2017-02-20].

[4]NCVER.Australianvocationaleducationandtrainingstatistics：VETinSchools2015[J]. Ncver，2015.

[5]McCarthy，CarolRohrer.Dual-EnrollmentPrograms：Leg-islationHelpsHighSchoolStud entsEnrollinCollegeCourses[J].JournalofSecondaryGiftedEducation，Fall1999.

[6]CareerEducation，VocationalEducation，andOccupationaleducation： AnApproachtoDefiningDifferences，KennethHoyt，U.S.OfficeofEduction，1974.

[7]CareerandTechnicalEducationintheUnitedStates：1990to2005 （StatisticalAnalysisReport），U.S.DepartmentofEducationNationalCenterforEducationStatistics， 2008.